〚 문해력 수업 〛

평생 공부의 기초 체력을 키우는

# 〖 문해력 수업 〗

전병규 (콩나물쌤) 지음

알에이치코리아

# 아이에게 문해력을 물려주세요

'부의 대물림'은 오늘날 자본주의 사회의 고질적인 현상입니다. 부 잣집 아이는 계속해서 부자로 살고, 가난한 집 아이는 커서도 가난 할 가능성이 점점 더 커지고 있습니다. 문제는 부 자체의 대물림보 다 교육 기회의 차이에 있습니다. 아이가 충분한 성장 가능성을 갖 고 있는데도 교육에 지출할 돈이 부족해 뒤처지는 경우가 많아진다 는 게 교사로서 참 안타깝습니다.

이 문제는 어떻게 해결해야 할까요? 가난한 아이의 교육과 복지 를 위해 더 많은 돈을 쓰기만 하면 될까요? 미시간대학교 리처드 니 스벳 교수는 『무엇이 지능을 깨우는가』에서 '돈 그 자체는 학생의 수행과 크게 상관이 없다.'라고 결론 내립니다. 돈은 보조적 수단으 로 도움이 될 수 있지만 돈만으로는 원하는 결과를 얻을 수 없다는 것입니다. 그렇다면 대체 무엇으로 부모의 부에 따른 교육 불평등 문제를 해결할 수 있을까요?

. . .

한국직업능력연구원은 10년간의 추적 조사 후 '읽기'가 부모 소득에 의한 교육 불평등 문제의 해결책이 될 수 있다고 밝혔습니다. 2004년 중3 학생의 부모 소득과 읽기 습관을 조사한 후 그들이 치른 2008학년도 수능 성적과 비교해 보았는데요. 그 결과 부모의 소득과 수능 성적 사이에 명확한 연관성이 드러났습니다. 부모 소득이 200만 원 이하인 학생의 평균 수능 성적은 언어 79.32점, 수리 92.51점, 외국어 83.70점이었습니다. 부모 소득이 400만 원 이상인 학생의 평균 수능 성적은 언어 91.23점, 수리 97.42점, 외국어 95.77점이었고요. 이렇게 부모 소득과 학생의 평균 성적 사이에 뚜렷한 상관관계가 보이는데, 이를 뛰어넘는 변수가 있으니 바로 '읽기'입니다.

부모 소득이 200만 원 이하인 가정에서 3년간 11권 이상의 문학을 읽은 학생은 그렇지 않은 학생에 비해 언어 16.61, 외국어는 6.84점이 높았습니다. 다만 수리 점수는 차이를 보이지 않았습니다. 부모 소득이 400만 원 이상인 가정에서 3년간 11권 이상의 문학을 읽은 학생의 성적 역시 그렇지 않은 학생에 비해 언어 16.59점, 수리 7.26점, 외국어 10.91점이 높았습니다. 주목할 점은 많이 읽는 저소득층 가정 아이의 성적은 책을 읽지 않는 중간 소득층 가정 아이의 성적을 넘어 고소득층 가정 아이의 성적에 근접한다는 사실입니다. 사실 3년간 11권이라면 그리 많지 않은 독서량입니다. 1년에 4권이 채 안 되니까요. 이 정도의 읽기만으로 성적 상승이 가능하다면, 더 많은 독서로 더 높은 성적도 기대해볼 수 있겠네요. 읽기는 부익부 빈익빈, 부의 대물림 문제를 넘어설 수 있는 분명한 대안입니다.

한국직업능력연구원은 읽기가 취업에도 영향을 미친다는 사실을 밝혀냈습니다. 2004년 고3 학생을 대상으로 평소 얼마나 많은 책을 읽는지 조사한 후 2014년 취업 상황과 비교하였습니다. 3년간 11권 이상의 교양서적을 읽은 고3 학생이 대기업, 공기업, 외국계 기업에 취직한 비율은 44%였습니다. 반면 한 권도 읽지 않은 아이가 같은 일자리에 취직한 비율은 24%에 불과했습니다. 임금 역시 차이가 납니다. 많이 읽는 학생의 평균 월급은 229만 원이고, 읽지 않는 학생은 213만 원이었습니다. 매달 16만 원씩, 연간 200만 원에 가까운 차이를 보입니다. 외국의 연구에서도 비슷한 결과가 있습니다. 미국 청소년 추적 연구 데이터에 따르면, 부모가 자녀에게 일주일에 30분씩 책을 읽어주면 연봉이 5,000달러 오른다고 합니다.

. . .

해결책은 자명합니다. 아이들에게 부 그 자체가 아닌 문해력을 물려주어야 합니다. 문해력이 부를 생산하는 원천이기 때문입니다. 그렇게 문해력이 중요하다면 '학교에서 신경 쓰면 되겠네.'라고 생각하고 있지는 않나요? 전 세계적으로 책 읽어주기의 열풍을 일으킨 『하루 15분 책 읽어주기의 힘』을 쓴 짐 트렐리즈는 문해력은 가정의 책임이 더 크다고 못 박습니다. 그는 아이가 900시간을 보내는 학교와 7,800시간을 보내는 가정 중 어디에 더 큰 비중이 있는지 되묻습니다. 900시간으로는 7,800시간의 차이를 만회하기가 현실적으로 어렵습니다.

여러 연구 결과를 종합해 보면, 초등학교에 입학할 때쯤이면 이미 아이들 사이에 문해력 격차가 현저하게 벌어져 있습니다. 누군가는 많은 어휘를 알고 책을 줄줄 읽고 쉽게 이해하며 무엇보다 읽기를 좋아합니다. 반면 누군가는 매우 제한된 어휘만 알고 한 글자 한 글자 산을 넘듯 힘들게 읽으며 읽기를 싫어합니다. 이렇게 한참 뒤처진 채 출발한 아이들이 학업에서 우수한 결과를 얻기는 어려운 정도가 아니라 아예 불가능에 가깝습니다. 아이들 간의 학업 격차는 어느 날 공부를 좀 더 하고, 덜 해서 만들어지는 것이 아니라는 얘기입니다.

학업 격차는 입학 시기에 갖춰진 문해력에 따라 점점 더 벌어집니다. 문해력이 좋은 아이는 수업을 더 잘 이해하고, 문해력이 부족한 아이는 수업을 잘 이해하지 못하거든요. 그래서 문해력이 좋은 아이는 매일 조금씩 더 앞서 나가고, 문해력이 약한 아이는 매일 조금씩 더 뒤처집니다. 문해력 격차가 매일 매 순간 수업 이해도의 격차를 한 걸음씩 만들어내고, 그 격차가 1년, 2년, 10년 누적되면서 대학 입시와 취업에까지 영향을 미치는 겁니다. 초등학교에 입학할 때 다 비슷해 보이던 아이들이 훗날 현저한 학업 격차를 보이며, 인생의 경로가 지구와 별만큼의 거리를 만들어내는 이유가 여기에 있습니다.

학교에서는 학업이 부진한 학생을 위한 별도의 수업을 하고 있지만 큰 변화에는 한계가 있습니다. 보통 이 정도로 뒤처진 아이는 방과 후에 1시간씩 한 학기 동안 꼬박 개별 수업을 받아도 발전이 그리 두드러지지 않습니다. 오늘 배운 지식이 문제가 아니기 때문입니다. 태어난 순간부터 지금까지 쌓아온 문해력의 차이, 그리고 문해력 차이로 쌓여온 학습의 차이, 그리고 학습의 차이로 인한 자존감의 차이가 오랜 기간 누적되었기 때문입니다. 10여 년 이상 누적된 차이로 뒤처진 아이를 방과 후 1시간 수업만으로 바꾸기는 매우 어렵지요. 학교는 20점인 아이를 30점으로, 80점인 아이를 90점으로 만들어줄 수는 있겠지만, 20점인 아이를 90점으로 만들어주기는 어렵습니다. 아이를 20점으로 출발하게 할지, 80점으로 출발하게 할지는 문해력이 결정하고 문해력의 상당 부분은 가정에서 결정됩니다.

• • •

문제는 원인을 해결할 때 해결됩니다. 문해력이 원인이니 문해력을 바꾸면 문제가 해결되기 시작합니다. 문해력이 나아지면 책을 읽을 수 있게 되고 수업을 이해하게 됩니다. 그러면 소득 격차와 학업 격차를 뛰어넘을 수 있는 가능성이 생기기 시작합니다. 읽고 토론하는 하브루타로 자녀를 세계 최고의 인재로 키워내는 유대인들은 "손에 든 돈은 빼앗겨도 머리에 든 지혜는 빼앗기지 않는다."고 말합니다. 돈을 물려준다면 사치와 낭비, 투자 실패로 한순간에 모두 날릴 수도 있습니다. 하지만 문해력을 물려준다면 아이 안에는 어떠한 경우에도 영구적으로 사용할 수 있는 자원이 남게 됩니다.

급변하는 사회에서 지식의 중요도는 하루아침에 달라지기도 합니다. 지금 학교에서 배우는 내용의 상당수가 앞으로 그리 필요하지 않게 되어버릴 수도 있습니다. 아이들이 지금 배우고 시험 보는 내용이 조만간 없어질 현대판 천동설, 현대판 골상학일지 누가 알겠습니까? 미래학자에 따르면, 우리 아이들이 가질 직업의 70% 정도가 아직 생기지도 않았다고 합니다.

아이들에게 필요한 것은 돈도, 지식도 아닌 문해력입니다. 문해력이 있는 아이는 읽기를 통해 계속해서 새로운 지식을 스스로 쌓을 수 있으니까요. 문해력을 갖춘 아이는 영원히 최신의 지식을 습득할 수 있습니다. 명문대를 졸업하고 좋은 직장에 취직한다고 해도 문해력이 부족하다면 가지고 있는 지식이 업데이트되지 않아 조만간 뒤처질 수 있습니다. 문해력은 빼앗길 수도 없으며 사라지지도 않습니다. 평생 어떤 공부든 해낼 수 있는 기초 체력이자 경쟁력을 갖출 수 있는 무기가 됩니다.

· · ·

이 책은 크게 1부 '평생 공부의 기초 체력, 문해력'과 2부 '문해력 어떻게 키울까'로 나뉘어 있습니다. 1부의 1장에서는 위기에 처한 문해력의 현 상황을 짚어보고, 2장에서는 문해력과 성적의 긴밀한 관계에 대해 살펴봅니다. 3장에서는 읽기의 4단계 과정과 유사한 문해력 발달의 과정을 알아봅니다. 2부에서는 문해력을 키우는 방법을 본격적으로 안내합니다. 4장에서는 우리 아이의 수준에 맞춰 가장 빠르고 효과적으로 문해력을 키우는 '지도적 읽기'에 대해 살펴봅니다. 5장에서는 지도적 읽기와 독립적 읽기의 가교가 되어주는 '읽어주기'를, 6장에서는 아이 스스로 재미있게 책을 읽으면서 문해력을 키우는 '독립적 읽기'에 대해 꼼꼼히 소개합니다.

본립도생本立道生, 근본이 바로 서면 길은 자연스럽게 생겨난다는 뜻의 사자성어입니다. 머리와 다리를 잡아당긴다고 아이의 키가 크지는 않습니다. 아이의 키를 키우기 위해서는 성장의 근본이 되는 충분한 영양과 휴식, 그리고 운동이 필요합니다. 아이의 학업에 문제가 있다면 다니는 학원 개수를 늘리거나 꾸짖기 전에 왜 공부를 해도 진전이 없는지에 대해 생각해야 합니다.

문자를 읽고 이해하는 능력인 문해력文解力은 교육의 근본입니다. 문해력이 없으면 공부를 해도 하는 게 아닌 게 됩니다. 튼튼한 문해력을 길러두면 공부하는 힘은 저절로 커지게 되어 있습니다. 눈에 보이는 성적에 매달리지 말고 성적을 결정하는 아이의 문해력을 먼저 기르면 본립도생할 것입니다. 단언컨대 읽기가 문제의 시작이요, 해결책입니다.

갈매천변 서재에서

11

# 차례

1부

# 평생 공부의 기초 체력,
# 문해력

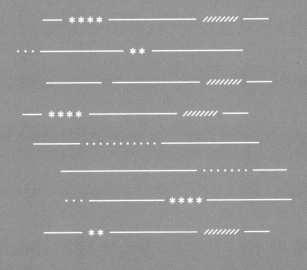

# 위기에 처한
# 문해력

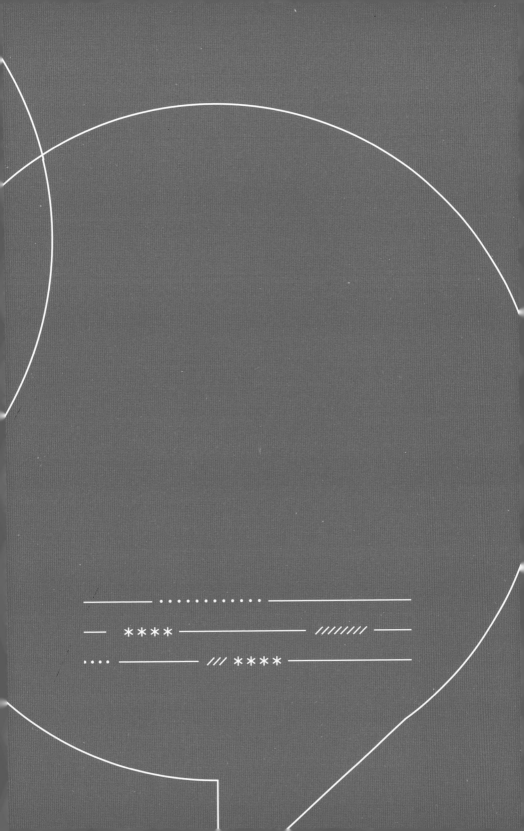

**** ——————— //////// ·········

언어 능력이 부족한 아이는 분명히 성적이 떨어집니다. 초등 교사로 오랜 기간 근무하면서 이런 경우를 수없이 봐왔습니다. 저는 학교에서 아무리 열심히 가르쳐도 쉽게 변하지 않는 아이들을 보면서 이것이 단순히 공부의 문제가 아니라는 사실을 깨달았습니다. 그래서 교사로 발령받은 초창기부터 지금까지 공부를 못하는 아이들이 왜 공부를 못하는지 꾸준히 연구해왔습니다. 그 결과 문해력 부족이 매우 중요한 원인이라는 사실을 알아냈습니다. 문해력과 성적은 굉장히 밀접하게 연결되어 있습니다. 그래서 아이의 문해력 수준을 파악하면 현재 성적은 물론 미래의 가능성도 어느 정도 예측할 수 있습니다.

# 읽기라 하지 못할 읽기

우리나라 최초의 한글 소설 『홍길동전』 속 홍길동은 아버지를 아버지라 부르지 못합니다. 첩의 자식이라 아들로서 인정받지 못했기 때문입니다. 마찬가지로 저는 아이들의 읽기를 읽기라 부르지 못하겠습니다. 아이들의 읽기가 읽기로서의 기능을 제대로 하지 못하기 때문입니다.

## 전통적 문맹과 기능적 문맹

문맹文盲은 눈이 먼 듯 글을 읽지 못함을 뜻합니다. 원래 문맹은 글을 전혀 읽지 못하는 '까막눈'을 뜻했지만, 근래에 들어서는 두 가지 뜻으로 사용되고 있습니다. 전통적 문맹과 기능적 문맹입니다. 전통적 문맹은 문해력이 전혀 없는, 우리가 일반적으로 알고 있는 문맹입니다. 반면 기능적 문맹은 글을 읽기는 하지만, 실제로 생활 속에서 읽고 쓰는 데 어려움을 겪는 경우를 뜻합니다. 글자를 알고 읽을 수 있으나 의미를 잘 파악하지 못하는 등 효과적으로 읽지 못하는 경우입니다.

세계에서 가장 뛰어난 문자인 한글을 사용하는 데다가 높은 교육열 덕분에 더 이상 전통적 문맹을 찾기는 어렵습니다. 반면 기능적 문맹은 늘고 있지요. 제가 '읽기를 읽기라 하지 못한다'고 한 것은 바로 기능적 문맹을 두고 한 말입니다. 지금 교실 속 학생의 상당수는 기능적 문맹 상태입니다. 읽기 전문가들은 70~80%의 학생이 제대로 읽지 못한다고 하는데, 저 역시 이 의견에 동의합니다. 문해력을 제대로 갖춘 아이들보다 갖추지 못한 아이들이 훨씬 많습니다. 해당 학년의 수준에 맞추어 쓴 교과서조차 제대로 이해하지 못하는 아이들이 적지 않거든요. 그래서 수업은 교과서를 읽고 이해하지 못하는 학생들을 위해 선생님이 요약, 정리, 설명하는 형태로 진행되기 마련입니다.

아이들의 문해력이 점점 약해지고 있다는 사실은 국제학업성취도평가[PISA] 읽기 테스트를 통해서도 밝혀졌습니다. 한국 학생들의 읽기 능력은 2006년 556점으로, 547점의 핀란드(2위), 527점의 캐나다(3위)를 비교적 크게 앞서며 경제협력개발기구[OECD] 가입국 중 1위를 기록했습니다. 하지만 다른 상위권 국가들의 읽기 점수가 2006년 이후 12년 동안 거의 유사하게 유지된 반면, 우리나라는

556점, 539점, 536점, 517점, 514점으로 점차 하락했습니다. 이처럼 학생들의 읽기 능력이 압도적 1위였던 한국의 순위는 지속 하락해 2018년에는 에스토니아, 캐나다, 핀란드, 아일랜드에 이어 5위를 기록하게 됐습니다. 문해력이 곧 공부머리라는 점에서 읽기 점수의 하락은 쉽게 간과할 수만은 없는 상황입니다.

## 그 높던 문해력은 누가 다 먹었을까

왜 우리 아이들의 문해력이 점점 약화되고 있을까요? 첫 번째 원인은 디지털 문화에 있습니다. 국제학업성취도평가<sup>PISA</sup> 읽기 테스트에서 530점 이상을 유지하며 핀란드와 1, 2위를 다투던 한국이 점수와 등수 모두에서 급격히 하락한 시점은 517점을 받은 2015년부터입니다. 2018년에도 514점을 받았죠. 2000년부터 2012년까지 12년 동안 유지했던 읽기 최강국의 면모는 2012년과 2015년 사이에 신기루처럼 사라져버렸습니다. 그 높던 문해력은 누가 다 먹었을까요? 점수대가 급격히 하락하기 시작한 2012년과 2015년 사이에 우리 사회에 무슨 일이 있었는지 살펴봐야 할 것 같군요.

그 시기에 일어난 중대한 변화는 스마트폰의 보급입니다. 2010년 5.8%이던 청소년 스마트폰 보유 비율은 2011년 36.2%로 증가한 후 2013년에는 81.5%로 늘어나게 됩니다. 2012년과 2013년에 폭발적으로 보급되면서 거의 대부분의 학생 손에 스마트폰이 쥐어지게 된 것이죠. 청소년에게 스마트폰이 폭발적으로 보급된 시기와 읽기 점수가 급격히 낮아진 시기가 일치합니다. 까마귀 날자 배가 떨어진 것일까요? 나이키의 경쟁사는 어디일까요? 리복, 아디다스? 아닙니다. 바로 닌텐도입니다. 게임기를 켜는 만큼 운동을 덜하기 때문입니다. 같은 의미로 출판사의 경쟁사는 다른 출판사가 아닙니다. 출판사의 경쟁사는 삼성, 네이버, 유튜브, 넥슨입니다. 스마트폰을 켜는 만큼 아이들은 덜 읽게 됩니다.

3~5세 아동은 하루 평균 4시간씩 디지털 기기를 사용하고, 청소년들은 1시간마다 6개의 문자를 보내며, 20대는 하루 150~190회나 스마트폰을 확인한다고 합니다. 더 이상 누구도 차분히 앉아 읽을 시간을 가지지 못하게 되었습니다. 아이들은 스마트폰을 사용하느라 덜 읽게 되었고, 덜 읽는 만큼 문해력도 약해졌습니다.

스마트폰은 책 읽는 시간뿐 아니라 책 읽는 방식도 바꾸어 문해력을 약화시켰습니다. 읽기는 원래 좌에서 우로, 위에서 아래로 순차적으로 진행되기 마련입니다. 스마트폰은 이런 읽기의 관습마저 바꾸어 버렸습니다. 인터넷에서의 읽기는 F자 읽기 혹은 Z자 읽기입니다. F자 읽기는 위에 두 줄을 대충 본 후 밑으로 쭉 직진해서 끝까지 읽는 방식이고, Z자 읽기는 상단을 읽은 후 지그재그로 대충 읽으며 내려온 후 마지막 결론을 읽는 방식입니다.

F자 읽기와 Z자 읽기는 짧은 시간에 많은 양의 정보를 접하는 데 유리하기에 무조건 나쁘다고 할 수는 없습니다. 문제는 온라인상에서 행하는 이러한 얇고 빠른 읽기에 익숙해지면 종이책으로 읽을 때 깊이 읽기 어렵다는 점에 있습니다. 인터넷 읽기에 적응된 사람은 책을 펼치고도 빨리빨리 대충대충 전체적인 내용만 파악한 후

책을 덮으려고 하게 됩니다. 『다시, 책으로』에서 매리언 울프는 열렬한 독서광이자 읽기 전문가인 자신조차 인터넷 읽기에 적응된 후 깊이 읽기로 돌아오는 데 얼마나 힘이 들었는지 잘 이야기하고 있습니다. 인터넷 읽기 성향은 확실히 문해력을 떨어트립니다.

## 읽기에 대한 세 가지 오해

디지털 문화가 기능적 문맹의 주범이라면, 읽기에 대한 오해는 중요한 공범입니다. 읽기에 대해 널리 퍼진 다음의 세 가지 믿음은 기능적 문맹의 확산에 대해 유죄를 받고도 남습니다. 우리 아이를 기능적 문맹으로 이끈 읽기에 대한 세 가지 오해를 살펴볼까요?

첫 번째는 읽기가 수동적 행위라는 믿음입니다. 사람들은 읽으면 이해는 저절로 따라온다고 생각하지만 사실 그렇지 않습니다. 읽기는 수동적이지 않습니다. 읽기는 능동적인 행위입니다. 『독서의 기술』을 집필한 모티머 J. 애들러는 무릎을 치게 만드는 딱 맞는 비유로 이를 쉽게 설명합니다. 야구에서 투수가 공을 던지고 포수가 공을 잡는 상황을 떠올려봅시다. 공을 던지는 것은 투수의 일이지만, 잡는 것은 포수의 일입니다. 가만히 앉아 미트를 벌리고 있다고 공이 알아서 미트 속으로 찾아 들어오지 않습니다. 공이 어떤 속도로 어떻게 날아오고 어떻게 변화하는지를 파악하는 것은 포수의 역량에 달려 있습니다.

이 사실을 읽기에 적용해 보면 글쓴이는 투수, 읽는 이는 포수가 됩니다. 글쓴이가 의미라는 공을 던지면 읽는 이는 정신을 바짝 차리고 이를 잡아야 합니다. 의미라는 공은 읽는 이의 마음이라는 미트로 알아서 찾아오지 않기에 읽는 이가 마음의 미트를 '의미' 쪽으로 빠르게 움직여야만 합니다. 읽는 이는 암호화된 메시지에 주의를 기울여 중요한 요소를 선택하고 그들 사이의 관계를 올바르게 정렬해 '이해'를 만들어내야 합니다. 앞과 뒤, 어휘와 어휘들 사이의 관계 정렬에 실패하면 의미 파악에도 실패하게 됩니다. 그래서 언어 심리학자 프랭크 스미스Frank Smith는 그의 저서 『읽기의 이해Understanding Reading』에서 "진정한 읽기는 글과 눈 사이에서 일어나는 게 아니라 독자의 머릿속에서 이루어진다."라고 했습니다. 이런 사실에도 불구하고 읽기를 수동적이라고 믿기에 올바른 읽기 교육이 간과되고 기능적 문맹이 확산하게 된 것입니다.

두 번째 오해는 글자만 알면 스스로 읽을 수 있다는 믿음입니다. 읽기는 문자를 소리로, 소리를 의미로, 의미를 다시 감정과 생각으로 바꾸는 일련의 과정입니다. 글자만 알면 읽을 수 있다는 믿음은 이 중에 첫 번째 단계인 문자를 소리로 바꿀 수만 있으면 읽기 교육이 끝났다고 오해하게 만듭니다. 이런 믿음으로 인해 부모는 아이가 더듬더듬 글자를 읽기 시작하면 읽기 독립, 즉 스스로 혼자 읽을 수 있는 때가 왔다고 생각해 더 이상 책을 읽어주지 않습니다. 교사 역시 아이가 글자를 아니까 내용을 알 거라고 착각해 문해력에 관심을 덜 가지게 되지요. 글자를 읽을 줄 아는 것은 읽기의 걸음마에 불과합니다. 충분한 문해력을 기르기 위해서 가야 할 길은 더듬더듬 읽을 수 있게 된 이후에도 많이 남아 있습니다. 너무 일찍 읽기를 배우는 게 끝났다고 믿으면 아이의 문해력 성장은 제한될 수밖에 없습니다.

읽기에 대한 세 번째 오해는 '무조건 많이 읽을수록 좋다'입니다. 다른 조건이 모두 같다면 더 많이 읽을수록 더 좋다는 생각은 참일 수 있습니다. 하지만 인간은 정해진 시간 안에 살아가는 유한한 존재입니다. 읽기가 능동적 행위라는 점을 이해했다면 유한한 시간에 더 많이 읽기 위해 더 수동적으로 읽을 수밖에 없다는 사실을 이해해야 합니다. 일정한 시간에 더 많이 읽으면 더 많은 정보를 흘려보내야 하고, 더 적게 더 얕게 생각하게 됩니다. 읽기가 수동적인 의미 수령이 아니라 능동적인 의미 재구성임을 이해한다면, 읽기의 양보다 질에 조금 더 관심을 가질 필요가 있습니다. 얼굴만 아는 지인 10명보다는 힘들 때 달려와 줄 친구 1명이 더 낫듯이 말이죠. 많이 읽기만큼 깊이 읽기도 중요합니다. 깊이 읽지 못하면 많이 읽기도 무용지물입니다.

## 잘못된 읽기 교육, 문해력 위기의 종범

아이들을 기능적 문맹으로 유괴한 종범은 잘못된 읽기 교육입니다. 읽기에 대해 잘못된 믿음을 가지고 있는 부모는 아이가 책의 내용을 이해하지 못하면 왜 이리 쉬운 것도 이해하지 못하는지 쉽게 납득하지 못합니다. 그러면 책의 내용을 직접적으로 설명하게 되죠. 글의 내용을 이해하고 생각하도록 이끌어주지는 못하고, 지금 읽은 책의 줄거리를 설명해 주는 식으로 말이죠.

하지만 문제는 아이가 지금 읽은 책의 내용을 이해하지 못하는 데 있지 않습니다. 진짜 문제는 책의 내용을 이해할 수 있는 문해력이 근본적으로 부족한 것입니다. 문해력이 부족하면 특정 책의 내용을 아무리 잘 설명해 줘도 다른 책의 내용을 이해하는 데 도움이 되지 않습니다. 이 책과 저 책의 내용은 다르기 때문이죠. 중요한 것은 어떤 한 책의 내용을 아는 것이 아니라, 어떠한 책이라도 읽어낼 수 있는 문해력을 기르는 데 있습니다.

학교의 읽기 수업도 효과가 부족하기는 마찬가지입니다. 최근에는 조금씩 변하고 있지만, 전통적인 읽기 수업은 문해력을 이미 갖춘 아이가 선생님의 질문에 답하는 형식입니다. 이처럼 선생님과 이미 답을 아는 아이들 사이에 문답으로 이루어지는 수업은 문해력이 부족한 아이를 위한, 혹은 문해력이 우수해도 부족한 부분을 채우기 위한 수업으로는 충분하지 않습니다.

모르는 부분을 지도하는 방식이 너무 원론적이라 적용이 어려운 측면도 있습니다. 예를 들어 '인물의 성격 파악하기'를 배울 때 인물의 말과 행동을 잘 살펴야 한다고 설명하고, 이 인물은 이러이러한 말과 행동을 했으니 어떤 성격이라고 알려주는 경우가 많습니다. 인물의 말과 행동을 살펴야 한다는 사실을 알려주었기에 인물의 성격을 단순히 알려준 것보다는 낫지만, 여전히 부족합니다. 공을 잘 잡지 못하는 포수에게 "공을 잘 보세요."라고 말하는 것과 다르지 않거든요. 맞는 말이지만 훈련이 되지 않기에 도움이 되지 못하고 공허합니다.

잘못된 읽기 교육을 계속하다 보면 효과는 잘 보이지 않고 결국 아이의 지능을 탓하게 됩니다. 아무리 설명해 줘도 이해하지 못하니 머리가 나빠 어쩔 수 없다고 믿게 되는 거죠. 이는 이제 갓 야구를 시작한 포수에게 제대로 된 훈련 없이 이론 교육만 한 후 타고난 능력이 없다며 타박하는 것과 다르지 않습니다.

위대한 포수는 타고 나지 않습니다. 위대한 포수는 오랜 기간 체계화된 훈련을 통해 길러집니다. 읽기에 대한 오해에서 벗어나 문해력에 대해 바르게 이해할 때, 더불어 올바른 방식으로 읽기를 지도할 때, 아이의 문해력과 공부머리는 커질 수 있습니다.

# 문해력만으로 성적
# 예측이 가능한 이유

문해력의 위기는 어떻게 극복할 수 있을까요? 첫 번째 방법은 재미있게 읽기입니다. 앞에서 말한 문해력 위기의 첫 번째 원인이 무엇이었나요? 바로 디지털 문화였습니다. 디지털 문화에 빠져 책을 읽지 않기 때문에 아이들의 문해력이 저하되었습니다. 그렇기 때문에 아이들이 재미있게 책을 읽을 수 있어야 해결 가능합니다. '실현 가능하고 지속 가능한 독서교육의 모든 것'이라는 부제의 베스트셀러 『공부머리 독서법』은 이에 대한 내용을 담고 있습니다. 이 책이 주는 메시지는 '언어 능력이 성적을 결정한다. 독서하지 않는 아이들은 학년이 올라갈수록 성적이 떨어질 수밖에 없다. 그러니 지식이 아닌 재미에 초점을 두고 책을 읽어야 한다. 그러면 언어 능력이 길러져서 성적이 오른다.'입니다. 이런 메시지는 분명한 사실입니다.

# 하위권, 중위권, 상위권 무엇이 다를까

언어 능력이 부족한 아이는 분명히 성적이 떨어집니다. 초등 교사로 오랜 기간 근무하면서 이런 경우를 수없이 봐왔습니다. 저는 학교에서 아무리 열심히 가르쳐도 쉽게 변하지 않는 아이들을 보면서 이것이 단순히 공부의 문제가 아니라는 사실을 깨달았습니다. 그래서 교사로 발령받은 초창기부터 지금까지 공부를 못하는 아이들이 왜 공부를 못하는지 꾸준히 연구해왔습니다. 그 결과 문해력 부족이 매우 중요한 원인이라는 사실을 알아냈습니다.

문해력과 성적은 굉장히 밀접하게 연결되어 있습니다. 그래서 아이의 문해력 수준을 파악하면 현재 성적은 물론 미래의 가능성도 어느 정도 예측할 수 있습니다. 특히 최하위권은 매우 짧은 시간 안에 바로 찾아낼 수 있는데요. 교과서를 소리 내어 읽어보게 하면 됩니다. 하위 5%에 해당하는 한 반에 1~2명 정도의 최하위권 아이들은 글을 유창하게 읽지 못합니다. 6학년 아이가 2학년 아이처럼 더듬더듬 읽지요. 이런 아이들은 다른 요소를 볼 필요도 없이 분명한 최하위권입니다. 그리고 더듬더듬까지는 아니어도 그에 못지않게 느리고 어색하게 읽는 아이들은 대략 15% 정도의 하위권일 가능성이 높습니다.

상위권과 중위권도 문해력으로 어느 정도 구분이 됩니다. 중위권부터는 눈에 도드라지게 더듬거리거나 느리게 읽는 경우는 거의 없습니다. 겉으로 보아서는 상위권과 별다른 차이가 나타나지 않습니다. 다만 중위권 아이들은 내용 파악이 상위권 아이들에 비해 많이 부족합니다.

15%에 해당하는 상위권 아이들은 글을 읽고 나서 무엇에 관한 내용인지 상대적으로 빠르고 정확하게 파악합니다. 60%에 해당하는 중위권 아이들은 내용을 잘 파악하지 못하거나 파악을 해도 지엽적인 부분을 말하는 경우가 많고요. 물론 글에 따라서 다릅니다. 쉬운 글은 중위권 아이들도 잘 파악하지요. 다만 좀 더 어려운 글을 읽었을 때 그 차이가 드러납니다.

그러면 5% 최상위권 아이들은 무엇이 다를까요? 최상위권 아이들은 빠르고 정확한 내용 파악은 물론이고 내용에 대한 자신의 생각과 견해도 가지고 있지요.

시험을 보지 않고도 문해력만으로 아이들의 성적을 예측할 수 있는 이유는 문해력이 곧 이해력이기 때문입니다. 문해력이 부족한 아이들은 이해력도 부족합니다. 글을 읽고 이해하지 못한다는 것은 설명을 들어도 잘 이해하지 못한다는 얘기이고요. 문해력이 높아야 책을 읽어도, 수업을 들어도 내용을 제대로 이해할 수 있습니다. 학교에서 듣는 5~6교시의 수업을 생각해 보세요. 문해력이 높은 아이는 그 시간 동안 들어오는 정보를 손쉽게 흡수하는데, 문해력이 낮은 아이는 많은 정보를 놓치게 됩니다. 문해력이 높으면 책과 수업이 이해가 되니 재미와 흥미를 느껴 점점 더 수업에 열심히 참여하게 되는데, 문해력이 낮은 아이는 열심히 하려고 해도 이해가 안 되니 점점 더 수업 태도가 나빠지게 되는 거죠.

## 문해력이 높아지면 공부 태도가 달라진다

문해력 부족으로 인한 성적 하락을 막기 위해서는 재미에 초점을 두고 책을 읽어야 합니다. 문해력의 상당 부분은 재미있게 읽기만 해도 길러집니다. 그러면 성적은 따라 오르고요.

저는 아이들의 부족한 문해력을 키우기 위해 몇 가지 방법을 사용하였습니다. 그중 하나가 매일 아침 15분을 책 읽기에 꾸준히 할 애한 것입니다. 아침에 학교에 오면 아이들은 가방을 정리하고 친구와 담소를 나눕니다. 이후 자리에 앉아 15분간 각자 조용히 독서를 합니다. 이 시간에는 오직 조용히 책 읽기만 했습니다. 아이들의 독서 습관을 잡기 위해 일체의 잡담이나 대화를 허용하지 않고, 규칙을 엄격하게 적용하였습니다. 저 역시 아이들과 함께 책을 읽으면서 독서 분위기를 형성하기 위해 노력했고요. 꾸준히 지도하자 독서 태도가 나아졌고, 문해력도 점차 좋아지는 것이 눈에 보였습니다.

조용히 책 읽기 이외에도 크게 두 가지 노력을 더했습니다. '지도적 읽기'와 '책 읽어주기'인데요. 이는 4장과 5장에서 자세히 말하도록 하지요. 어쨌든 결과적으로 문해력이 높아지자 공부 태도가 달라졌습니다. 수업 내용을 더 쉽게 이해하고 수업 태도가 능동적으로 변했습니다. 공부가 훨씬 쉽고 재미있어졌다고 말하기도 하고요. 당연히 성적도 올랐습니다.

과장이 아니냐고요? 전혀 아닙니다. 정말 학급 학생 전체의 성적과 태도가 나아졌습니다. 가장 대표적인 사례를 말씀드리겠습니다. 외모와 화장에만 관심이 있고, 공부에는 전혀 흥미가 없던 5학년 단짝 여자아이 둘이 있었습니다. 이 둘은 5학년인데도 구구단을 어려워할 정도로 학업이 부진하였습니다. 그런데 어느 날 이 두 명이 차례로 안경을 맞춰 끼고 학교에 왔습니다. 제가 아는 체를 했더니 두 아이가 이렇게 말하더군요.

"이제 수업도 듣고 공부도 좀 해보려구요."

저는 왜 그런지 알고 있었지만 짐짓 모르는 척 물었습니다.

"들던 중 반가운 소리네. 그런데 어떻게 그런 마음이 생겼어?"

"예전에는 수업을 들어도 무슨 소리인지 몰랐는데, 요즘은 좀 알겠어요." 수업 시간에도 집중하지 못하던 두 아이는 이후 쉬는 시간에 혼자 공부하는 모습도 종종 보여주었습니다. 재미있게 많이 읽으면서 문해력이 길러졌고, 그러자 수업과 교과서가 이해되기 시작한 것입니다.

문해력과 성적 사이의 높은 관련성에도 물론 예외가 있습니다. 공부는 전혀 하지 않고 책만 읽는 아이들이지요. 제가 예전에 가르쳤던 민서(가명)가 여기에 해당합니다. 제가 민서를 맡고 학년 초에 유심히 보니 수업에는 잘 참여하지 않고 늘 책만 읽더라고요. 수업에 잘 집중하지 못하고 두리번거리며 따분해 하였습니다. 쉬는 시간에 아이들이 다 놀 때도 혼자 책을 꺼내 읽는 경우가 많았고요.

부모님과 상담해 보니 집에서도 그렇다고 합니다. 별다른 공부를 하지 않고, 사교육도 전혀 받고 있지 않다고 했습니다. 다만 책을 좋아해 일과의 가장 큰 부분이 독서라고 하더군요. 하교하면 책을 읽고 좀 쉬다 저녁 먹고 또 책을 읽는다고 합니다. 부모님께서는 책을 많이 읽는 것은 좋지만, 공부를 전혀 하지 않아 걱정이라며 어떻게 해야 할지 모르겠다고 하셨습니다. 단원 평가나 문제집 점수를 보면 평범한 수준이라 독서를 못 하게 하고 공부를 시켜야 하는지 물어보셨습니다. 저는 '이 정도로 책을 많이 읽는 아이는 공부를 시작만 하면 매우 잘할 수 있다. 배경지식이 많고 이해력이 높아 무얼 배워도 금세 습득하기 때문이다. 책을 못 읽게 해서는 안 되고, 공부의 재미와 동기를 찾도록 노력해야 한다.'는 취지로 답을 드렸습니다.

그리고 그 이야기는 한 달이 채 되지 않아 실현되었습니다. 아이들끼리 질문하고 대화하며 생각하는 하브루타 수업을 하자 민서가 두각을 나타내기 시작한 것입니다. 배경지식이 많고 표현력이 뛰어나 주장이 이해하기 쉽고 생각이 논리적이라서 설득력이 있었습니다. 자기의 생각을 표현할 수 있게 되자 공부에 재미를 들였고, 그 이후 수업에 빨려 들어오기 시작했습니다. 민서가 원래 수업에 집중하지 못했던 이유는 문해력이 뛰어나 상식도 많고 스스로 지식을 습득할 줄 아는데, 지루하게 설명을 듣는 게 힘들었던 것뿐이었습니다.

독서를 많이 하는데 성적이 높지 않은 아이는 공부의 계기만 생기면 무섭게 돌변합니다. 공부를 하지 않았을 뿐, 공부를 하면 잘할 수 있는 힘을 갖추고 있거든요. 이런 아이들은 공부를 시작만 하면 엄청난 속도로 발전합니다. 무엇을 배워도 너무 쉽게 이해하지요. 일단 국어는 문해력이 탄탄하니 문제 푸는 스킬만 조금 훈련하면 바로 고득점이 가능합니다. 수학도 연산에 큰 학습 결손만 없다면, 독서를 통해 길러진 사고력이 있어 따라잡는 것이 그리 오래 걸리지 않아요. 사회, 과학도 그렇습니다. 배경지식이 많다 보니 내용 파악을 빠르게 잘합니다.

독서를 하지 않고 사교육 중심으로 공부한 아이들과는 이해의 속도와 폭이 현격히 다릅니다. 예를 들어 역사 수업을 해보면 내용의 상당수를 이미 알고 있는 경우가 많았습니다. 교과서에서 다루는 내용보다 훨씬 깊이 알고 있기도 하고요. 심지어 영어 실력도 빠르게 늘어납니다. 언어 능력이 갖추어져 있다 보니 단어만 어느 정도 익히고 나면 상대적으로 독해를 잘하는 겁니다.

독서만 해서는 상위권이 될 수 없습니다. 독서와 공부는 어느 정도 차이가 있으니까요. 다만 충분한 독서로 다져진 아이는 공부를 시작만 하면 언제든지 상위권으로 갈 수 있는 힘을 가지고 있습니다. 공부를 안 하니까 성적이 안 나온 거지, 마음먹고 공부하면 언제든지 잘할 수 있는 저력을 갖춘 거죠. 그래서 이런 아이를 키우신다면 조급해할 필요가 없습니다.

하지만 현실은 이와 반대되는 아이들이 대부분입니다. 사교육과 부모의 공부 압박으로 점철된 하루를 보내면서 겨우 중상위권을 유지하는 아이들. 하지만 독서는 뒷전이라 문해력은 낮고 그래서 더더욱 듣는 수업에 의존하는 아이들. 이런 아이들은 학년이 올라갈수록 밑바탕이 드러나고 성적은 점점 떨어지게 됩니다. 초등 고학년, 중고등학생이 되어서 읽어야 할 더 복잡한 글, 들어야 할 더 복잡한 이야기를 이해할 힘이 없기 때문입니다. 아이가 공부를 열심히 하고 학원도 많이 다니는데 학년이 올라갈수록 점점 성적이 떨어진다면, 가장 먼저 문해력부터 챙겨봐야 하는 이유입니다.

# 완전하고 영구적인 '읽기 독립'은 없다

그런데 하나 따져보아야 할 것이 있습니다. 재미있게 읽기가 필요한 것은 분명한 사실인데 그것만으로 충분한지 말입니다. 필요조건과 충분조건은 다르니까요. 재미있게 읽기는 문해력과 성적 상승에 필요조건이긴 하지만 충분조건은 아닙니다. 아이의 문해력을 최대로 끌어내기 위해서는 하나 더 필요한 것이 있습니다. 무엇일까요?

'읽기 독립'이라는 말을 들어보셨을 겁니다. 부모나 교사의 도움 없이, 누가 읽어주지 않고 스스로 혼자서 책을 읽을 수 있을 때 읽기 독립이라는 말을 씁니다. 많은 독서법 책들이 말하는 것, 부모가 기대하는 것은 바로 '아이가 읽기 독립 수준이 되어서 스스로 문해력을 키우는 것'일 겁니다. 하지만 꼭 알아야 할 게 있습니다. 그간 여러분이 알고 있던 읽기 독립은 사실 잘못 통용된 개념입니다. 원래 읽기 이론에서 말하는 읽기 독립은 이와 조금 다릅니다.

읽기 수준은 크게 세 단계로 나누어집니다. 독립 수준, 지도 수준, 좌절 수준입니다. 우선 읽기 독립 수준Independent Level은 99% 이상의 소리와 90% 이상의 의미를 정확하게 읽고 이해할 때를 말합니다. 읽기 지도 수준Instructional Level은 95% 이상의 소리와 75% 이상의 의미를 정확하게 읽고 이해하는 수준입니다. 마지막으로 읽기 좌절 수준Frustration Level은 90% 미만의 소리와 50% 미만의 의미를 이해할 때를 말합니다.

중요한 점은 읽기 수준은 텍스트마다 개별적으로 판단해야 하기에 완전하고 영구적인 읽기 독립은 사실 없다는 것입니다. 읽기 독립은 '특정 텍스트'를 스스로 읽을 수 있다는 의미이지 '모든 텍스트'를 스스로 읽을 수 있다는 뜻이 아니라는 말입니다. 예를 들어 초등 2학년 아이가 그림책과 단편 동화에 대해 읽기 독립이 되었더라도 다른 어떤 책에 대해서는 읽기 지도 수준이고, 또 다른 어떤 책에 대해서는 읽기 좌절 수준일 수 있습니다. 그럴 수 있는 것이 아니라 당연히 그렇지요. 2학년 아이가 아무리 책을 잘 읽는다고 해도 도스토예프스키의 『죄와 벌』이나 유발 하라리의 『사피엔스』까지 척척 읽어낼 수는 없을 테니 말입니다.

이 말인즉슨 성인을 포함한 모든 인간은 완전무결한 읽기 독립 수준에 있을 수는 없다는 것입니다. 의대 교수도 한의학 전문 서적을 읽고 이해하긴 힘들 것이고, 한의대 교수도 회계 전문 서적을 읽고 이해하기 힘들 수 있습니다. 모든 사람은 자기가 읽고 이해할 수 있는 텍스트가 있고, 그렇지 못한 텍스트가 있습니다. 저 역시 대부분의 책에 대해 읽기 독립이 되었지만, 칸트나 괴테에 대해서는 그렇지 못합니다. 몇 번 시도해 보았지만 번번이 머리만 아플 뿐이었어요.

## 가장 드라마틱한 발전을 이루려면

아이의 문해력을 키우는 방법은 읽기 수준과 관련되어 있습니다. 읽기 독립 수준에 있는 텍스트는 혼자 읽을 수 있으니 재미있게 꾸준히 독립적으로 읽으면 됩니다. 재미있게 책 읽기는 바로 '독립적 읽기'를 말합니다. 그래서 문해력을 키우기 위해서는 아이가 이해할 수 있는 쉬운 책을 읽어야 합니다. 문해력이 낮다면 중학생이라도 초등학생 수준의 책을, 초등 고학년이라도 초등 저학년 수준의 책을 읽어야 합니다. 그런데 독립적 읽기를 통한 문해력 발달은 발전이 더디고 오래 걸립니다. 왜냐하면 이미 99% 이상의 소리와 90% 이상의 의미를 정확하게 읽고 이해하는 읽기 독립 수준에 있으므로 개선의 여지가 크지 않으니까요.

아이들의 문해력을 단기간에 가장 효과적으로 발전시킬 수 있는 방법은 바로 '지도적 읽기'입니다. 지도적 읽기는 읽기 지도 수준의 텍스트를 부모나 교사의 도움으로 읽고 이해하는 것입니다. 의미의 75%밖에 이해하지 못하니 혼자서 읽기는 쉽지 않지만, 부모나 교사의 도움으로 놓치고 있는 25%를 이해할 수 있어 문해력 발달의 여지가 가장 큽니다. 아이가 혼자서 할 수 있는 영역보다 혼자서는 하지 못하는 영역, 하지만 누군가 도와주면 할 수 있는 영역에서의 발전은 가장 드라마틱합니다.

이는 현대 교육학에 가장 많은 영향을 미친 비고츠키Vygotsky의 이야기입니다. 그는 교육에서 가장 효과적인 지점을 아이의 현 수준보다 1단계 높은 수준이라고 하여 'i+1'이라고 명명합니다. 아이가 혼자서 거머쥘 수 있는 것, 즉 독립적 읽기를 반복할 때보다 아이가 까치발을 들어도 손끝에 닿을락 말락 할 그 i+1 지점에 닿을 수 있도록 돕는 것, 즉 지도적 읽기를 할 때 문해력은 가장 빠르고 크고 효과적으로 발전할 수 있습니다.

단, 지도적 읽기를 할 때는 읽기 좌절 수준의 텍스트를 고르지 않도록 주의해야 합니다. 아이 혼자서 50%도 이해하기 어려운 텍스트는 아무리 훌륭한 교사가 지도해도 효과적으로 이해시키기 어렵습니다. 예를 들자면 가장 효과적인 지점은 i+1이고 i+3까지는 지도가 가능하지만, i+5 혹은 i+10에서의 지도는 어렵다고 이해하면 되겠습니다.

자발적 책벌레인 민서 같은 경우는 매우 드뭅니다. 민서처럼 책을 읽으면 누구나 상위권이 될 수 있지만, 누구나 민서처럼 책을 읽지는 않습니다. 오히려 상당수의 아이들은 책 읽기를 어려워하거나 좋아하지 않아요. 특히 문해력이 떨어지면 책을 좋아하기가 힘듭니다. 이런 아이들에게는 지도적 읽기가 필수입니다. 문해력을 높이려면 능동적 읽기를 해야 하는데 문해력이 낮은 아이는 능동적 읽기를 할 줄 몰라요. 읽어서 이해가 되면 하고, 안 되면 말지요.

낮은 문해력과 높은 문해력은 단순한 독서량의 차이가 아닙니다. 그 사이에는 '읽기 능동성'이라는 큰 강이 흐르고 있어요. 스스로 이 강을 건너는 아이는 상위권 일부에 불과합니다. 결국은 누군가가 아이들로 하여금 강을 건널 수 있도록 지도적 읽기로 도와주어야 합니다.

지금까지의 학교의 읽기 수업은 전통적 읽기 수업인데, 이는 지도적 읽기와 다릅니다. 읽기 기술을 알려주기는 하지만 실제로 문해력을 기르는 데 효과적이지는 않습니다. 결국 학교에서 배운 내용을 실제 자신의 읽기에 적용할 수 있는 적용력이 뛰어난 소수의 아이만이 충분한 문해력 발달을 이룹니다. 가정과 학교 모두에서 지도적 읽기를 이해하고 실천해야 문해력 일병 구하기에 성공할 수 있습니다.

　문해력 발전은 지도적 읽기와 독립적 읽기, 둘 모두가 왕성히 작용할 때 가장 효과적으로 일어납니다. 이 둘은 상호 보완적이라 하나라도 빠지면 문해력 발전은 제한될 수밖에 없습니다. 이 둘은 성격이 서로 달라 적절히 잘 조합해야 합니다.

　지도적 읽기는 문해력을 단기간에 급성장시킬 수 있다는 점이 장점입니다. 아이의 문해력에서 현재 부족한 부분을 명확히 짚어서 지도할 수 있으니까요. 의사가 환자의 아픈 부위를 찾아 치료하거나 트레이너가 프로 스포츠 선수의 특정 부위를 강화시키는 것과 유사합니다. 문해력이 부족한 아이에게 재미있게 책을 많이 읽으라고만 해서는 안 됩니다. 통증이 심해 일상생활이 힘든 환자에게 삼시세끼 잘 먹고 운동 열심히 하면 나을 거라는 말만 해서는 안 되잖아요. 이런 경우는 정확하게 문제를 짚어 처방을 해주어야 합니다. 그리고 나서 운동과 식이요법을 병행해야 하지요.

　문해력이 부족하면 읽기 자체를 싫어하기 때문에 더더욱 지도적 읽기가 필요합니다. 지도적 읽기를 통해 책을 읽는 방법, 내용을 이해하는 방법, 내 생각을 갖는 방법을 습득하고 나면 책에 재미를 들여 독립적 읽기로 가는 길이 더 수월해집니다. 더 짧은 기간 동안 더 빠르게 아이의 문해력을 키울 수 있는 것은 독립적 읽기보다 지도적 읽기라는 뜻입니다.

　그렇다고 독립적 읽기를 등한시해서는 절대 안 됩니다. 환자가 건강해지려면 치료와 함께 자기 스스로 건강한 생활 습관을 가져야 하는 것처럼, 지도적 읽기를 통해 문해력 부족의 문제점을 고쳐 나가되 반드시 스스로 읽어 문해력의 기초 체력을 다져야 합니다. 문해력 발전은 결국 장기적으로 보아야 합니다. 언제까지고 누군가가 지도적 읽기를 계속해 줄 수는 없습니다. 문제가 되는 지점을 도와주되 결국은 스스로 시간을 내어 읽어야 합니다. 적용의 문제도 있습니다. 지도적 읽기로 키운 문해력은 독립적 읽기를 통해 스스로 계속해서 적용해 나가야 합니다. 예를 들어 어휘를 추론하는 방법을 배웠다면 스스로 책을 읽을 때 이를 계속해서 적용해 보아야 하는 거지요. 배우기만 하고 스스로 적용하지 않는다면 잊어버리게 될 테니까요.

문해력을 키우는 최고의 방법은 결국 지도적 읽기와 독립적 읽기의 적절한 조합입니다. 스스로 독립적으로 읽되 부모나 교사가 아이의 문해력에 부족한 지점을 찾아 지도해 주어야 합니다. 그리고 아이는 지도받은 내용을 가지고 다시 자신의 읽기에 적용해 나가야 합니다. 이렇게 지도적 읽기와 독립적 읽기가 효과적으로 공존할 때 우리 아이의 문해력은 가장 빠르고 가장 효과적이며 가장 장기적으로 성장할 수 있습니다.

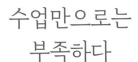

# 수업만으로는
# 부족하다

언어학자 스티븐 크라센은 수많은 연구를 정리해 철자, 어휘, 읽기, 쓰기, 문법 등 언어에 관한 모든 분야에서 전통적인 읽기 수업보다 자발적으로 하는 독립적 읽기가 훨씬 효과적이라고 말합니다. 스스로 원해서 읽으면 언어력은 저절로 성장한다고요. 강요하지 않고 숙제도 없고 테스트도 없이 오직 재미있어서 스스로 원해서 읽으면 듣기, 말하기, 읽기, 쓰기, 어휘, 문법, 철자 모두가 상당 부분 길러진다는 사실을 확인했습니다. 그는 "읽기 외에 언어를 배우는 다른 방법은 거의 효과가 없다."라고 단언합니다.

그가 독립적 읽기와 비교한 언어 교육 방법은 전통적 읽기 수업입니다. 전통적 읽기 수업은 학생들이 배워야 할 읽기 기술을 선별하여 교사가 설명하는 방식을 취합니다. 전통적 읽기 수업은 일견 독립적 읽기보다 효율적으로 보입니다. 시험에 나올 만한 중요한 내용을 골라 짧은 시간 안에 설명하기 때문입니다. '핵심만 뽑아 단시간에 설명한다.' 사교육의 핵심적인 모토이기도 한데, 극도의 효율을 추구하는 이런 방식이 효과가 없는 이유는 무엇일까요?

## 아는 것과 하는 것 사이의 간극

핵심은 언어의 특성에 있습니다. 언어를 잘 사용하기 위해서 익혀야 할 내용은 어휘, 배경지식, 어법, 철자, 표현 등 그 범위가 매우 방대합니다. 정상적인 어휘 발달을 위해서는 연간 3,000개 이상의 단어를 학습해야 합니다. 다의어는 또 별도이고요. 문법과 철자는 학자도 설명하기 힘든 경우와 규칙에 맞지 않는 예외들이 적지 않습니다. 은유법이나 관용 어구 등으로 인해 표면에서 보이는 내용과 언어의 실제 의미가 다르기도 합니다.

언어의 이러한 특성은 전통적 읽기 수업을 무력하게 만듭니다. 무언가 많은 지식을 배운 것 같은데, 실전에서는 사용하지 못하는 겁니다. 왜 배웠는데 제대로 사용하지 못하는 것일까요?

언어는 지식보다 기능이 중요한 학문이기 때문입니다. 운전면허에 비유해 보면 이해가 쉽겠네요. 언어를 잘 사용한다는 것은 운전을 잘하는 것과 같습니다. 실전이라는 말입니다. 운전을 잘하려면 어떻게 해야 할까요? 운전을 많이 해봐야겠지요?

그런데 전통적 읽기 수업은 운전면허 필기시험 같은 겁니다. 알아야 하는 내용이긴 한데 그걸 안다고 운전을 잘하게 되는 것은 아닙니다. 잘 모르고 시작해도 하다 보면 알게 되는 측면도 있고요. 아는 것과 하는 것 사이에는 굉장한 간극이 있습니다.

그래서 '아는' 것에 집중하는 전통적 읽기 수업을 받고 필기시험을 잘 치를 순 있어도 실제 읽기를 잘 '하기'는 쉽지 않습니다. 실제로 잘 읽으려면 읽기를 자주 하는 게 중요합니다. 읽기 지식을 습득하는 게 아니고요. 운전면허 필기시험에서는 전방 주시를 잘하면서 좌우를 살피라고 말합니다. 그런데 어떻게 전방 주시를 잘하면서 동시에 좌우를 살필 수 있지요? 말이 안 되는 것 같지만 실전에서는 전방 주시를 잘하면서 좌우도 살펴야 합니다. 이렇게 말만 들어서는 이해가 안 되는 지식들을 실제로 해보면서 자기 것으로 만들어야 합니다.

그러니 전통적 읽기 수업이나 문제집을 통해 읽기에 필요한 지식을 충분히 갖춘 후 책이라는 도로로 나간다는 생각을 버려야 합니다. 읽기와 운전에 정답은 존재하지 않으니까요. 그때그때 상황마다 올바른 선택을 하도록 훈련하는 것이 중요합니다. 전통적 읽기 수업은 원인과 결과를 착각한 행위입니다. 언어에 능숙해지면 그 결과로 어휘, 문법, 철자, 표현이 발달하는데, 어휘, 문법, 철자, 표현을 가르쳐서 언어 능력을 기르려고 하는 거죠.

최근에 이런 이해가 생기면서 과도한 받아쓰기와 맞춤법 교육을 지양하라는 공문도 시행되었습니다. 읽기 속에서 자연스럽게 익혀야 하는 것들을 굳이 별도로 하는 건 아이들의 스트레스만 키울 뿐 효과는 크지 않기 때문입니다. 언어 능력은 원래의 특성에 맞게

'읽음'으로써 키워야 합니다.

## 읽기 수업과 지도적 읽기의 차이

전통적 읽기 수업이 효과가 없다면, 국어 수업을 없애고 국어 교사를 모두 해고해도 문제가 없을까요? 국어 교사에게는 무척 다행스럽게도, 그렇지 않습니다. 효과가 없는 것은 전통적 읽기 수업이라고 했습니다. 읽기 수업 그 자체가 아니라 방법에 문제가 있는 겁니다. 전통적인 방식으로 읽기를 가르치면 효과가 없을 뿐, 올바른 방식으로 지도적 읽기를 함께 하면 문해력 발달에 분명한 효과가 있습니다. 그렇다면 읽기를 가르치는 것과 지도적 읽기는 무엇이 다를까요?

읽기 가르치기와 지도적 읽기의 첫 번째 차이점은 목적에 있습니다. 읽기 가르치기의 목적은 읽기 기술Reading Skills에 있는 반면, 지도적 읽기의 목적은 숙련된 읽기Skilled Reading에 있습니다. 운전면허 시험에 비유하자면 읽기 가르치기는 필기시험에 해당하고, 지도적 읽기는 강사와 함께 하는 도로 주행에 해당합니다. 읽기 가르치기는 단어, 속담, 비유적 표현 등을 배우는 그 자체에 목적을 둡니다. 이를 배우면 추후에 읽기를 잘할 거라고 생각하는 거죠. 반면에 지도적 읽기는 읽는 과정 자체에서 단어, 속담, 비유적 표현 등을 잘이해하고 사용에 숙련되도록 돕습니다.

그래서 두 번째 차이점인 유연성이 생깁니다. 읽기 가르치기에서는 가르칠 내용이 고정되어 있어서 아이의 상태가 고려되지 않습니다. 아이가 이해를 하든 못 하든 오늘 이걸 배워야 하면 그걸 배워야 하는 겁니다. 반면 지도적 읽기에서는 아이의 현재 상태에 따라 지도할 내용을 유연하게 선정합니다. 결국 내용에 아이를 맞추느냐, 아이에게 내용을 맞추느냐의 차이라고 보시면 됩니다. 지도적 읽기를 할 때 어휘가 어려워 이해하지 못하면 어휘에 초점을 맞추고, 배경지식 부족으로 이해하지 못하면 배경지식을 다루면 됩니다. 읽어 나가면서 아이가 텍스트를 이해하는 데 실제로 걸림돌이 되는 문제를 해결하는 것에 에너지를 쏟는 것입니다. 어떤 날은 어휘를 좀 더 중점적으로 다루겠다고 생각할 수는 있지만, 이런 경우에도 특정 단어를 미리 선택하기보다 읽어 나가면서 아이가 이해하지 못하는 어휘에 초점을 맞추는 거죠. 그래서 지도적 읽기는 미리 준비하기 힘든 부모도 실천할 수 있다는 것이 최고의 장점입니다.

세 번째 차이점은 실제적$^{Authentic}$ 텍스트의 사용에 있습니다. 실제적 텍스트란 재미, 정보 등 읽기 본연의 목적을 위해 쓰인 텍스트를 말합니다. 반면 가공된 텍스트는 읽기를 가르치기 위한 목적으로 쓰인 텍스트로 교과서와 문제집이 대표적입니다. 읽기를 가르칠 때는 언어 기술 학습이라는 목적에 최적화해 개발한 가공된 텍스트를 사용하게 됩니다. 반면 지도적 읽기에서는 가공된 텍스트가 아닌 실제적 텍스트를 사용하게 됩니다. 가공된 텍스트는 목표 학년의 학생들이 평균적으로 이해할 수 있으리라 기대하는 수준으로 집필이 됩니다. 이해하기 쉽다는 장점이 있지만 그만큼 어휘나 표현이 제한되어 배움의 크기도 제한됩니다.

'슬로 리딩'을 창시한 일본의 하시모토 다케시 선생님이 교과서를 버리고 단편 소설 『은수저』로 수업을 이어간 이유도 여기에 있습니다. 지도적 읽기를 할 때는 읽기 그 자체가 가장 중요하므로 가공된 텍스트가 아닌 문학의 원전을 사용합니다. 교과서나 문제집 속 텍스트에도 문학이 실려 있지만 길이의 문제로 문학 전체를 실을 수도 없고 집필자나 수업자의 의도대로 각색된 경우도 많으니까요. 효과적인 지도를 위해서는 각색되지 않은 원작 그대로를 사용하는 것이 가장 좋습니다.

네 번째 차이점은 정답의 유무입니다. 읽기를 가르칠 때는 다루는 내용이 명확하므로 정답도 명확합니다. 국어 교과서나 학습지에서는 어떤 작품에서 인물의 감정이나 작가의 의도를 '정답'으로 서술하게 합니다. 하지만 실제 문학 작품을 쓴 작가의 생각은 다른 경우가 많죠. 재미있는 이야기가 영화계에도 있는데요. 히치콕의 손녀는 대학에서 자신의 할아버지인 히치콕의 초기 작품에 대한 강의를 들었습니다. 손녀는 주말마다 할아버지와 그의 영화에 대해 토론했고, 덕분에 작품에 녹아난 할아버지의 의도를 누구보다 잘 이해할 수 있었습니다. 그래서 그녀가 수업에서 좋은 점수를 받았냐고요? 아니요. 그녀는 C학점을 받았습니다. 히치콕의 의도를 잘 이해하지 못했다는 평가를 받은 것이죠.

이게 바로 읽기 가르치기와 지도적 읽기의 차이입니다. 그녀가 받았던 수업은 읽기 가르치기처럼 정답을 정해놓고 그것을 배우도록 한 것입니다. 정답이라고 했지만 강사의 생각일 뿐 사실은 오답이었던 거지요. 세상에는 하나의 정답만 존재하는 것이 아닙니다.

읽기는 사람에 따라, 상황에 따라 해석이 모두 달라집니다. 그래서 읽기를 가르친다는 것은 하나의 가능성을 정답으로 만들고, 수많은 다른 가능성을 오답으로 만드는 일입니다. 지도적 읽기에서는 하나의 정답을 강요하지 않습니다. 다양한 가능성을 고려하면서 그 가능성들이 실제 작품에서 어떻게 적용되고 펼쳐지는지 가늠해 보지요. 그래서 아이들이 더 읽기를 좋아하게 되고 자신의 생각을 넓게 펼칠 수 있습니다.

다섯 번째 차이점은 내용에 대한 접근 방식의 차이입니다. 읽기 가르치기는 정답을 향해 직선적으로 질주하지만, 지도적 읽기는 다양한 가능성을 이해하기 위해 구불구불 우회하여 주변을 탐색합니다.

예를 들어 아이가 '범인'이라는 단어의 의미를 물었다고 해보겠습니다. 읽기를 가르치는 부모는 '범죄를 저지른 사람'이라고 직접적으로 정답을 알려줍니다. 반면 지도적 읽기를 실천하는 부모는 어떤 문장에서 사용되었는지 묻거나 아이와 함께 텍스트를 확인합니다. 텍스트에는 '그에게는 특별한 무언가가 없었다. 그는 흔하디흔한 범인이었다. 그는 성자도 아니었고 위인도 아니었다.'라고 적혀 있군요. 그렇다면 여기서 말하는 '범인'은 무엇인가요? 바로 '평범한 사람'입니다. 그러면 범죄를 저지른 범인犯人은 범할 범에 사람 인을 쓰고, 평범한 사람을 말하는 범인凡人은 무릇 범에 사람 인을 쓴다고 알려줄 수도 있습니다.

내용에 대한 접근 방식의 차이는 중대한 여섯 번째 차이를 만듭니다. 바로 다른 텍스트에도 적용할 수 있는 숙련된 읽기 기술을 습득하느냐, 단편적인 지식 하나를 아는 데 그치느냐의 차이지요. 앞에서 범인이라는 단어를 다루는 두 부모의 차이를 다시 생각해 보겠습니다. 읽기를 가르치는 부모는 어휘의 뜻을 아는 것에 초점을 맞추고 답을 알려주지만, 지도적 읽기를 하는 부모는 어휘의 뜻을 어떻게 알 수 있는지 파악하는 방법을 훈련시킵니다. 고기를 잡아주는 것이 아니라 잡는 방법을 알기 위해 함께 잡아보는 거죠. 지도적 읽기를 통해 어휘를 맥락에서 파악하고 한자를 이용해 분해하고 추론하는 방법을 익힌 아이는 이를 다른 모든 텍스트에 적용해 나갈 수 있습니다. 아이 스스로 독립적 읽기를 할 때 스스로 적용할 수 있도록 말이죠.

똑같이 독립적 읽기를 하더라도 이런 방식을 배운 아이와 배우지 못한 아이의 읽기가 같을 수는 없습니다. 범인의 뜻이 범죄를 저지른 사람이라고 직선적으로만 배운 아이는 독립적 읽기 과정에서 추론을 통해 단어를 습득하기 어렵습니다. 그러면 수없이 많은 단어를 하나하나 다 배워야겠네요. 게다가 맥락에 따라 어휘의 뜻이 달라질 수 있음을 배우지 못했으니 단어를 하나 배울 때마다 오답도 하나씩 늘어가게 되는 셈입니다. 이런 차이가 단기간에는 보이지 않지만 시간이 지날수록 벌어져 나중에는 엄청난 차이가 되고 맙니다.

읽기 기술을 직접적으로 가르치는 전통적 읽기 수업은 앞에서 언급한 여섯 가지 특징으로 인해 효과가 미비합니다. 수많은 연구들이 일관되게 전통적 수업은 효과가 거의 없다고 한 이유가 여기에 있습니다. 아이의 상황을 고려하지 않은 채 특정한 학습 목표를 세워 유연하지 못하고, 실제 텍스트가 아닌 가공된 텍스트를 이용하여 여러 개의 가능성 중 하나만을 정답으로 정한 후, 이를 직선적으로 접근하기에 다른 텍스트에 적용할 수 있는 숙련된 읽기 능력이 길러지지 않는 것이지요.

그러니 읽기 수업을 초등학교부터 고등학교 졸업할 때까지 그렇게 많이 들어도 실제로 문해력은 길러지지 않는 것입니다. 같은 시간 동안 단어 100개를 외운 아이가 내일 치는 시험에서 더 좋은 점수를 받을지는 몰라도 장기적으로 더 좋은 결과를 얻지는 못합니다. 지도적 읽기를 통해 문해력을 기르고 독립적 읽기로 문해력을 펼쳐 나간 아이가 실제 읽기에서는 월등한 문해력을 보여주는 게 당연한 이치입니다.

## 시행착오를 줄여주는 지도적 읽기

문해력 발달을 운전면허에 조금 더 비유해 보겠습니다. 읽기 가르치기는 필기시험, 지도적 읽기는 강사가 동석한 도로 주행, 독립적 읽기는 혼자 하는 운전에 해당합니다. 필기시험은 맞는 말이고 알아야 하는 내용이지만, 실전에 큰 도움이 되지는 않습니다. 혼자 하는 운전은 장기적으로 꼭 해봐야 하고, 꼭 가야 하는 길입니다. 다만 문제점을 콕 짚어 도와주는 사람이 없으므로 실패와 시행착오가 너무 많고 발달이 느려 오래 걸립니다. 중간에 포기하기도 쉽죠. 강사가 옆에 앉아 실제 도로에서 조언을 해주면, 일어나는 여러 문제들

1장 위기에 처한 문해력

을 바로바로 해결하면서 운전 실력이 급성장하게 됩니다. 불필요한 시행착오가 적고 안전하며 빠르게 기술을 습득할 수 있지요.

지도적 읽기가 부재할 때 아이의 문해력 발달이 저해되는 것은 연구를 통해서도 분명히 밝혀졌습니다. 미국에서는 2000년대 이후 많이 읽기만 해도 충분히 언어 능력을 키울 수 있다는 총체적 언어 접근법Whole Language Approach이 각광을 받으면서 읽기에 있어서 지도의 중요성이 푸대접을 받았습니다. 이로 인해 어떤 일이 벌어졌을까요? 그 결과 글을 제대로 읽지 못하는 아이들이 크게 늘었습니다. 미국 연방정부의 지원하에 이루어진 연구 결과 역시 문해력에서 지도적 읽기의 중요성을 밝혀주었습니다.

물론 영특한 상위 5%의 아이들은 지도적 읽기가 없이도 충분한 문해력을 습득하기도 합니다. 이런 아이들은 전통적 읽기 수업에서 배운 읽기 기술을 능동적으로 독립적 읽기에 접목하며 상당한 문해력을 스스로 기르기도 합니다. 하지만 이는 매우 특별한 경우입니다. 대부분의 아이들은 배운 것 따로, 하는 것 따로입니다. 읽기 기술을 배우지만 실제 읽기에 적용하지는 못하는 거죠. 그래서 우리네 부모들은 교과서나 문제집에만 의존하지 말고 읽기 기술 학습이 아닌, 숙련된 읽기가 되도록 지도적 읽기를 실행해줘야 합니다. 그러기 위해서는 가공된 텍스트의 통제된 상황이 아닌, 실제적 텍스트의 자연적 상황에서 갖가지 언어 기술을 적용해 볼 수 있어야 합니다.

그렇다면 지도적 읽기는 실제로 어떻게 실행하는 걸까요? 아이에게 파스타 조리법을 알려준다고 가정해 보겠습니다. '요리 가르치기'는 어떻게 파스타를 조리할 수 있는지, 우선 말로 설명을 합니다. 그리고 부모가 직접 요리를 마친 후 이렇게 말하죠. "어떻게 요리하는지 알겠지? 다음에는 스스로 할 수 있기를 기대할게." 자, 어떤가요? 아이가 다음에 파스타를 혼자서 요리할 수 있을까요? 어려울 겁니다. 할 수 있으려면 아이가 직접 해봐야 합니다.

반면 '지도적 요리'는 요리의 전 과정을 아이와 함께 하면서 부모가 옆에서 조언을 해줍니다. 1인분 양의 면을 쥐고 물을 끓이고 면을 삶고 면의 익은 정도를 파악하고 마늘과 야채를 볶고 면과 함께 소스를 부어 조리하는 모든 과정을 아이와 함께 해야 합니다. 부모가 시범을 보이면서 조언하면, 아이가 직접 해보면서 기술을 습득하게 됩니다.

요리연구가 백종원 씨가 출연하는 TV 프로그램 「골목식당」은 이런 과정을 통해 '요린이' 사장님을 진짜 요리사로 만들어주지요. 「그림을 그립시다」의 밥 로스 씨처럼 멋진 그림을 혼자 슥슥 그리고 "참 쉽죠?"라고 하지 않습니다. 능숙한 사람한테나 쉽지 그게 말처럼 쉽나요? 백종원 씨는 '지도적 요리'를 했다면, 밥 로스 씨는 '그림 가르치기'를 한 겁니다.

지도적 읽기는 시범, 연습, 피드백의 3단계로 이루어집니다. 아이가 잘하는 부분은 간단하게 건너뛰세요. 불필요한 대목에서 시시콜콜 잔소리로 시간을 낭비하지 마시고요. 아이의 읽기가 막히는 부분에서 부모가 먼저 시범을 보이고 연습을 시킨 후 어떻게 하면 더 좋을지 피드백을 줍니다. 그러면 아이는 피드백을 바탕으로 다음 번 지도적 읽기나 독립적 읽기에 적용하면서 문해력을 키워 나가는 거고요.

구체적인 지도적 읽기 방법은 4장에서 자세히 설명하겠지만 여기서 예를 하나 들어볼게요. 아이에게 책에 대한 감상을 물었는데 아무런 생각이 없다면 어떻게 해야 하는 걸까요? "이 책의 내용은 이렇고 교훈은 이런 거다.", "책을 읽고 자기 생각을 가져야지.", "그러려면 책을 잘 읽어야 한다."라고 원론적인 이야기를 한다면 이는 읽기 가르치기입니다. 이럴 때는 "여기에서는 이런 이야기를 했네. 이어지는 부분에서는 무엇이라고 했지? 네가 찾아볼래?"라고 물어 스스로 내용을 파악하도록 해야 합니다. 이때 "이 부분에 대해서 엄마는 이런 궁금증이 들었어. 너는 어떤 궁금증이 들었어?"라고 물어 엄마의 생각을 받아들이게만 하지 말고, 아이가 자신의 생각을 말하도록 해야 합니다. 이 부분의 내용과 엄마의 생각을 말하는 것이 '시범'이고, 이어지는 부분의 내용이 뭔지, 아이는 어떤 궁금증이 있는지 묻는 것이 '연습'입니다. 이후 아이의 말을 듣고 부족한 부분에 대해 조언해 주면 그것이 '피드백'이죠.

시범, 연습, 피드백이 조합되면 최고의 지도적 읽기가 됩니다. 아이는 시범을 통해 바람직한 모델을 보고 연습을 통해 흉내 낸 후 피드백을 통해 읽기를 수행함에 있어 문제점을 파악하게 됩니다. 그리고 추후의 지도적 읽기와 독립적 읽기에서 이를 다시 반복 수행하면서 완성도는 점점 올라갑니다. 시범, 연습, 피드백은 다시 연습, 피드백으로 이어지고 또 다시 연습, 피드백으로 이어지면서 아이의 문해력은 급성장하게 됩니다.

이제 부모가 해야 할 일은 아이에게 책을 읽어주거나 함께 읽은 후, 혹은 아이가 스스로 읽고 이해가 어렵다는 지점에서 아이 문해력의 문제점을 발견하는 겁니다. 그런 다음 이 책의 2부 '문해력 어떻게 키울까'에서 우리 아이에게 필요한 것이 무엇인지 찾아 그 부분을 읽고 실제로 적용하면 됩니다. 2부에는 아이의 문해력 발달에 필요한 과제와 이 과제를 완수할 수 있는 지도법이 나와 있으니 우리 아이에게 필요한 부분을 쏙쏙 찾아 읽고 적용하시길 바랍니다.

# 문해력은 어떻게
# 성적을 올리는가

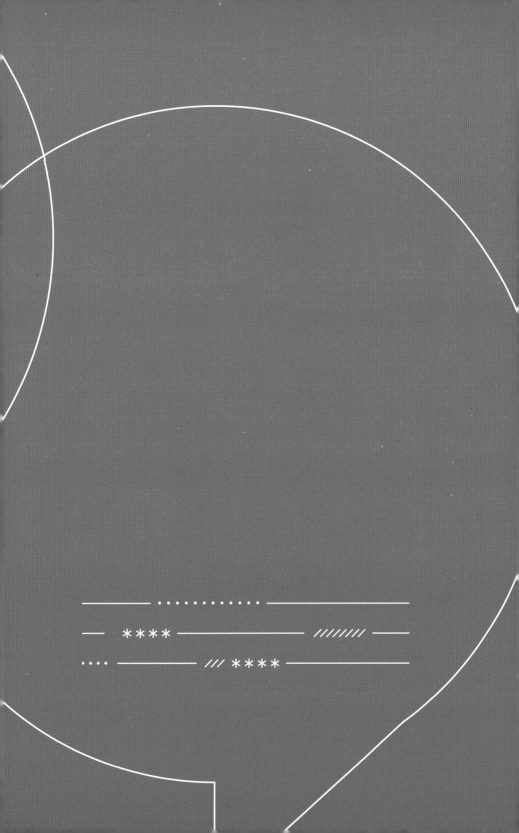

**\*\*\*\*** ———————————— ///////// ········

'읽기를 배우기'에서 '읽기로 배우기'로의 전환은 문해력에 의한 학습의 부익부 빈익빈을 초래합니다. 문해력이 강한 아이들은 학습의 부익부를 경험합니다. 문해력이 강하면 읽기가 쉽고 재미있어 더 많이 읽게 됩니다. 더 많이 읽은 아이는 어휘와 배경지식이 풍부해지죠. 어휘와 배경지식이 풍부하면 읽기가 더 쉬워져서 읽기를 더 좋아하게 됩니다. 이는 다시 문해력 강화로 이어져 다시 처음부터 순환이 시작됩니다. 문해력과 학습 사이에 선순환의 고리가 만들어지는 겁니다.

# 무엇이 성적을
# 갉아먹는가

요즘 교실 풍경을 좀 들여다볼까요? 앞을 응시하고 제대로 집중하여 수업을 듣는 아이들이 생각보다 많지 않습니다. 상당수 아이들은 연필을 돌리고 지우개를 주무르고 낙서를 합니다. 다리를 떨다가 괜히 옆 사람을 쿡 찔렀다가 창밖을 구경하기도 하죠. "중요한 내용이니 앞을 보자."고 하면, 잠깐 고개를 들지만 대개 3초를 넘기지 못합니다.

'그래도 귀로 듣겠지.'라고 생각한다면 큰 오산입니다. 인간의 오감 중 시각이 차지하는 비율이 약 70%나 됩니다. 청각이 20%를 차지하고 후각, 미각, 촉각이 나머지 10% 정도를 차지하고요. 따라서 제대로 쳐다보지 않고 손장난하는 아이가 수업을 듣고 있을 가능성은 30% 이하라고 볼 수도 있겠네요. 상당수의 아이들은 이

30%에 해당합니다. 아이들은 점점 더 산만해지고, 점점 더 수업을 듣지 않고 있습니다.

## 산만함이 치르는 대가

산만함은 우리로 하여금 많은 대가를 치르게 합니다. 첫 번째가 생산성 저하입니다. 『사람은 어떻게 생각하고 배우고 기억하는가』의 저자 제레드 쿠니 호바스는 멀티태스킹의 부정적 영향에 대해 명쾌하게 설명합니다. 그는 "운전 중 스마트폰 사용 시 음주 운전보다 반응 속도가 2배 더 느리다."고 말합니다. 우리가 멀티태스킹을 하며 두 가지 일을 동시에 한다고 느낄 때, 사실 엄밀히 말해 이는 '동시'가 아니라 계속적인 '작업 전환'에 불과하다는 겁니다.

한쪽 모니터에 SNS를 띄워놓고 업무를 하는 중간중간 '좋아요'를 누른다고 해볼까요? 정신은 계속해서 업무와 SNS 사이를 왔다 갔다 하게 됩니다. 문제는 작업 전환에는 에너지와 시간이 든다는 사실입니다. 컴퓨터에 여러 개의 파일을 띄워놓고 'Alt+Tap' 키로 작업을 전환할 때, 현재 창 위로 새로운 창이 뜨며 시간이 소모되는 현상처럼 말이지요. 전환으로 인한 시간 소모는 업무 효율성에 손해를 끼치고, 정확도를 떨어뜨립니다. 작업 전환의 과정에 두 일의 규칙이 섞이는 심리적 불응기로 인해 일의 정확도가 떨어지는 것이지요. 바쁜 아침에 시리얼 그릇에 우유가 아닌, 커피를 부어버리는 일처럼 두 일이 섞여서 실수가 일어납니다. 멀티태스킹은 기억력에도 문제를 일으킵니다. 작업 전환을 하면 우리 뇌에서 습관적 행동을 하는 선조체가 활성화되면서 새로운 내용은 잘 기억하지 못하게 됩니다.

산만함으로 치러야 할 또 다른 대가는 높은 스트레스입니다. 마음의 평화는 차분함과 유의어입니다. 이른 새벽 맑은 공기를 마시며 고요히 앉아 명상하는 이의 정신을 떠올려보세요. 온갖 생각과 번뇌를 일으키지 않고 자기 안으로 고요히 침잠하는 명상가에게는 불안도, 고민도, 우울도 없습니다. 반면 번잡함의 유의어는 스트레스입니다. 드라마 속 여주인공의 성형 여부에 열을 올리고, 유명 여행지에서 행복하게 웃는 친구의 사진을 보며 질투를 느끼고, 옆집 아이의 선행 학습에 불안감을 느끼는 사람은 절대 평화로울 수 없습니다. 생각이 계속해서 일어나고 이리저리 튀어 다니면, 우리는 스트레스를 느끼게 됩니다. 자극이 지속되고 불안과 두려움을 느끼면 우리 몸은 코르티솔과 아드레날린을 분비하고요. 두 호르몬이 분비되면 혈압은 올라가고 호흡이 바빠지며 근육, 신경, 내장, 내분비선 등 우리 신체 전반이 영향을 받게 됩니다. 몸과 머리는 긴장하고 딱딱해지고 무거워지며 불쾌해집니다.

산만함으로 인한 문제가 우리 아이들이 공부하는 중에 고스란히 일어나고 있습니다. 아이들은 수업 중에 계속 작업 전환을 하면서 작업 시간이 길어지고 정확도는 떨어지며 새로운 내용을 기억하지 못합니다. 또 스트레스는 더 많이 받습니다. 스트레스는 아이들을 더 산만하게 만들고 산만함은 더 큰 스트레스를 불러오고요. 이런 상태에서는 아무리 오래 공부해도 성적이 낮을 수밖에 없습니다. 시간 소모가 크고 정확도와 기억력이 낮으며 스트레스가 심한데 공부를 잘하면 그게 더 이상하지 않나요?

이러한 산만한 정신을 '메뚜기 정신'이라고 합니다. 한곳에 정착하지 못하고 이리저리 튀어 다니는 모습을 비유적으로 표현한 말이지요. 중국과 아프리카 사람들은 메뚜기 떼에 대한 공포가 있습니다. 하늘을 새카맣게 뒤덮을 정도의 메뚜기 떼가 지나가면 땅에는 아무것도 남지 않기 때문입니다. 모든 것을 먹어 치우고 엄청난 기근을 일으키기도 합니다.

메뚜기 떼가 지나가면 정신도 황폐해집니다. 학업 생산성을 떨어뜨리고 스트레스를 상승시켜 우리 아이들의 정신적 능력의 성장을 가로막습니다. 아이가 자신이 의도한 결과물을 만들어내고 내적으로 평온하고 바람직한 방향으로 성장하기 위해서는 정신적 에너지를 모을 수 있어야 합니다. 정신적 에너지가 흩어지면 모든 가능성도 함께 흩어집니다. 메뚜기 정신은 모든 일에 관여하도록 하지만, 정작 아무 일에도 제대로 관여할 수 없게 합니다. 어떻게 하면 이토록 유해한 메뚜기 정신을 우리 아이의 머릿속에서 떨쳐놓을 수 있을까요?

## 게임으로 집중력을 기를 수 없는 이유

무언가에 넋이 나가 정신을 못 차리는 아이들을 보면 답답합니다. 아이들의 집중을 이끌어내기 위해 "자, 집중!" 혹은 "정신 차리고 여기 보자."라고 말하지만, 사실 주의집중력은 선택의 문제가 아닙니다. 능력의 문제입니다. 하고 싶지 않아서 하지 않는 것이 아니라 할 수 없어서 못 한다는 뜻이지요. 메뚜기 정신에 물들어 산만하고 주의집중력이 떨어지는 아이에게 "정신 차려라."는 고함은 공허합니다. 스스로 정신을 모을 수 있는 힘, 주의집중력을 길러야 하는데요. 그렇다면 주의집중력은 어떻게 길러줄 수 있을까요?

우선 눈으로 지속해서 보는 일이 필요합니다. 주의집중력과 눈은 어떤 관련이 있을까요? 주의집중력은 크게 주의 떼기, 주의 이동하기, 주의 유지하기의 세 단계로 이루어집니다. 쉽게 말해 기존의 관심사에서 주의를 떼서 새로운 대상으로 이동한 후 그곳에 에너지를 유지할 수 있어야 한다는 말이지요. 주의 떼기는 기존의 관심사에서 주의를 끊는 일입니다. 정수리에 위치한 두정엽 뒷부분이 담당하지요. 주의 이동하기는 새로운 대상으로 주의를 돌리는 일로, 중뇌에 위치한 상구가 담당하고요. 마지막 주의 유지하기는 이마 바로 뒤에 위치한 전두엽이 담당합니다. 이 중 주의 이동하기를 하는 상구에 주목하겠습니다.

주의를 돌리는 일을 담당하는 상구는 시각도 담당합니다. 그래서 시선을 돌리면 관심이 같이 돌아갑니다. 좋아하는 사람, 맛있는 음식에게서 눈을 떼기 어려운 이유가 여기 있습니다. 관심이 떨어지지 않으니 눈이 떨어지지 않는 거지요. 시각이 인간 오감의 70%를 차지하는 이유도 여기에 있고요. '보는 것이 믿는 것Seeing is believing'이라는 격언은 '보는 것이 집중하는 것Seeing is attentioning'으로 바꿀 만합니다. 그래서 주의집중력을 기르기 위해서는 눈으로 지속해서 보는 어떤 일을 해야 하는 것입니다.

주의집중력을 기르기 위해서는 재미도 필요합니다. 주의집중력의 첫 번째, 세 번째 단계인 주의 떼기와 주의 유지하기는 모두 재미와 관련되어 있거든요. 새로운 재미있는 대상이 있을 때 기존의 관심사에서 새로운 대상으로 주의를 떼기 쉽고 이동한 주의를 유지하기도 쉽습니다. 만약 새로운 대상이 재미가 없다면 아이는 기존의 대상에서 주의를 떼려고 하지 않을 것이며, 떼서 이동하더라도 유지하지 못할 거예요.

이 둘을 조합하면 주의집중력을 기르기 위해서는 눈으로 지속해서 보는 재미있는 무언가가 필요하다는 사실을 알 수 있습니다. 재미있어서 눈으로 지속해서 보는 무언가라고 하니 무엇이 생각나시나요? 게임이 생각난다고요? 안타깝게도 게임으로는 집중력을 기를 수 없습니다. 게임이 집중력을 길러줄 수 있다면 대한민국은 이미 전 세계에서 가장 집중력이 뛰어난 학생들로 가득했겠지요? 재미있는 데다가 눈으로 지속해서 보는 게임이 주의집중력을 길러주지 못하는 이유는 무엇일까요?

## 수동적 집중력과 능동적 집중력

집중력은 크게 수동적 집중력과 능동적 집중력으로 나누어집니다. 수동적 집중력은 자극이 강한 대상에 의도하지 않아도 저절로 생기는 집중력입니다. TV나 게임에 푹 빠지는 것이 수동적 집중력을 사용하는 예입니다. 능동적 집중력은 자극이 약한 대상에 의도적으로 사용하는 집중력입니다. 시험공부를 하느라 자고 싶은 마음을 참고 책에 정신을 쏟는 상태가 능동적 집중력을 사용하는 예입니다. 수동적 집중력은 이름만 집중력일 뿐 실제 우리가 필요로 하는 집중력과는 큰 차이를 보입니다. 우리에게 필요한 집중력은 원하는 때, 원하는 대상에 사용할 수 있는 집중력이잖아요? 원하지 않아도 빨려 들어가 헤어 나오지 못하는 것은 사실 집중력이라기보다 '피집중' 혹은 심하게는 '중독'이라고 표현하는 편이 낫겠습니다. 게다가 수동적 집중력은 능동적 집중력을 낮추는 문제도 있습니다. 강한 자극에 익숙해지다 보면 약한 자극을 지루하게 느끼고 점점 더 강한 자극을 찾게 되거든요. 게임에 중독된 아이들이 수업에 집중하지 못하는 이유가 여기 있습니다.

그렇다면 재미있어서 눈으로 지속해서 보면서 능동적 집중력을 길러주는 무언가는 무엇일까요? 바로 읽기입니다. 읽기는 시선을 글자에 고정한 채 오랜 시간을 보내게 합니다. 그리고 책 속의 이야기는 재미있지요. 하지만 중독될 만큼은 아닙니다. 내가 원하는 만큼 재미있게 읽고 원할 때 덮고 나올 수 있습니다. 그래서 읽기를 좋아하는 아이들은 대개 주의집중력이 좋습니다. 프랑스 집중력 전문가인 장필리프 라쇼 역시 『아이가 집중하기 시작했다』에서 독서를 집중력 훈련의 도구로 제시하였고요. 주의집중력을 기를 수 있을 만큼 책을 읽기 위해서는 문해력을 갖추어야 합니다. 문해력을 갖추고 읽어야 책이 재미있거든요. 그래서 문해력을 갖추면 읽게 되고, 읽으면 주의집중력이 길러집니다.

# 언어력이
# 공부 속도를 높인다

스티브 잡스가 진행하는 애플의 신제품 프레젠테이션은 매번 화제를 낳았습니다. 그는 애플의 미니멀한 디자인처럼 더 간략하고 더 재미있고 더 매혹적으로 말해 듣는 이를 사로잡았습니다. '인생 속 점들의 연결', '사랑과 상실' 그리고 '죽음'에 관한 세 가지 이야기로 구성한 스탠퍼드 연설 역시도 지금까지 널리 회자되고 있습니다. 잡스가 말을 잘하는 사람이라면, 글을 잘 쓰는 사람도 있습니다. 친숙한 소재와 절제된 언어로 "아!" 하는 가슴속의 메아리를 울리는, 바로 안도현 시인입니다. 「너에게 묻는다」, 「스며드는 것」 등의 대표작을 통해 차분하고 담담한 언어로 우리 삶을 돌아보게 합니다.

이처럼 말과 글로 가슴속에 울림이 느껴질 때, 우리도 말하고 싶고 쓰고 싶어집니다. 그런데 분명 무언가 느끼긴 하는데, 도무지 나오지 않습니다. 왜일까요? 우리에게도 굴곡진 인생의 사연이 있고 멀쩡한 입과 펜이 있는데, 왜 힘든 걸까요?

『방귀 며느리』라는 전래 동화가 있습니다. 새로 시집온 얌전하고 참한 며느리 얼굴이 점점 누렇게 뜨고 푸석푸석해집니다. 방귀를 못 뀌어서 그렇다는 며느리의 말에 시아버지는 너털웃음을 터트리며 시원하게 뀌라고 합니다. 며느리는 그러면 방귀를 뀔 터이니 기둥을 잡고 있으시랍니다. 도대체 왜일까요? 드디어 며느리가 방귀를 뀌는데 그 힘이 어찌나 대단한지 시아버지는 기둥을 잡고 뱅글뱅글 돌고, 시어머니는 솥뚜껑을 붙잡고 들썩거립니다. 나무를 해오던 신랑은 문밖으로 휙 나가떨어지고요.

방귀를 이렇게 세차게 뀐다면, 며느리는 얼마나 식성이 좋은 사람인 걸까요? 먹지 않고 방귀를 뀔 수야 없을 테니 말입니다. 많이 먹어야 방귀도 많이 나오지 않을까요? 잘 먹지 못했다면 방귀도 제대로 나올 수 없었을 겁니다. 말과 글도 그렇습니다. 입력이 많아야 출력이 강력해집니다. 좋은 말을 많이 듣고 좋은 글을 많이 읽을 때, 좋은 표현이 나올 수 있거든요.

잡스와 안도현처럼 언어력이 뛰어난 사람은 분명 질적, 양적으로 충분한 언어적 입력을 받은 사람일 것입니다. 제대로 먹지 않았다면 세찬 방귀를 끼지 못할 테니까요. 콩 심은 데 콩 나고 팥 심은 데 팥 난다는 속담도 있지 않습니까? 한국어를 넣으면 한국어가 나오고 영어를 넣으면 영어가 나오겠죠. 고운 말을 넣으면 고운 말이 나오고, 천한 말을 넣으면 천한 말이 나오는 게 세상의 법칙입니다. 좋은 말과 글을 넣어야 좋은 말과 글이 나올 수 있습니다. 자식을 위해 세 번 이사했다는 맹모삼천지교 역시 사실 언어와 연관이 깊습니다. 공동묘지 근처에 사니 곡하는 소리를 배우고, 시장 근처로 갔더니 장사꾼들의 소리를 배우는 맹자를 보고 맹모는 글방 근처로 이사합니다. 글 읽는 소리를 따라 하며 맹자는 결국 대사상가로 자라나게 됩니다.

"뿌린 대로 거두리라."는 말은 전생이나 업보에만 적용되는 게 아닙니다. 우리 아이들의 귀와 눈에 뿌린 언어가 그대로 자라나 입과 손을 통해 표현된다는 의미이기도 합니다. 그렇다면 아이들의 언어력을 키우기 위해 부모는 무엇을 유념해야 할까요?

## 어휘력이 성적과 직결되는 이유

일상에서 사용하는 어휘는 대략 5,000개입니다. 이를 기본 어휘라고 합니다. 기본 어휘 5,000개 중 1,000개가 약 83% 정도의 빈도로 쓰이고, 나머지 4,000개가 17% 만큼 쓰인답니다. 일상 속 커뮤니케이션의 대부분이 이 1,000개의 단어로 이루어진다는 말입니다. 기본 어휘 5,000개에 가끔 사용하는 5,000개의 어휘를 합하면 공통 어휘가 됩니다. 이 1만 개의 단어가 우리가 보통 생활에서 접하게 되는 어휘의 범위입니다.

그런데 어휘는 이게 다가 아니지요? 나머지 어휘는 모두 몇 개나 될까요? 2020년 표준국어대사전에 등재된 표제어는 총 42만 3,170개라고 합니다. 그러면 여기서 공통 어휘 1만 개를 뺀 41만 개는 무엇일까요? 이는 일상에서 잘 사용하지 않아 희귀 어휘라고 합니다. '등장인물', '그래프', '곳', '원자' 등이 희귀 어휘의 예입니다.

일상에서 접하고 배우게 되는 공통 어휘와 달리, 희귀 어휘는 보통 학교에서 배우게 됩니다. 희귀 어휘는 학문에서 사용하기 때문에 학문 어휘Academic Vocabulary라고도 부릅니다. 학문 어휘를 얼마나 잘 배우고 많이 아느냐가 학업 성적과 직결됩니다. 왜냐하면 어휘가 바로 개념이자 지식이거든요. 쉽게 말해, 공부란 학문 어휘를 수집하고 이해하는 일입니다. 물리학은 운동, 속력, 속도, 가속도, 질량, 장력 등의 어휘와 이들 사이의 관계를 이해하는 것이고, 세계사는 문명, 제국, 헬레니즘, 봉건제, 종교 개혁, 왕정 등의 어휘와 그 사례를 아는 일입니다.

학문 어휘를 많이 알고 학교에 오는 아이는 100m 달리기에서 20m쯤 앞서 출발하는 것과 같습니다. 반대로 학문 어휘를 모른 채 학교에 오는 아이는 20m쯤 뒤처져서 출발하는 것과 같고요. 100m 달리기 시합에서 누군가는 20m 앞에서, 누군가는 20m 뒤에서 뛴다면 20m 앞에서 출발한 아이가 결승선에 먼저 들어오게 될 가능성이 큽니다. 『토끼와 거북이』의 토끼처럼 낮잠만 자지 않는다면 말입니다. 그래서 학교 밖 공간, 즉 가정에서 학문 어휘를 많이 접하고 익숙해진 아이가 더 뛰어난 학업 성적을 거두게 되는 것은 자명한 사실입니다. 그래서 학문 어휘를 많이 접하고 사용하고 경험하게 하는 것이 무엇보다 중요한데요. 어떻게 학문 어휘를 익히게 할 수 있을까요?

평소 자주 쓰는 1,000개의 단어 중 학문 어휘가 얼마나 포함돼 있는지에 관한 연구를 보면, 아이에게 어떻게 학문 어휘를 접하게 해줄지 알 수 있습니다. 1,000개의 단어 중 포함된 학문 어휘의 개수는 일상적인 대화 속에 9개, 아동 도서에 30.9개라고 합니다. 아이가 부모나 교사와 대화할 때는 1,000개의 단어 당 9개의 학문 어휘를 경험하는데, 책을 읽을 때는 30.9개의 학문 어휘를 경험하게 된다는 뜻이지요. 책이 대화보다 3배 넘는 학문 어휘를 경험하게 하는군요.

『둥글둥글 지구촌 경제 이야기』에 나오는 다음의 문장을 살펴보겠습니다.

> 다른 나라에서는 국내 기업을 보호하려고 수입되는 물품에 관세라는 세금을 받아. 그래서 수입품은 관세만큼 물건값이 비싸지게 돼. 하지만 홍콩은 관세를 면제해 주는 정책을 펴기로 했어.

전체 어휘는 25개인데 그중 8개가 학문 어휘입니다. 문학책 역시 이 정도는 아니지만 많은 학문 어휘를 볼 수 있습니다.

박완서의 『자전거 도둑』에 나오는 문장입니다.

> '수남이의 부지런함은 이 근처에서도 평판이 자자했다.'
> '별안간 기온이 급강하하더니 바람까지 세차게 몰아쳤다.'
> '도시에선 밤에도 별자리가 안 보인단다.'

'평판', '기온', '급강하', '별자리'처럼 일상에서 흔히 사용하지는 않는 단어들이 나옵니다. 가정에서 아이와 대화할 때 이런 단어를 자주 사용하는 경우는 드물 겁니다. 책을 읽지 않는 아이는 '성충', '백야 현상', '자산 유동화', '측량사' 같은 학문 어휘를 만날 가능성이 희박합니다. 누구도 일상에서 이런 단어를 잘 쓰지 않거든요.

읽지 않는 아이는 TV, 스마트폰 게임, 동년배와의 수다 등으로 대부분의 시간을 보내면서 학문 어휘를 만나지 못합니다. 그러니 책을 즐겨 읽는 아이가 책을 읽지 않는 아이보다 더 나은 학업 성적을 거두는 것은 너무나 당연합니다. 읽지 않는 아이는 심각한 어휘 결핍에 시달리고 수업이 이해되지 않을 가능성이 높습니다. 그러니 읽지 않는 아이는 열심히 공부해도 읽는 아이를 제치기는커녕 같은 속도로 따라가기도 벅찹니다.


## 읽기는 표현력을 높인다

대화만으로 충분히 키워지지 않는 것은 어휘력만이 아닙니다. 표현력도 그렇습니다. 우리가 일상에서 사용하는 표현은 대체로 건조합니다. 집에서 우리는 "밥 먹어.", "숙제해.", "걸레 좀 갖다줘."라고 말합니다. 반면 글은 비유, 은유, 반어법 등 일상에서 흔하지 않은 표현을 사용하여 섬세하게 묘사하지요. 어떤 부모도 일상에서 『작은 집 이야기』를 쓴 버지니아 리 버튼처럼 '밤이 되면 작은 집은 시골 마을과 데이지꽃 들판과 달빛 아래서 춤추는 사과나무 꿈을 꾸었습니다.'와 같은 문학적 표현을 사용하지 않습니다. 일상 속 우리의 말은 "와, 꽃이네. 예쁘다." 정도에서 머무르게 됩니다. 이 정도의 표현만 듣고 자란 아이가 스티브 잡스처럼 말하고, 안도현처럼 글을 쓸 수는 없습니다.

아이들은 읽어야 합니다. 읽어야만 학문 어휘를 비롯한 섬세하고 품격 있는 표현을 접하고 사용할 수 있게 됩니다. 책을 통해 다양한 어휘, 섬세한 묘사, 품격 있는 표현을 접해보지 못한 아이는 아름다운 언어를 구사할 수 없습니다. 입력 없는 언어가 저절로 출력될 리는 없으니까요.

## 읽기는 듣기, 말하기 능력을 높인다

'읽기'는 아이들의 듣기와 말하기 실력 역시 향상시킵니다. 많이 읽는 아이가 더 잘 듣고 더 잘 말합니다. 우선 배경지식이 쌓이기 때문입니다. 전래동화를 읽은 아이는 우리나라의 문화에 대한 지식이 쌓입니다. 『똥벼락』을 읽은 아이는 양반과 서민, 새경과 거름에 대해 알게 되지요. 전래동화를 많이 읽은 아이가 역사 선생님의 설명을 더 생생하게 그리며 잘 듣고 이해할 수 있으리라는 점은 자명합니다.

읽기는 문법적 성장도 이루어냅니다. 일상에서 쓰는 말은 준비된 연설이나 글에 비해 두서가 없고 덜 구조화되어 있습니다. 중언부언 길고 문장이 불분명하며 문법에 맞지 않고 덜 정확한 경향이 있습니다. 반면 글은 대개 목적이 분명하고 구조화되어 있으며 정확하고 간결하며 문법적으로 올바릅니다. 아이들은 책을 통해 더 격식 있고 더 체계적이며 더 올바른 언어를 경험할 수 있습니다. 굳이 문법을 가르치지 않아도 많이 읽는 아이는 문법적으로 훨씬 더 정확한 표현을 할 수 있습니다.

많이 읽는 아이가 듣기와 말하기 모두에서 더 우수하다는 연구 결과도 있습니다. 일주일에 5회 이상 책을 읽어준 아이들이 그렇지 않은 아이들에 비해 더 잘 말한다고 합니다. 문어체 표현을 더 잘 사용하고 더 긴 문장을 구사하고요. 통사적, 문법적으로 더 복잡하고 정확한 문장을 구사한다고 합니다.

## 읽기는 읽기, 쓰기 능력을 높인다

'읽기'는 읽기와 쓰기 능력도 향상시킵니다. 경제협력개발기구[OECD]는 2002년 회원국 32개국 25만 명의 읽기 능력을 비교 조사하여 발표했습니다. 엄청난 규모의 조사에 비해 결론은 단순합니다. 조건에 상관없이 가장 많이 읽는 아이가 가장 잘 읽는다고 합니다. 읽기에 얼마나 자주 시간을 내느냐가 아이의 읽기 점수와 직결되었습니다. 이는 35년간의 미국 국가교육평가원[NAEP] 연구와 언어교육의 세계적 석학인 스티븐 크라센이 수많은 연구를 종합 분석한 메타 연구의 결과와도 일치합니다. 어찌 보면 너무 당연한 결과를 얻기 위해 너무 큰 비용과 노력을 들이지는 않았느냐는 생각마저 드네요. 줄넘기를 가장 많이 연습한 아이가 줄넘기를 가장 잘하더라는 결론과 다르지 않기 때문입니다.

그러면 당연해 보이는 이런 결과가 쓰기에서도 적용될까요? 가장 많이 쓰는 아이가 가장 잘 쓸까요? 그렇게 추론하기 쉽지만 사실 그렇지 않습니다. 연구 결과들은 잘 쓰기 위해서는 많이 쓰기보다 많이 읽어야 한다고 말합니다. 미국 국가교육평가원NAEP 보고서에 따르면, 논술에서 가장 높은 점수를 얻은 학생은 가장 많이 쓰는 학생이 아니라 집에 책이 풍부하고 많은 책을 읽으면서 정규적인 글쓰기를 한 학생이었습니다. 스티븐 크라센 역시 많이 읽는 사람이 쓰기에 대한 불안감이 적으며, 더 많은 작가의 이름을 댈 수 있는 사람이 쓰기 점수가 더 높다는 사실을 발견했습니다.

많이 읽으면 더 잘 읽는다는 사실은 수긍이 가지만, 쓰기의 경우는 의아하군요. 왜 많이 쓰는 학생이 아니라 많이 읽는 학생이 더 잘 쓰는 걸까요? 여기서 방귀 며느리의 이야기가 다시 한번 반복될 수 있겠네요. 방귀를 더 잘 뀌려면 더 많이 먹어야 합니다. 방귀 뀌는 연습으로 방귀를 더 잘 뀌게 되지는 않습니다.

'어떤 글이 좋은 글인가?'라는 질문에는 쉽게 답하기 어렵습니다. 좋은 글은 읽었을 때 공감 가고 머릿속에 그림을 그릴 수 있도록 쉽게 설명하는 특징이 있다지만, 이를 실제로 구현해내는 일은 별개입니다. 어떤 공식이나 정확한 방법이 있다면 누구나 안도현, 김영하, 한강이 되었을 겁니다. 좋은 글을 쓰는 실제적 노하우는 읽기를 통해 얻어야 합니다. 수많은 좋은 글을 접할 때 어떻게 쓰면 좋을지 자신도 모르게 습득하게 됩니다. 많이 읽다 보면 어느 순간 뛰어난 작가들의 문체가 머릿속으로 들어오는 거지요. 눈을 통해 들어온 어휘, 문법, 표현의 수많은 샘플들이 뇌 속에서 자신만의 방식으로 새롭게 재정의되고 배열될 때 쓰기는 발전합니다.


## 읽기는 외국어 실력을 높인다

'읽기'는 외국어 실력도 높입니다. 연구를 살펴보면 일반적인 영어 수업을 들은 아이들의 성적이 정체하거나 심지어 하락할 때, 영어 책을 읽은 아이들의 성적은 올라갔습니다. 스페인어 역시 마찬가지고요. 스페인어를 배운 학생 중 가정법 사용이 능숙한 순서는 스페인에 오래 거주한 순서가 아니라 스페인어 책을 가장 많이 읽은 순이라고 합니다. 언어 수업을 듣거나 심지어 해당 국가에서 사는 것보다 해당 언어로 된 책을 읽을 때 목표 언어를 더 잘 배울 수 있다는 것입니다.

왜 그럴까요? 일반적인 외국어 수업은 제한된 몇 개의 어휘나 문법을 설명하고, 외우고 반복하는 데 시간을 들입니다. 노력은 많이 들지만 아쉽게도 대부분 잊어버리게 됩니다. 인간은 망각의 동물이니까요. 반면 이야기책을 읽으면 다양한 어휘와 문법을 접하게 되는데 이는 잘 잊히지 않습니다.

이 둘의 차이는 학습과 습득으로 설명이 가능합니다. 언어는 공부라는 형태의 학습을 통해서는 능숙해지기 어렵습니다. 너무 복잡하고 예외 사항이 많아 규칙이나 특징으로 전체를 파악할 수 없기 때문입니다. 언어는 실제 맥락에서 자주 접하고 사용할 때 능숙해질 수 있지요. 읽기는 외국어 교육을 '학습'에서 '습득'으로 바꾸어 줍니다. 해당 국가에서의 거주보다 읽기가 더 효과 있는 이유는 앞에서 살펴본 바와 같이 귀로 듣는 것만으로 충분하지 않기 때문입니다. 생활에서 접하게 되는 언어는 공통 어휘와 평범한 표현 그리고 일부 잘못된 문법들이지요. 읽기를 해야만 비로소 학문 어휘, 섬세한 묘사, 정확한 문법을 채워 넣을 수 있게 됩니다.

심지어 한글 책 읽기가 외국어 실력에 도움을 줄 수 있습니다. 한글 책을 많이 읽어서 문해력이 길러지면, 외국어 책을 더 잘 읽을 수 있게 됩니다. 언어의 종류를 떠나 읽기에는 읽기만의 규칙이 있기 때문입니다. 이를테면 주제를 파악하고 모르는 단어를 추측하고 내용을 정리하는 읽기 전략, 그리고 비유와 상징, 의견과 근거, 대상의 묘사 등 언어로 생각을 표현하는 방식에 대한 언어적 지식과 감각, 더불어 인간의 욕망, 대륙과 기후, 신분제도, 환경 파괴 등에 대한 배경지식, 마지막으로 책에 대한 호감 등은 언어의 종류를 가리지 않습니다. 그래서 문해력이 길러져 읽기를 즐겨 하는 아이는 외국어로 된 책도 더 잘 읽고 더 좋아해 외국어를 잘할 수 있는 가능성도 커지는 것입니다.

# 읽기가 지능을 바꾸는 원리

평등하고 체벌 없는 교육을 실천한 아동 교육의 창시자 페스탈로치가 평범한 한 아버지의 교육법에 감명받아 그 비법을 책으로 써달라고 부탁했습니다. 페스탈로치의 부탁을 받아 책을 쓴 사람은 바로 칼 비테 목사입니다. 칼 비테가 쓴 책 『칼 비테의 자녀교육법』은 우리나라에도 잘 알려져 있지요. 그의 아들 요한 하인리히 프리드리히 칼 비테는 6개 국어에 능통하며, 12세에 박사 학위를 딴 세계에서 가장 어린 박사 학위 소지자라고 합니다.

　여기까지만 들으면 태어날 때부터 IQ가 성인의 키와 비슷한 천재가 아닌가 싶지만, 사실은 정반대였다고 합니다. 아들 칼 비테는 천재는커녕 발달 장애를 겪으며 저지능 판정을 받았던 아이였습니다. 어떻게 저지능 판정을 받았던 아이가 12세에 철학 박사 학위를 받을 수 있었을까요?

『쿠슐라와 그림책 이야기』라는 책으로 널리 알려진 쿠슐라의 이야기도 알아보죠. 그녀는 태어날 때부터 염색체 손상에 내장에도 심한 장애가 있어 네 살 때 지적 장애 및 신체 장애 판정을 받았습니다. 이 정도면 노력보다는 포기가 더 쉬웠겠지만 쿠슐라의 부모는 그러지 않았습니다. 쿠슐라의 부모는 어떤 노력을 했고, 쿠슐라는 여섯 살 때 평균 이상의 지능을 갖춘 것으로 판명되었습니다.

다운증후군으로 태어나 생후 2개월 만에 중증장애자가 될 것이라는 진단을 받은 제니퍼의 부모는, 쿠슐라의 사례에 감명을 받아 쿠슐라 부모의 행동을 따라 하기 시작했습니다. 결국 제니퍼는 다섯 살 때 IQ 111이라는 놀라운 결과를 얻었고, 더 자라서는 전미우수학생회 회원이 됩니다. 저지능, 지적 장애, 다운증후군의 아이를 평범 이상의 삶으로 바꾼 비밀은 무엇일까요?

바로 읽기입니다. 이 세 아이들의 부모는 아이에게 계속해서 책을 읽어주었습니다. 쿠슐라의 부모는 하루 14권, 제니퍼의 부모는 하루 10권 이상의 책을 읽어주었으며, 칼 비테 역시 항상 책을 읽어주었다고 합니다. 칼 비테 주니어, 쿠슐라, 제니퍼의 부모는 모두 책을 읽어주었고 아이의 인생은 완전히 바뀌었습니다.


## 단순히 아는 게 많아지는 차원이 아니다

책을 읽으면 아는 게 많아지고 조금 더 똑똑해지는 정도까지는 누구나 이해할 수 있을 것입니다. 하지만 어떻게 저지능의 아이가 천재까지 될 수 있는지는 선뜻 납득하기 어렵습니다. 도대체 읽기가 무슨 마법을 부린 걸까요?

현생 인류의 직계 조상인 호모 사피엔스 사피엔스는 4만 년 전쯤 살았습니다. 반면, 문자가 처음 발명된 시기는 기원전 3,300년쯤으로 보고 있습니다. 이 말은 인류에게 3만 5,000년 동안은 문자가 없었다는 뜻입니다. 이는 곧 인간은 문자를 읽고 쓰는 능력을 타고나지는 않았다는 뜻이 됩니다.

우리의 DNA는 생존을 위해 필요한 수많은 기능을 뇌의 여러 부위에 배속해두었습니다. 보는 일은 후두엽에, 듣는 일은 측두엽에, 생각하는 일은 전두엽에, 정보 조합은 두정엽에 맡겼습니다. 그리고 기억은 해마에, 감정은 편도체에, 운동 기능은 소뇌에, 심장 박동은 뇌간에, 수면은 송과체에 맡겼고요. 그런데 그 어디를 봐도 읽기를 맡은 부위는 없습니다. 문자를 읽는 행위는 애초에 인간 DNA의 계획에 포함되지 않았던 것입니다. 읽기를 위한 부위가 없는데 우리는 어떻게 글자를 읽을 수 있을까요?

뇌는 읽기를 위해 분업과 협업을 선택합니다. 하나의 뇌 영역이 읽기를 전담할 수 없기에 뇌의 서로 다른 부위들이 읽기에 필요한 여러 일들을 하나씩 나누어 맡기로 한 것입니다. 읽기에는 총 네 가지 일이 필요합니다. 문자를 보는 일, 본 문자를 소리로 바꾸는 일, 소리를 의미로 바꾸는 일, 의미를 감정과 생각으로 바꾸는 일이 바로 그것입니다. 이 네 가지 일을 뇌의 여러 부위가 나누어 맡아 협력함으로써 읽기라는 새로운 행위를 할 수 있게 된 것입니다.

그런데 분업과 협업을 통해 대량 생산을 이루려면 '컨베이어 벨트'가 꼭 필요합니다. 컨베이어 벨트는 일이 순조롭게 진행될 수 있도록 앞에서 한 작업물을 뒤로 넘겨주는 역할을 합니다. 산업 현장에서 컨베이어 벨트가 없으면 작업물이 넘어가지 않아 협업이 불가능해지지요. 뇌 속의 분업과 협업에도 컨베이어 벨트가 필요합니다. 후두엽이 눈으로 본 문자를 연합 영역으로 보내주고, 연합 영역이 만든 소리를 측두엽으로 보내주고, 측두엽이 이해한 의미를 편도체와 전두엽으로 보내야 하기 때문입니다. 이렇게 처리한 정보를 주고받을 수 있는 뇌 속의 컨베이어 벨트를 '시냅스 연결'이라 합니다.

새로운 제품을 생산하기 위해서 새로운 컨베이어 벨트를 설치하듯이 우리 뇌도 읽기라는 새로운 행위를 위해서 시냅스를 새롭게 연결하게 됩니다. 읽기를 배우기 시작하면 후두엽, 연합 영역, 측두엽, 두정엽, 전두엽, 편도체를 광범위하게 연결하는, 우리 뇌 속 정보 전달의 '컨베이어 벨트'가 생기기 시작한다는 말입니다.

읽기에 능숙해지고 더 많이 읽으면 시냅스는 폭발적으로 많은 양의 연결을 만들어내게 됩니다. 더 많이 읽으면 읽을수록 시냅스는 더 다양한 방향으로 더 굵게, 더 촘촘하게, 더 멀리 뻗쳐 나가 연결을 만들어내게 되지요. 이는 무엇을 의미할까요? 뇌 속 정보 전달의 컨베이어 벨트인 시냅스 연결이 더 다양한 방향으로 이루어짐은 더 다양한 생각을 할 수 있게 됨을, 더 굵어짐은 정보 전달이 빨라지고 정보의 손실이 적어짐을, 더 촘촘해짐은 정보 전달이 더 세밀해짐을, 더 멀리 뻗쳐 나감은 더 창의적이 됨을 의미합니다.

더 세밀한 정보를 더 적은 손실로 더 빠르게 전하고 더 다양하고 창의적으로 정보를 사용할 수 있다는 말은 무엇을 의미할까요? 바로 지능이 높아진다는 의미입니다. 한마디로 문해력을 기르고 책을 많이 읽으면 단순히 아는 게 많아지는 차원이 아니라 아예 지능 자체가 올라간다는 의미입니다.

칼 비테 주니어, 쿠슐라, 제니퍼의 인생이 변한 이유는 읽기를 통해 원래 가지고 있던 뇌 속 정보 전달의 컨베이어 벨트인 시냅스 연결을 완전히 바꾸었기 때문입니다. 얇고 엉성하게 연결되어 있던 시냅스 연결이 문해력 증진과 함께 촘촘하고 굵게 바뀐 것이죠. 그들은 책을 읽으면서 뇌 속에서 복잡한 시냅스 연결을 만들어낸 것입니다. 느리고 고장 투성이던 뇌 속 컨베이어 벨트는 읽기를 통해 나사가 조여지고 이음새가 맞춰지고 속도가 빨라졌습니다. 더 빨리 더 많이 더 정확하게 정보를 처리할 수 있게 되자 그들은 저지능, 지적 장애, 다운증후군을 극복할 수 있게 된 것입니다.

## 뇌를 가장 극단적으로 바꾸는 '읽기'

사실 읽기가 뇌 연결을 바꾸는 유일한 활동은 아닙니다. 우리 뇌는 무언가를 배우면 항상 새로운 시냅스 연결을 만들어냅니다. 운전을 배울 때도, 플룻 연주를 배울 때도, 뇌는 새로운 시냅스 연결을 만들어내지요. 심지어 일흔 살 넘은 노인이 저글링을 배워도 뇌 연결이 바뀌고, 피질의 두께가 증가한다는 사실이 밝혀진 바 있습니다.

그렇다면 칼 비테 주니어, 쿠슐라, 제니퍼가 저글링을 배웠어도 그런 변화를 얻을 수 있었을까요? 그렇지 않습니다. 저글링이나 운전, 플루트를 배워서는 그토록 큰 지능의 변화를 기대하기는 어렵습니다. 인생을 바꿀 만큼의 엄청난 변화는 오직 읽기를 통해서만 이룰 수 있습니다. 읽기가 뇌를 가장 많이, 가장 극단적으로 바꾸는 활동이기 때문입니다. 왜 그럴까요?

첫 번째, 읽기가 다른 어떤 활동보다 가장 크고 넓게 뇌를 연결하기 때문입니다. 지능에 커다란 변화를 일으키기 위해서는 그에 걸맞는 규모의 시냅스 연결이 필요합니다. 저글링은 대규모의 시냅스 연결을 만들어내지 못합니다. 저글링 기능을 수행하는 데 있어 필요한 부위에 한해 국소적인 연결만 만들어낼 뿐이지요. 몇 개에 불과한 시냅스 연결로는 인생을 바꿀 만한 변화가 생기지는 않습니다. 뇌 전체에 걸친 더 크고 더 광범위한 시냅스 연결이 필요한데 이는 오직 읽기를 통해서만 얻어집니다. 일본 도호쿠대학교 의학부 가와시마 류타 교수는 책을 읽으면 뇌 전체가 분주히 작동하는 것을 확인하였습니다. 뇌 전체를 이 정도의 규모로 사용하는 활동은 거의 없다고 볼 수 있습니다.

두 번째, 읽기가 지능과 특히 관련이 많은 대뇌피질을 집중적으로 자극하기 때문입니다. 저글링의 경우 움직임이 중요하기 때문에 주로 소뇌와 기저핵을 자극하게 됩니다. 대뇌피질이 아닌 다른 부위의 자극도 물론 유익하지만 지능을 크게 변화시킬 순 없습니다. 반면, 읽기는 대뇌피질 전체를 직접적으로 매우 강도 높게 자극합니다. 보고 읽고 의미를 이해하고 자신의 생각을 생성하는 과정은 모두 대뇌피질의 역할이니까요.

세 번째, 읽을 때 사용하는 언어가 사고를 자극하기 때문입니다. 현대 교육학에서 중대한 위치를 차지하고 있는 러시아 심리학자 비고츠키는 그의 저서 『사고와 언어』에서 "언어는 우리의 이해를 발달시키고 나누는 데 있어 핵심적인 수단으로써 학생의 사고 발달에 핵심적인 역할을 한다."라고 말하였습니다. 인간에게 있어 언어는 곧 사고이며, 사고는 곧 언어입니다. 언어를 사용한다는 것은 생각한다는 뜻이며 생각의 과정은 언어로 이루어집니다. 책을 읽어 언어력이 길러지면 덩달아 사고력이 길러집니다.

네 번째, 읽기를 통해 자신보다 더 뛰어난 두뇌를 직접 만날 수 있기 때문입니다. 이미 세상을 떠난 아리스토텔레스, 존 스튜어트 밀, 프로이트 같은 역사적 천재들을 직접 만날 수는 없습니다. 하지만 우리는 그들의 생각을 만날 수 있습니다. 바로 책을 통해서 말이지요. 천재 두뇌와의 만남은 읽는 이의 두뇌도 바꾸어 놓습니다. 그들이 쓴 책을 읽음으로써 그들이 무엇에 대해 어떻게 생각했는지 직접 배울 수 있지요. 역사적 수준의 천재가 아니더라도 책을 쓴 지성인들의 두뇌를 자꾸 접하다 보면, 우리의 뇌가 그들의 뇌와 동기화되는 것을 느낄 수 있습니다.

# 문해력이
## 평생의 공부를 좌우한다

혹시 칼 비테 주니어, 쿠슐라, 제니퍼는 무언가 특별한 경우이지 않을까요? 당연히 가질 수 있는 의문이지만 그렇지 않습니다. 누구나 읽기를 통해 두뇌를 바꾸고 지능을 개발할 수 있습니다. 지금부터는 몇몇 학생이 아니라 학교 전체가 읽기로 인해 환골탈태한 사례를 들어보겠습니다.

### 학교를 통째로 바꿔버린 읽기

미국 최고의 대학 교육 평가 전문가 로런 포프는 미국에서 가장 지성적인 대학으로 세인트존스대학을 뽑았습니다. 사실 세인트존스

대학 학생의 입학 성적은 그리 높지 않았습니다. 고등학교 성적이 상위 10% 이내에 드는 학생의 비율이 아이비리그의 경우 95%인 반면, 세인트존스의 경우 20~30%에 불과했거든요. 하지만 세인트존스대 졸업생들은 아이비리그 졸업생들보다 더 많이 로즈 장학금 장학생으로 선발됩니다. 로즈 장학금은 세계에서 가장 영예로운 장학금 중 하나로 꼽힙니다. 그리 특별하지 않은 성적으로 입학했지만, 대학 평가와 로즈 장학생 수에서 아이비리그를 제친 세인트존스의 비결은 무엇일까요?

바로 읽기입니다. 세인트존스에는 일반적인 강의가 없으며 4년 내내 고전 100권을 읽고 토론하고 에세이를 쓴다고 합니다. 심지어 고전을 제대로 읽기 위해 고대 그리스어를 배우기도 하고요.

고전 100권으로 바뀐 학교가 또 있습니다. 바로 시카고대학입니다. 석유 재벌 록펠러가 세운 시카고대학은 1929년까지만 해도 공부 못하고 사고 많이 치는 이른바 문제 학생들이 가는 삼류 대학이었습니다. 하지만 5대 총장 로버트 허친슨이 부임하고 모든 것이 달라졌지요. 허친슨은 24년간 총장을 지내면서 학생들에게 존 스튜어트 밀식 독서법, 즉 고전 100권을 읽고 필사하고 토론하는 '시카고 플랜'을 적용합니다. 지능이 낮은 학생도 이렇게 하면 천재적인 두뇌를 가진 인재로 변화할 수 있다고 믿었기 때문입니다. 놀랍게도 그 믿음과 노력은 현실이 됩니다. 허친슨 총장이 부임한 1929년부터 2013년까지 시카고대학은 89명의 노벨상 수상자를 배출하며 '노벨상의 산실'로 불리게 됩니다.

이번엔 읽기로 학교와 아이들의 삶을 바꾼 일본의 하시모토 다케시 선생님을 만나보겠습니다. 그는 중학교 3년 내내 국어책은 아예 사용하지 않고 단 한 권의 단편 소설 『은수저』만 읽도록 했습니다. 마음만 먹으면 2~3시간 안에 모두 읽어버릴 단편소설을 3년 내내 읽게 하는 말도 안 되는 이런 교육이 엄청난 결과를 가져옵니다. 선생님의 국어 수업을 들은 학생들이 도쿄대학 합격률 1위를 기록한 것이죠. 선생님과 함께 『은수저』를 읽은 후 분석하고 체험하고 토론하고 글을 쓴 학생들은 대학 입학 국어 문제쯤은 누워서 떡 먹기였다고 평가합니다. 그들은 이후 국회의원, 대기업 간부, 변호사, 대학 교수 및 총장, 교사 등 일본의 정재계를 움직이는 최고 엘리트로 성장하였습니다.

이번에는 보스턴으로 가보겠습니다. 보스턴에는 최하위의 성적으로 악명 높던 솔로몬 르웬버그중학교가 있었습니다. 이 학교는 새로 부임한 교장 토마스 오닐 2세에 의해 변합니다. 그 역시 허친슨 총장, 하시모토 다케시 선생님처럼 아이들에게 책을 읽게 했습니다. 하루 10분 책 읽기를 시작해서 점점 책의 수준을 높여나갔습니다. 학습 태도가 엉망인 아이들에게 책 읽어주기가 무슨 소용이냐고 교사들은 불만을 터뜨렸다고 합니다.

하지만 그는 밀어붙였고 결국 변화가 나타났습니다. 공부에는 전혀 관심 없던 아이들이 점점 읽기를 좋아하게 되었고, 심지어 스쿨버스에서 책을 읽기 시작했다고 합니다. 극히 낮은 성적에 심각한 문제 행동들로 '정신병원'이라고까지 불리던 솔로몬 르웬버그중학교는 3년 만에 보스턴에서 최고의 성적을 얻기에 이릅니다. 르웬버그중학교는 이제 입학 대기자 리스트만 몇 페이지에 달하는 최고의 명문 중학교가 되었습니다. 르웬버그중학교의 영향으로 일본에서는 3,500개가 넘는 학교가 조용히 책 읽기를 시작하였습니다.

읽기가 학업에 도움이 되고 성적을 올린다는 연구 결과는 차고 넘칩니다. 몇 가지만 살펴보죠. 1990년대 영국 버밍엄에서는 북스타트 운동을 통해 아기가 태어났을 때 그리고 건강진단을 받을 때마다 책을 선물하고 책 읽어주기를 자문했습니다. 아기들을 10년 넘게 추적 조사한 결과 북스타트 운동의 혜택을 받은 아이들이 그렇지 않은 아이들보다 언어와 인지 발달에 훨씬 높은 능력을 보였습니다. 수학 실력도 2배 가깝게 높았고요. 미국 보스턴대학 연구팀도 책을 많이 읽어준 아이들이 인지력, 시력, 청력이 더 빠르게 발달하며, 결과적으로 학교에서 더 뛰어난 학습 능력을 보인다고 결론 내렸습니다. 그 외에도 많이 읽는 아이들이 독해, 어휘, 문학, 사회, 과학 등의 영역에서 읽지 않는 아이들보다 더 우수하다는 사실이 여러 차례 밝혀졌습니다.

## '읽기를 배우기'에서 '읽기로 배우기'로

어떻게 이런 변화가 가능했을까요? 우선, 앞에서 살펴보았듯 읽기가 직접적으로 지능을 개발하기 때문입니다. 시냅스 연결이 복잡해지면 정보를 더 효율적으로 처리할 수 있게 되고, 이 결과로 성적이 오르는 것이죠. 또 다른 이유가 있습니다. 학습에 읽기가 매우 중요한 도구라는 점입니다. 아이의 학령기는 크게 두 단계로 나뉩니다.

하나는 '읽기를 배우기Learn to Read'이고, 다른 하나는 '읽기로 배우기Read to Learn'입니다. 읽기를 배우기는 문자와 소리의 관계를 이해하여 종이에 적힌 검은 선들에서 의미를 찾아내는 방법을 배우는 과정입니다. 'ㅂ'이 비읍임을 알고, '바+다'가 바다임을 알고, 글자 '바다'가 지난여름 수영했던 바다임을 아는 일이지요. 읽기로 배우기는 읽기를 이용하여 새로운 내용을 만나고 배우는 과정입니다. 과학 교과서를 읽어서 고체가 액체 단계를 거치지 않고 곧바로 기체가 되는 현상을 '승화'라고 한다는 사실과 '드라이아이스'가 그 대표적인 예임을 알게 되는 일이 바로 읽기로 배우기입니다.

교육은 '읽기를 배우기'에서 시작하여 점차 '읽기로 배우기'로 옮아가는 과정입니다. 초등 1~2학년에서는 '읽기를 배우기'에 중점을 둡니다. 초등 3~4학년이 되면 '읽기로 배우기'가 시작되고요. 읽기로 배우기의 비중은 학년이 올라갈수록 점점 커지게 됩니다. 또한 초등학교에서 중고등학교를 거쳐 대학교에 이르기까지 '듣기로 배우기'의 비중은 줄어들고 '읽기로 배우기'의 비중이 커집니다.

로마시대 티투스 황제는 원로원을 대상으로 한 연설에서 "스크

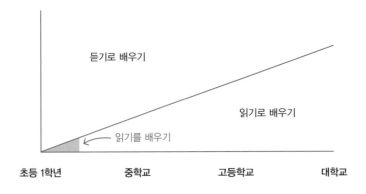

립타 마네트, 베르바 볼라트<sup>Scripta manet, Verba volat</sup>.'라는 말을 남겼는데 요. '문자는 영원하고, 말은 사라진다.'라는 뜻이라고 합니다. 듣기로 배우기는 사라져버리는 말을 학습 대상으로 여기기에 기억에서 쉽게 사라지고, 되짚어볼 수도 없습니다. 영원히 남아있는 문자를 이용한 배우기에 유능해졌을 때 학습은 효과적으로 이루어질 수 있습니다. 그래서 문해력을 충분히 기르지 못해 배움의 양식을 '듣기'에서 '읽기'로 이양하지 못하는 아이들은 점차 늘어나는 학습량을 감당하지 못하고 뒤처지게 되는 거죠.

교육 시스템에서 '읽기를 배우기'에서 '읽기로 배우기'로의 전환은 문해력에 의한 학습의 부익부 빈익빈을 초래합니다. 문해력이 강한 아이들은 학습의 부익부를 경험합니다. 문해력이 강하면 읽기가 쉽고 재미있어 더 많이 읽게 됩니다. 더 많이 읽은 아이는 어휘와 배경지식이 풍부해지죠. 어휘와 배경지식이 풍부하면 읽기가 더 쉬워져서 읽기를 더 좋아하게 됩니다. 이는 다시 문해력 강화로 이어져 다시 처음부터 순환이 시작됩니다. 문해력과 학습 사이에 선순환의 고리가 만들어지는 겁니다.

문해력이 약한 아이는 반대로 학습의 빈익빈을 경험하게 됩니다. 문해력이 약하니 독서가 힘들고 재미없습니다. 그러니 잘 읽지 않게 되지요. 많이 읽지 않으니 어휘와 배경지식이 한정되고 이로 인해 읽거나 배워도 잘 이해하지 못합니다. 이해하기 어려우니 덜 읽게 되고 덜 읽으니 문해력은 점점 더 뒤처지고 학년이 올라갈수록 배우기는 점점 어려워집니다. 문해력과 학습 사이에 악순환의 고리가 만들어집니다.

# 문해력을 높이면 성적은 따라 오른다

문해력은 평생의 공부를 좌우하지만, 학교에서 읽기를 배우는 시기는 초등 1~2학년에 한정됩니다. 3학년 이후에는 읽을 줄 안다는 가정하에 교육이 진행됩니다. 하지만 실제 초등 1~2학년 때 배울 수 있는 읽기는 '읽기의 최소한'에 불과합니다. 아기의 발달 과정으로 치자면 이제 겨우 아장아장 걷기 시작하는 단계와 같습니다. 아장아장 걷는 아이들을 뛸 줄 안다고 가정하고 교육을 진행하니 효과적으로 교육될 리 있을까요? 각 교과의 지식은 엄청난 속도로 달려나가는데, 아이의 문해력은 약해 아장아장 걷고 있으니 공부가 제대로 될 수 있을까요?

학습 전반을 위해서는 가장 먼저 아이의 문해력에 관심을 가져야 합니다. 아이의 학습이 부진하다면 가장 먼저 문해력 문제는 아닌지 확인해 보세요. 초등 저학년에만 해당하는 이야기가 아닙니다. 초등 고학년은 물론 중고등학생도 마찬가지입니다.

부모와 교사는 교육의 가장 큰 관심을 아이의 문해력 성장에 두어야 합니다. 이를 위해 엄마표 공부든 학교 수업이든 국어 시간, 독서 시간을 포함한 모든 공부를 읽기 지도로 바꿔보세요. 엄마표 공부와 학교 수업을 어른의 설명이 아닌 교과서를 포함한 텍스트를 읽고 분석하고 토론하고 생각하는 방식으로 바꿔보라는 말입니다. 예를 들어 신석기와 구석기에 대해 배운다면 신석기와 구석기를 어른은 설명하고 아이는 듣는 방식을 탈피해, 신석기와 구석기에 대한 설명이 적힌 교과서나 책을 읽고 아이 스스로 이해하도록 도와

주라는 뜻입니다.

실제로 저는 학교 현장에서 1년 365일 이러한 수업을 하고 있는데, 결과는 믿을 수 없을 정도입니다. 완전히 공부를 포기했던 아이들이 수업을 이해하기 시작했고 심지어 적극적으로 참여하는 놀라운 변화를 보였습니다. 문해력이 길러지고 공부 방식이 '설명'에서 '읽기'와 '토론'으로 바뀌자 아이들이 공부의 회피자, 방관자에서 적극적 참여자로 변화한 것입니다. 성적이 올랐음은 말할 필요도 없고요.

초등 저학년부터 중고등학교, 심지어 대학교까지 꽉 차 있는 강의 중심의 수업을 읽기 중심으로 바꾸면 아이들의 성적을 비약적으로 높일 수 있습니다. 문해력이 커짐으로써 학습 내용을 이해할 수 있게 되기 때문이지요. 그렇게 되면 과학 시간에 키운 문해력이 사회 성적을 올리는 데 도움을 주고, 사회 시간에 키운 문해력이 수학 성적을 올리는 데 도움을 주게 됩니다. 서로 긍정적 영향을 미치며 여러 과목의 학습 능력이 동반 상승하는 것이지요.

# 문해력 발달의
# 과정

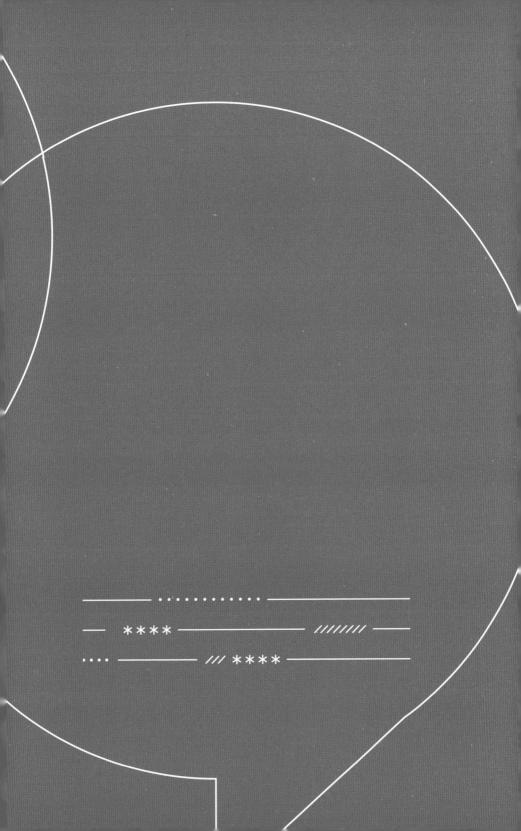

\*\*\*\* ————————————— //////// ‧‧‧‧‧‧‧‧

문해력 발달은 문해력의 뿌리, 소리 읽기, 의미 읽기, 해석 읽기의 4단계를 거치게 됩니다. 문해력 발달과 읽기 과정이 상당 부분 유사한 이유는 읽기 과정에서 뇌가 처리해야 하는 일의 순서대로 문해력이 발달하기 때문입니다. 모든 인간은 문맹으로 태어납니다. 문맹으로 태어나 문해의 세계에 도달하기 위해서는 누구나 예외 없이 문해력 발달의 4단계를 통과해야 합니다. 문해력을 키우는 일은 결국 이 4단계를 잘 수행하도록 도와주는 일입니다. 4개의 관문 통과에 어려움을 겪는 아이에게 우리는 어떤 도움을 주어야 하는 걸까요?

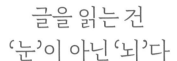

# 글을 읽는 건
# '눈'이 아닌 '뇌'다

"글을 읽을 때 사용하는 신체 부위는 어디인가?"라고 묻는다면, 눈이라고 답하기 쉽지만 정답은 뇌입니다. 의미라는 편지를 받아들이는 이는 뇌이며, 눈은 단지 뇌에게 편지를 전하는 비둘기일 뿐입니다. 문해력이 낮아 글을 이해하지 못하는 아이의 시력을 검사해서는 아무런 통찰을 얻을 수 없습니다. 문해력은 눈의 문제가 아니기 때문이지요. 글을 눈으로 읽는다는 상투적인 오해가 사라지면 다음 질문이 생깁니다. "우리는 어떻게 글을 읽을까?"

읽기의 과정은 총 4단계를 거칩니다. 읽을 때 뇌는 먼저 빛을 글자로 바꿉니다. 다음으로 바꾼 글자를 소리로, 또 소리를 의미로 바꾸죠. 마지막으로 의미를 감정과 생각으로 바꿉니다. 그렇게 글자는 생각이 되고 감정이 됩니다. 읽기 과정의 4단계는 하나같이 빠트

려서는 안 될 필수적인 과정입니다. 단 하나의 과정에라도 문제가 생기면 제대로 읽지 못합니다. 문해력이 약하다면 이 과정 중 최소 한 가지 이상에 문제가 있는 겁니다. 그러니 뇌 속에서 일어나는 읽기의 과정을 이해하면 문해력 지도에 많은 통찰을 얻을 수 있습니다. 지금부터 글을 읽고 있는 여러분의 머릿속에서 무슨 일이 벌어지는지 처음부터 끝까지 살펴보겠습니다.

## 읽기 과정 ① 글자 보기 : 빛을 글자로

토마스 아퀴나스가 '지식을 얻는 감각 중 가장 위대한 것'이라고 칭한 '눈'을 통해 글자를 보는 행위로 읽기는 시작됩니다. 태양이나 형광등에서 전달된 빛이 종이에 반사되어 우리 눈으로 들어옵니다. 빛은 종이에서는 많이, 글자에서는 적게 반사되어 흰색과 검은색으로 나누어집니다. 이를 통해 우리는 종이와 글자를 구분할 수 있게 되지요.

눈으로 들어온 빛은 각막과 홍채를 거쳐 망막에 펼쳐집니다. 자신에게 도달된 시각 정보를 들여다보며 후두엽은 이것이 글자인지, 도형인지, 아니면 아무 의미 없는 선인지 스스로에게 질문합니다. 단어로 판명되면 관련 신경세포들이 작업을 시작합니다. 아무 의미 없는 선이거나 가짜 단어로 판명되면 신경세포들은 침묵에 잠깁니다.

## 읽기 과정 ② 소리 읽기 : 글자를 소리로

시각 정보가 글자라는 사실이 밝혀지면 전두엽, 측두엽, 두정엽이 개입해 글자를 소리로 변환하는 작업을 시작합니다. 이때 문해력의 정도에 따라 서로 다른 일이 벌어집니다. 문해력이 높은 아이는 글자를 보자마자 그것을 소리로 한번에 바꿉니다.

'말주머니'라는 단어를 보면 별다른 인지적 노력 없이 머릿속에서 [말주머니]라는 소리가 울립니다. 노력이라고 부를 것도 없이 금세 그런 작업이 일어나지요. 작업을 '한다'고 하지 않고 작업이 '일어난다'고 한 이유는 이 과정이 자동화되기 때문입니다. 문해력이 높은 아이는 보는 것과 거의 동시에 작업이 끝나버립니다.

반면 문해력이 낮은 아이는 이 글자를 분해해서 하나하나 읽은 후 다시 합쳐야 합니다. 우선 첫 낱자 '말'에서 글자 'ㅁ', 'ㅏ', 'ㄹ'을 소리 [ㅁ], [ㅏ], [ㄹ]로 바꿉니다. 그리고 모두 합쳐 [말]이라고 읽습니다. 뒤에 오는 '주머니'에도 같은 작업을 해야 합니다. 이후 이를 모두 합쳐 [말주머니]라고 읽게 됩니다.

이 둘은 문해력의 양극단을 예로 든 것이며, 그 사이에는 여러 수준의 아이가 있습니다. 예를 들어 자음, 모음까지는 내려가지 않고 하나하나 낱자 수준, 즉 '말', '주', '머', '니'로 읽는 아이도 있습니다.

# 읽기 과정 ③ 의미 읽기 : 소리를 의미로

이제 소리를 의미로 변환할 차례입니다. 뇌는 변환된 소리와 관련한 것으로 보이는 모든 정보를 부릅니다. 가장 중요한 의미부터 자주 쓰이지 않는 의미까지 모두 줄을 서서 대기합니다. 문해력이 뛰어나면 뛰어날수록 더 많은 정보가 대기하지요.

'말'이라는 단어를 접하면 동물 '말'에서 입으로 하는 '말'은 물론 단위 '말'도 준비합니다. 사전적 의미는 물론 개인적인 의미 역시 대기하지요. 말을 봤던 경험, 말의 냄새, 어제 친구들 앞에서 말을 했던 경험, '되로 주고 말로 받는다.'는 속담에 대한 머릿속 정보도 깨어납니다. 의미적으로 가까운 이웃사촌들도 모여듭니다. 동물 말의 이웃사촌인 소, 돼지, 얼룩말 그리고 입으로 하는 말의 이웃사촌인 글, 대화 등도 준비를 합니다.

문장을 봤더니 '만화를 그릴 때 인물의 대사는 말주머니를 넘지 않도록 해야 돼.'라고 되어 있습니다. 동물 말이 아닌 입으로 하는 말이군요. 동물 말과 관련된 정보들은 진정하고, 사람이 입으로 하는 말과 관련된 정보들만 남았습니다. 만약 문장을 읽어도 이해가 되지 않으면 뇌는 다양한 가능성도 고려하게 됩니다. 혹시 발이나 살의 오타는 아닌지, 아니면 기존에 본 적 없는 새로운 의미는 아닐지도 고려하고요.

이 과정들은 전두엽이 모두 관찰하고 있습니다. 전두엽은 뇌의 다른 부위들이 글을 잘 읽고 있는지 평가한 후 그렇지 않다고 판단하면 새로운 계획을 세웁니다. 어떻게 하면 글의 내용을 더 잘 이해하고 파악할 수 있을지 계획하고 이를 집행하지요.

문해력이 낮은 아이는 이런 과정이 잘 일어나지 않습니다. 머릿속에 저장된 사전적, 개인적 의미가 적을뿐더러 읽어도 잘 반응하지 않습니다. 별다른 생각이 나지 않는 거지요. 읽었을 때 관련 정보를 기민하게 준비시키고 찾는 훈련이 되질 않은 겁니다. 이러니 공부를 해도 좋은 결과가 나올 수가 없지요.


## 읽기 과정 ④ 해석 읽기 : 의미를 생각과 감정으로

의미가 확인되면 의미와 관련한 감정과 생각들이 일어납니다. 윌리엄 스타이그의 『아빠와 피자놀이』를 읽는다면 아이에게는 아빠에 대한 생각과 감정이 일어납니다. 아빠라는 단어와 아빠와 놀고 있는 피트의 모습이 아이의 기억을 건드리기 때문이지요.

아빠와 사이가 좋고 많은 놀이를 경험한 아이는 신나는 기분과 추억을 떠올립니다. 예전에 정말 재미있게 놀 때 느꼈던 두근거림과 아빠를 보고 싶은 마음이 일어날 수 있습니다. 반대로 아빠와 놀이 경험이 별로 없고 혼만 많이 난 아이는 부정적 감정이 일어납니다. 두렵고 답답한 느낌을 받을 수도 있고요.

오늘 밤에는 '인공위성 놀이를 해달라고 해야지.'라고 생각할 수도 있고, '우리 아빠도 피트의 아빠처럼 놀아주면 좋겠다.'고 생각할 수도 있습니다. 혹은 어떻게 아빠와 놀이를 하고 저렇게 즐겁게 웃을 수 있는지 의아할 수도 있지요. 어떻게 생각하고 경험할지는 각자가 가진 지식과 경험에 달렸습니다.

## 숙련된 뇌는 더 쉽게 읽는다

읽기의 과정은 큰 틀에서는 누구에게나 동일하지만, 세부적인 방법은 읽는 이의 문해력에 따라 크게 달라집니다. 문해력이 낮은 아이는 이 과정을 이탈리아 장인이 한 땀 한 땀 정성을 들이듯 노력을 들여야 합니다. 모든 과정을 일일이 손을 보고 작업해야 하지요. 자동화되지 않은 아이의 읽기는 노동이라고 할 만큼 고된 작업입니다.

이제 한글을 갓 배우기 시작하는 아이의 읽기를 떠올려보세요. 단어 하나를 읽으려고 해도 얼마나 많이 고민하고 더듬거리며 애를 써야 하는지요. 글이라는 것이 쭉 읽었을 때 이해가 되어야 읽을 만하지, 글자 하나하나를 더듬더듬 읽어서는 도저히 오래 읽을 수가 없습니다. 숙련되지 않은 뇌는 몇 글자만 읽어도, 숙련된 뇌가 몇 페이지를 읽을 때보다 더 많은 에너지를 소모하게 됩니다.

문해력이 높은 아이는 이 과정의 전반이 자동화되어 있습니다. 글자를 보면 소리가 울리고 소리가 울리면 의미들이 떠오릅니다. 의미가 떠오르면 생각도 함께 떠오르고요. 아이는 단지 이 과정을 관찰하고 수정하면 됩니다. 자동화되어 저절로 떠오른 소리, 의미, 생각에 오류가 없는지 전두엽으로 관리, 감독하는 겁니다. 문제가 없으면 승인하고, 문제가 있으면 수정하라고 명령만 내리면 됩니다.

'읽기 초보 뇌'가 고되고 힘든 과정을 직접 해야 하는 노동자의 뇌라면, '읽기 숙련 뇌'는 이 모든 과정을 명령만 내리고 쉬는 사장의 뇌와 같습니다. 그런데 사업이 아니니 망할 염려도 없고 편하고 쉽지요. 그래서 책을 좋아하는 아이는 예외 없이 읽기 숙련 수준에 도달한 아이들입니다. 이 수준에 도달하지 못하면 읽기를 좋아하기 어려워요. 누가 고되고 힘든 과정을 좋아하겠습니까? 그래서 읽기를 좋아하려면 일단 읽기 과정의 상당 부분이 '자동화'되는 것이 중요합니다. 눈이 글자 위를 걷기만 하면 소리와 의미들이 알아서 마중을 나와야 읽기가 재미있어집니다.

# 문해력 발달은
# 어떤 과정을 거칠까

아이는 생후 15개월쯤 첫 번째 단어를 말한 후, 5~6년간 말 중심의 생활을 하게 됩니다. 변화는 대략 만 5~7세 사이에 일어납니다. 누리과정이든 초등 1학년 교육과정이든 아니면 엄마표 교육을 통해서든 더듬더듬 첫 글자를 읽기 시작한 후 아이의 문해력은 평생을 걸쳐 발달해 나가게 되죠. 발달의 시작점은 분명하지만 과정은 안개가 낀 듯 불분명하고, 끝은 보이지 않습니다. 그간 우리가 글을 읽는 것은 눈이라고 생각했고 실제로 뇌 속에서 읽기가 어떻게 일어나는지에 대해 무지했듯이, 문해력의 발달에 대해서도 우리는 잘 모르고 있습니다.

하지만 문해력 발달 과정에 대한 이해는 매우 중요합니다. 문해력 발달 과정을 이해하지 못하면 아이의 높은 문해력을 키워주기 어렵기 때문입니다. 절기를 모르는 농부가 어떻게 풍년을 기대하겠습니까? 기우제를 지내듯 모두 운에 맡기게 된다면, 운 좋은 소수의 아이를 제외하고 대부분의 아이는 평이한, 혹은 그보다 못한, 심지어 형편없는 문해력으로 평생을 살아야 할지도 모릅니다.

## '읽기 과정'과 유사한 문해력 발달의 4단계

앞에서 우리는 읽기 과정이 글자 보기, 소리 읽기, 의미 읽기, 해석 읽기로 이어진다는 사실을 알아보았습니다. 문해력 발달도 읽기 과정과 거의 유사합니다. 문해력 발달은 문해력의 뿌리, 소리 읽기, 의미 읽기, 해석 읽기의 4단계를 거치게 됩니다.

> 읽기 과정 : 글자 보기 → 소리 읽기 → 의미 읽기 → 해석 읽기
> 문해력 발달 : 문해력의 뿌리 → 소리 읽기 → 의미 읽기 → 해석 읽기

문해력 발달과 읽기 과정이 상당 부분 유사한 이유는 읽기 과정에서 뇌가 처리해야 하는 일의 순서대로 문해력이 발달하기 때문입니다. 먼저 일어나는 일을 뒤에 발달시킬 수 없고, 뒤에 일어나는 일을 먼저 발달시킬 수도 없겠죠? 먼저 필요한 일부터 차례대로 발달하게 됩니다.

다만 첫 단계는 다릅니다. 읽기 과정의 첫 단계인 글자 보기는 타고나기 때문입니다. 글자를 보는 것 자체는 시력에 문제가 있지

않다면 별도의 발달이 필요하지 않습니다. 별도의 발달이 필요한 것은 시각이 아니라 시각으로 얻어낸 문자 문화에 대한 이해입니다. 책과 문자의 존재, 이에 대한 활용, 문자를 종이에 나열하는 방식 등을 이해해야 합니다. 그래야 시각을 통해 들어온 정보를 올바른 방식으로 연결하고 배열하여 사용할 수 있게 되거든요.

## '문맹'으로 태어나 '문해'의 세계에 도달하기까지

모든 인간은 문맹으로 태어납니다. 문맹으로 태어나 문해의 세계에 도달하기 위해서는 누구나 예외 없이 문해력 발달의 4단계를 통과해야 합니다. 문해력을 키우는 일은 결국 이 4단계를 잘 수행하도록 도와주는 일입니다. 4개의 관문 통과에 어려움을 겪는 아이에게 우리는 어떤 도움을 주어야 하는 걸까요?

문해력 발달의 첫 번째 과정인 '문해력의 뿌리'가 잘 내리지 않은 사람은 문자가 친숙하지 않은 이들입니다. 이들은 문자보다 영상에 익숙하고 문자가 낯설며 효과적으로 활용하는 법을 모릅니다. 이들은 문자 문화를 이해하고 문자가 우리 삶을 바꿀 수 있다는 사실을 배워야 합니다.

두 번째 과정인 글자를 소리로 바꾸는 '소리 읽기'가 되지 않는 사람을 우리는 전통적 의미에서 '문맹' 혹은 '까막눈'이라고 합니다. 글자를 배우지 못한 채 성장한 어른과 아직 글자를 배우지 못한 미취학 아이들이 주로 여기 해당합니다. 이들은 영어 교육으로 치자면 파닉스<sup>Phonics</sup>인 발음 중심의 읽기 교육을 받아야 합니다. 글자가 어떤 소리가 나는지 배우는 겁니다.

세 번째 과정인 소리를 의미로 바꾸는 '의미 읽기'가 안 되는 사람을 우리는 '기능적 문맹'이라고 합니다. 소리 내어 읽긴 하는데 자기가 무엇을 읽었는지 의미를 잘 파악하지 못하는 사람들입니다. 이들은 의미 중심의 읽기 교육을 받아야 합니다.

네 번째 과정인 의미를 자신의 생각과 감정으로 바꾸는 '해석 읽기'가 되지 않는 사람은 얕은 읽기를 하는 사람입니다. 읽고 내용은 대략 이해하지만 별다른 생각이 없는 거죠. 이들은 깊고 느리게 읽는 방법을 배워야 합니다.

이 책은 아이가 '문맹 정글'을 헤치고 '문해 도시'로의 안전한 도착을 돕기 위한 내용들입니다. 글자에 반사된 빛이 나만의 생각이 되기까지의 읽기 과정과 문해력 발달에 대한 이해를 바탕으로 합니다.

다만 읽기의 첫 번째 과정인 빛을 글자로 바꾸지 못하는 사람과 난독에 대한 내용은 담지 못했습니다. 이 두 경우는 일반적인 수준의 교육이나 연습으로 개선될 수 있는 문제가 아니기 때문입니다. 각막, 수정체, 망막에 문제가 있어서 앞을 볼 수 없거나 안구에서 후두엽으로 가는 시신경이 끊어지거나 죽어버려 안구에서 받은 시각 정보가 뇌로 전달되지 않는 경우에는 병원을 방문해야 합니다. 뇌속 정보 처리 과정에 문제가 있는 난독의 경우도 전문적인 언어 치료사를 찾으시길 바랍니다.

# 나무처럼 성장하는 문해력

한 가지 분명히 이해해야 하는 것은 문해력 발달은 계단의 형태로 일어나지 않는다는 사실입니다. 소리 읽기가 완전히 끝난 후에야 의미 읽기로 진입하거나 의미 읽기가 완전히 끝난 후에야 해석 읽기가 시작되는 것이 아니라는 뜻입니다.

문해력 발달은 나무가 자라는 것과 유사합니다. 사과나무 씨앗을 땅에 심어볼까요? 비옥한 땅을 골라 건강한 씨앗을 심고 충분히 물을 주면 땅 밑에서 먼저 작은 뿌리가 나옵니다. 이후 싹이 흙을 뚫고 줄기가 쏘옥 올라오고, 머지않아 떡잎 사이로 연약한 아기 잎들이 수줍게 고개를 듭니다. 연약한 새싹은 시간이 지나면서 점점 강인해집니다. 이쑤시개같이 얇고 푸르던 줄기는 점점 굵어져 튼실하게 자리를 잡고, 시간이 흐르며 딱딱한 황갈색 껍질로 둘러싸이게 되지요. 충분히 성장한 사과나무는 드디어 아삭아삭하고 달콤한 사과 열매를 맺기에 이릅니다.

사과나무가 자랄 때 뿌리가 완전히 자란 후 줄기가 자라고, 줄기가 완전히 성장한 후 가지와 잎이 자라고, 그다음에 열매를 맺는 것이 아닙니다. 뿌리가 나와서 자라기 시작하면 얼마 지나지 않아 줄기가 나옵니다. 뿌리와 줄기는 의좋은 형제처럼 함께 자라납니다. 잎 역시 줄기가 굵어지기 전에 고개를 내맵니다. 잎도 뿌리, 줄기와 함께 자라납니다.

문해력도 그렇습니다. 나무의 뿌리와 같은 '문해력의 뿌리', 나무 밑동에 해당하는 '소리 읽기', 튼튼한 줄기와 가지에 해당하는

'의미 읽기', 푸르른 잎과 달콤한 열매에 해당하는 '해석 읽기'는 서로 간에 순서와 시간 차가 분명 존재하지만, 대개는 서로 어우러져 함께 성장합니다. 느리고 가끔 더듬지만 혼자 힘으로 그림책을 보고 이해해서 자기 생각을 재잘거리는 아이를 상상해볼까요? 소리 읽기, 의미 읽기, 해석 읽기가 모두 함께 성장하고 있습니다.

아름드리 나무라고 해서 더 이상 크지 않고 성장을 멈추지는 않는 것처럼, 문해력 역시 한 사람이 죽는 그 순간까지 성장을 멈추지 않습니다. 불혹에도 구어는 여전히 발전할 수 있고, 지천명에도 문학에 대한 순수한 사랑을 발견할 수 있지요. 경제학 박사라고 해도 허벅다리를 지나는 동맥 중 하나인 '가쪽넙다리휘돌이동맥 내림가지' 같은 새로운 단어를 만나면 여덟 살 아이처럼 한 글자 한 글자 새롭게 소리 내어 읽어야 하고요. 의대 교수도 괴테의 『파우스트』를 읽으려면 열 살 아이처럼 한 줄 한 줄 조심스레 그 의미를 탐색하고 자신의 생각을 정립해 나가야 합니다.

문해력 발달의 각 단계는 이처럼 중첩되어 공명되면서 진행되지만, 뒤쪽 단계의 발달 폭과 깊이는 이전 단계의 발달 수준에 의해 제한됩니다. 다시 말하자면 소리 읽기에 능숙하지 못하다고 해서 의미 읽기와 해석 읽기가 전혀 일어나지 않는 것은 아니지만, 낮은 소리 읽기 능력은 이해와 생각을 제한하게 됩니다. 뿌리와 줄기가 바싹 굵은 나무에 푸르른 잎과 달콤한 열매가 맺힐 수 없는 이치와 같습니다.

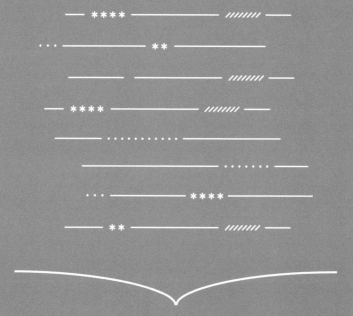

2부

# 문해력
# 어떻게 키울까?

# 지도적 읽기로
# 문해력 키우기

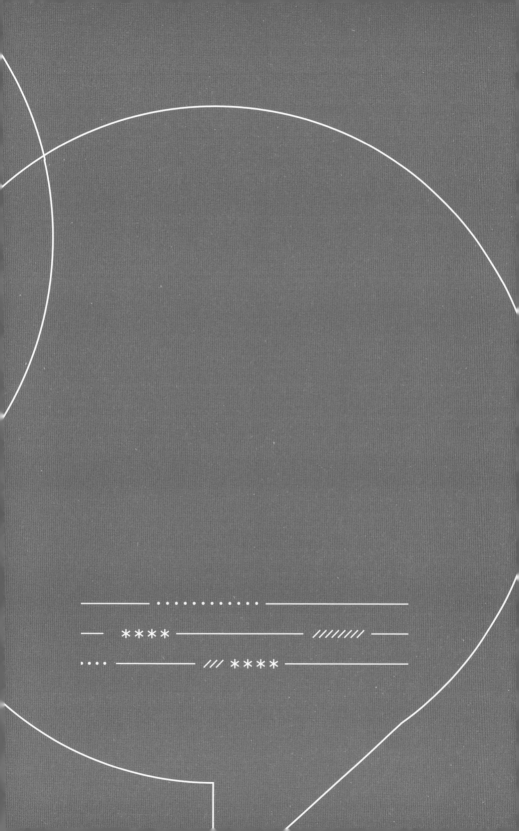

**\*\*\*\*** ——————————— ////////// ········

재미있게 책을 읽기만 해도 문해력이 성장하지만, 문해력을 더 가파르게 성장시키는 방법이 있습니다. 바로 지도적 읽기입니다. 혼자서 소화할 수 있는 책을 읽는 것을 독립적 읽기라고 하고, 혼자서 소화하기에는 조금 버거운 책을 누군가의 도움으로 읽어내는 것을 지도적 읽기라고 합니다. 읽기 연구의 양대 산맥으로 독립적 읽기와 지도적 읽기가 꼽히지만, 더 단기간에 더 효과적으로 문해력을 발달시키는 것은 지도적 읽기입니다. 지도적 읽기를 통해 문해력을 의도적으로 키워주면서 자신의 수준에 맞는 책을 재미있게 독립적으로 읽을 때, 아이의 문해력은 가장 효과적이고 가장 성공적으로 발달하게 됩니다.

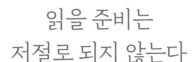

# 읽을 준비는
# 저절로 되지 않는다

읽기는 하루아침에 이루어지지 않습니다. 읽기 독립을 이루고 입체적 관점에서 숙련되게 책을 읽는 능력은 어느 날 갑자기 성취되지 않지요. 맹인이 지팡이를 짚으며 나아가듯 그 누구라도 더듬더듬 하나씩 읽기를 배워 나가야 합니다. 땅속에서 7년을 보내야 비로소 첫울음을 내지를 수 있는 매미처럼, 아이들 역시 'ㄱ'을 기역이라 부르기 위해 대략 7년의 세월을 보내야 합니다.

## '문해력의 뿌리'를 단단히 내리기 위해

매미와 아이들에 차이가 있다면 매미는 땅속에서 단지 시간을 보내기만 하면 되지만, 아이들은 그렇지 않다는 점입니다. 아이들은 'ㄱ'을 기역이라고 부르기 위해 부단한 준비의 세월을 보내야 합니다. 문해력에 관한 연구가 많이 진행되지 않았던 과거에는 6~7세가 되면 누구나 저절로 읽기 교육을 받을 준비가 된다고 보았지요. 마치 매미처럼 말입니다.

하지만 이는 사실이 아닙니다. 읽을 준비는 저절로 되지 않습니다. 본격적으로 읽기 교육을 시작하기 전, 문자와 인쇄물을 인식하고 관심을 가지는 등 적절한 경험과 개입이 있을 때 읽기 교육이 효과적으로 시작될 수 있습니다. 사실 읽기 준비는 정성과 노력이 필요하다는 점에서 매미보다는 씨앗의 발아와 더 유사합니다. 씨앗이 발아하기 위해서는 비옥한 토양과 충분한 물이 필요합니다. 읽기 준비를 위해서도 비옥한 환경과 충분한 경험이 필요합니다.

글자를 배우기 전, 생애 첫 7년 동안 읽기 교육을 받을 준비가 충분히 이뤄지지 않으면 읽기 교육은 난항에 빠지게 됩니다. 생후 8개월 무렵 아이가 "엄마"라고 첫 말을 떼었던 감동적인 순간을 떠올려 보세요. "엄마"라는 그 한마디를 듣기 위해 대체 얼마나 많이 "엄마"라는 소리를 들려주었나요? 아이가 어느 날 갑자기 "엄마"라고 부른 것 같지만 사실은 엄마 뱃속에서부터 생후 8개월까지 오랜 준비 기간이 있었습니다. 읽기도 '학교에 가면 선생님이 알아서 해주겠지'라고 생각할지 모르지만 그렇지 않습니다. 아이가 얼마나 읽기를 수월하게 잘 배울 수 있는가는 그 이전 7년의 세월 동안 얼마나 문해력이 잘 뿌리내렸는지에 달려있습니다.

문해력의 뿌리는 평생에 걸친 읽기 발달의 초석이 됩니다. 누군가의 문해력은 뿌리를 깊고 굵게 내려 추후의 모든 읽기 발달이 순조로울 때, 누군가는 그렇지 못해 추후의 모든 읽기 발달에 어려움을 겪을 수 있습니다. 하루아침에 완성되지 않는 읽기 발달을 위해서는 문해력의 뿌리부터 잘 내리는 것이 중요합니다.

한 가지 주의할 점은 아무리 환경이 좋아도 씨앗이 발아하기 전까지는 꿈쩍도 하지 않듯이 아이의 읽기 역시 아무리 좋은 환경을 구성해 주어도 때가 될 때까지 꿈쩍도 하지 않습니다. 그래도 믿음을 갖고 차분히 기다려야 합니다. 조급한 마음에 물과 비료를 너무 많이 주었다가는 오히려 씨앗이 썩을 수 있으니까요. 그렇다면 아이의 문해력이 뿌리를 잘 내리기 위해 부모는 무엇을 해야 할까요? 크게 두 가지입니다. 바로 '구어의 발달'과 '읽기와의 만남'입니다.

## 문해력의 뿌리 지도법 ① 구어의 발달

문해력 뿌리 내리기의 첫 번째 과제는 구어의 발달입니다. 구어口語란 귀로 듣고 입으로 말하는 언어입니다. 읽고 쓰는 언어는 문어文語라고 합니다. 문해력은 문어를 잘 다루는 힘이지만, 이를 위해서는 구어부터 잘 익혀야 합니다. 왜냐하면 문어는 구어에 의존하기 때문입니다. 우리 뇌가 글자를 읽을 때 처리 과정의 상당 부분을 소리에 의존합니다. 예를 들어 '나뭇가지'라는 글자를 읽을 때 '나뭇가지'라는 글자를 [나묻까지]라는 소리로 바꾸는 일까지만이 문해력의 고유 영역입니다. [나묻까지]라고 소리 내서 읽고 나면, 읽은 내용에 대한 의미, 생각, 감정은 모두 그 단어를 '들었을 때'와 같은 경로를 이용해 일어납니다.

좀 더 설명해볼까요? 다음은 『걸리버 여행기』에 나오는 한 문장입니다.

> 몇 시간 동안 잠을 자기는 했는데 그전에 살았던 곳에 관련된 꿈을 꾸었고 조금 전에 위험에서 벗어난 일들도 꿈속에 나타났다.

이 문장을 소리 내어 읽는 일은 문해력의 고유 영역입니다. 그런데 일단 소리 내서 읽고 나면 방금 그 문장이 무엇을 뜻하는지 처리하는 과정은 아이가 듣고 말하는 대화의 능력을 사용하게 됩니다. 읽기를 배우는 뇌로서는 이미 같은 일을 하는 영역이 있기 때문에 이를 별도로 처리할 능력을 기를 필요가 없는 것이지요. 이러한 처리 과정의 공유를 통해 뇌는 최소한의 노력으로 읽기를 습득하게 됩니다.

이때 뇌가 최소한의 노력만 할 수 있는 것은 구어가 충분히 발달한 경우에만 그렇습니다. 상대방의 말을 잘 알아듣고 자신의 의사를 잘 표명하며 의사소통 능력과 대화 능력이 충분히 길러진 아이는 그 능력을 읽기에 십분 활용하게 됩니다. 반면 대화를 해도 상대방의 의도를 알아차리지 못하고 자신이 원하는 바도 말하지 못하는 등 구어 능력이 부족한 아이는 읽기 역시 잘하지 못합니다.

초등 1학년 전후로 시작하게 되는 소리 읽기, 즉 한글 공부를 성공적으로 마치기 위해서는 글로 만나게 될 세상과 언어에 대한 의미와 생각들이 뇌 속에 충분히 들어 있어야 합니다. 구어가 발달해 의미와 소리가 준비되어 있을 때 소리 읽기는 한결 쉬워집니다. 글을 더듬더듬 소리 내어 읽었을 때 의미가 머릿속에 이미 준비되어 있다면 읽기는 쉽고 즐거운 경험이 됩니다. 낯선 곳에서 친한 친구를 만난 기분일 겁니다. '이 글자는 내가 알고 있는 그 소리를 표현하는 거구나!'라는 즐거운 발견이 일어나지요. 반면 구어가 발달하지 않아 의미를 처리하지 못한다면 힘들게 글을 읽어낸 후에 기분 좋은 경험을 하지 못합니다. 눈보라가 휘몰아치는 길을 뚫고 겨우 도착한 산장에 서부의 악당들이 득실거려 바로 길을 떠나야 하는 심정이랄까요?

구어의 발달이 문해력의 뿌리임에도 불구하고 이를 간과하기 쉽습니다. 누구나 말을 하기 때문입니다. 하지만 누구나 하는 말 속에 보이지 않는 차이가 크다는 사실을 잊어서는 안 됩니다. 초등 저학년이지만 어른 못지않은 풍성한 단어를 사용하여 문법적으로 꽤나 정확한 표현을 구사하는 아이도 보입니다. 하지만 그보다는 유아어에서 아직 벗어나지 못한 아이들을 더 많이 보았습니다. 누가 문해력이 더 뛰어나고 누가 더 많은 책을 즐기며 읽을지는 자명합니다.

그렇다면 구어 발달의 아동 간 차이는 어디에서 오는 걸까요? 바로 부모와의 대화 차이에서 옵니다. 캔자스대학교 심리학자 베티 하트와 토드 리즐리는 부모의 언어 사용 방식의 차이를 연구했습니다. 그들에 따르면 전문직 부모는 많은 어휘를 들려주며 단어로 목욕시키다시피 하는데, 노동 계층 부모는 말을 별로 걸지 않고 부모들 간의 대화에도 잘 끼워주지 않는다고 합니다. 전문직 부모는 시간당 2,000개의 단어를 구사하는 반면, 노동 계층 부모는 1,300개의 단어만을 사용한다는 점도 발견하였습니다. 두 부모 그룹이 사용하는 단어는 시간당 700개의 차이가 나는 셈입니다. 시간당 700개의 차이는 세 살이 되면 총 1,000만 개, 유치원 입학 즈음에는 총 3,200만 개로 벌어집니다. 초등학교 입학 즈음에는 더 크게 벌어지겠지요? 이 정도 격차가 벌어지고 나면 문해력과 공부는 일반적인 노력으로 뒤집기가 어려워진다고 합니다. 유치원생 중 어휘력 하위 25%와 나머지 75%의 격차는 시간이 지날수록 더 커지는 것이 확인되었습니다. 3,200만 개의 단어를 적게 들은 상태이니 수업을 듣거나 책을 읽을 때 모르는 단어가 많아질 수밖에 없습니다. 문해력은 물론 성적도 낮을 수밖에 없습니다.

학교가 이 문제를 해결해 주면 좋겠지만, 안타깝게도 가능성이 낮습니다. 고등학교를 졸업할 때까지 5만 단어를 습득하려면 매년 최소 3,000~4,000개의 단어를 배워야 합니다. 그런데 학교에서 1년 동안 직접적으로 가르치는 단어는 400개에 불과합니다. 명시적으로 가르치지 않고 접할 수 있는 단어도 연간 1,000개~2,000개 수준입니다. 학교에서 보여주고 들려주며 스쳐 지나가는 모든 단어를 하나도 빠짐없이 다 습득한다고 해도 두 그룹 간의 차이는 계속 유지됩니다. 뒤처진 아이는 매년 최소 1,000~2,000개의 단어를 개별적으로 습득해도 거리를 유지할 수 있을 뿐 따라잡을 수는 없습니다. 따라잡으려면 앞서 나간 아이들보다 더 많은 단어를 습득해야 합니다.

그래서 초등학교 입학 이전에 아이들에게 가장 중요한 일은 바로 문해력의 뿌리인 구어를 발달시키는 것입니다. 아이는 태어나서 초등 입학 전까지 6만여 시간 동안 들었던 구어를 이용하여 읽기와 학교생활을 시작합니다. 이 시기 구어의 발달은 인생 전반에 걸쳐 발달하는 문해력의 뿌리가 됩니다. 부모가 아이에게 계속해서 말을 걸고 그림책을 읽어주고 대화를 나누어야 합니다. 일상 속에서 혹은 읽어주며 나누는 대화를 통해 수많은 단어와 문법적으로 올바르면서 다채로운 표현을 들려주어야 합니다. 초등학교 입학 전에 구어가 충분히 발달한 아이만이 읽기를 비롯해 학교생활에 걸려 넘어지는 일이 적습니다.

## | 말소리 들려주기

태아와 영아의 구어 발달을 위해서 가장 먼저 사람의 말소리를 많이 들려주는 것이 중요합니다. 모든 일에 시작이 있듯이 언어 발달에도 시작이 있는데 그것이 바로 귀로 듣는 것이기 때문입니다. 아이는 엄마 뱃속에서 23주만 되면 소리를 감지하기 시작합니다. 그러므로 아이가 뱃속에 있을 때부터 말을 걸어 사람의 말소리를 자주 들려주면 좋습니다. 계속해서 말소리를 들려주면 아이는 점차 사람 소리와 다른 소리를 구분하고 엄마의 목소리를 알아듣고 반응합니다. 아이가 태어나 누워 있을 때도 말소리를 들려주는 일은 계속되어야 합니다.

아이가 울고 있으면 '왜 울고 있지? 배가 고픈가? 쉬를 쌌을까?' 와 같은 생각을 머릿속으로만 하지 말고 아이에게 직접 물어보세요. "우리 아기, 왜 울어요? 배고파요? 아니면 쉬 쌌어요?"라고 소리 내어 물으세요. "어디가 가려워요?", "졸려요?", "목욕할까요?"처럼 일상의 행동 하나하나를 말로 설명하고 물어야 합니다. 아이가 대답할 수는 없지만 대답이 없다고 부모가 입을 다물고 행동만 하면 아이는 소리를 배우지 못합니다. 이 과정에서 아이는 부모의 말소리를 들으며 [ㄱ], [ㅈ], [ㅏ], [ㅜ] 같은 소리를 구분합니다.

이런 능력은 특히 생후 8~10개월 사이에 큰 변화를 보입니다. 생후 8개월이 된 미국 아이는 L과 R의 소리를 구분하지 못하지만, 10개월이 되면 구분한다고 합니다. 겉으로 드러나지 않지만 부모가 말을 거는 모든 순간에 아이의 뇌 속에서 소리를 인식, 파악, 분류하는 작업이 일어납니다. 그래서 책 읽어주기는 태아 때부터 하면 좋습니다. 스토리를 이해해서가 아닙니다. 이야기를 읽어주는 동안 듣게 되는 소리들이 아이에게 도움이 되기 때문입니다.

## | 사물에 이름 붙이기

아이가 "엄마"라고 첫마디를 떼었다면, 이제 본격적으로 사물에 이름 붙이기를 시작할 때입니다. 동작을 나타내는 동사, 성질을 나타내는 형용사, 설명하고 꾸며주는 부사보다 명사, 즉 사물의 이름을 가장 먼저 배워야 합니다. 우선 가장 가까운 곳부터 시작하세요. 아이가 들고 흔드는 딸랑이와 인형, 물고 빠는 책처럼 바로 눈앞에 항상 있는 것부터 알려주면 됩니다. 가르쳐주려는 사물을 들거나 바라보거나 짚으면서 아이에게 알려주세요. 딸랑이를 들고 아이와 눈을 마주치며 "딸랑이"라고 두세 번 반복하는 식으로요.

이후에는 단어만 반복하지 말고 문장에 넣어 사용하세요. "어머, 딸랑이가 소리가 나네. 딸랑딸랑.", "뭐 줄까? 딸랑이? 인형?", "딸랑이가 재미있어요?" 이런 반복이 사물의 이름을 아이 머릿속에 안착시킵니다. 사물의 이름은 사물을 인식하는 정신적 라벨입니다. 이 라벨을 붙여주고 많이 사용하면 아이의 인식 능력이 빨리 성장합니다. 식탁에 앉아 밥을 먹을 때는 "여기는 식탁이야. 식탁."이라고 이름을 붙여줍니다. 지금 말하는 사물이 무엇인지는 부모의 시선과 몸짓이 말해 주므로 식탁을 바라보고 손으로 만지며 알려주는 게 중요합니다. 또 아이가 다른 곳을 바라볼 때가 아닌 사물을 바라볼 때 해줘야 해요. 어떤 사물을 보고 있을 때 특정 소리가 반복해서 들리면 아이의 뇌는 사물과 소리 사이에 관련성이 있다는 사실을 알아차릴 수 있지요.

현실에서 볼 수 있는 사물은 아무래도 한계가 있겠지요? 그래서 책 읽어주기가 중요합니다. 주변에서 볼 수 없는 수많은 사물과 동물의 이름을 알려주기 때문입니다. 이 시기 아이들의 조음기관, 즉 발음을 만드는 혀, 입술, 턱 등의 신체 기관은 아직 성숙하지 않아 정확한 소리를 만들어내지 못합니다. 그러므로 정확한 발음을 알려주려 너무 노력할 필요는 없습니다. 지금은 아이가 틀려도 올바른 소리를 충분히 들려주면 조음기관이 성장한 후 발음은 저절로 좋아집니다.

## | 충분한 대화 나누기

한창 사물에 이름 붙이기를 해야 하는 시기가 지나면 아이가 한두 마디씩 말을 하기 시작합니다. 좋고 싫음을 표현하고 원하는 것을 말하죠. 하지만 표현은 단순하고 부족합니다. 이 시기 부모와 아이 사이 상호작용은 주로 부모가 말하고 아이는 "응", "싫어" 등의 짧은 말, 고개 끄덕임 등의 몸짓, 떼를 쓰거나 우는 등의 행동을 통해 이루어지기 쉽습니다. 아이의 구어를 발달시키기 위해서는 대화 속에서 아이가 더 많이 말하도록 이끌어내야 합니다. 부모의 말을 조금 줄여 아이가 말할 공간을 만들어주세요. 아이가 더 많은 생각을 언어로 표현할 수 있도록 노력하고 도와주세요.

아이가 표현하지 못한다고 성급하게 나서서 대신해 주지 말고 아이가 표현할 수 있도록 이끌어주면 좋습니다. 예를 들어 고기를 먹는데 아이가 소금을 원합니다. 아이의 취향을 아는 엄마는 아이의 표정만 보고 벌써 소금을 뿌리기 쉽지요. 그러지 말고 아이가 무엇을 원하는지 알아도 "뭐가 필요해?"라고 물어보세요. 아이가 "소금을 주세요."라고 표현하면 소금을 뿌려주면서 "왜 소금을 달라고 했어?"라고 물어보세요. 다 알지만 아이가 자기 의사 표현을 하도록 돕는 거예요. 엄마가 미리 다 알아서 해주면 아이는 표현할 기회가 줄어듭니다. 그러면 구어의 발달이 제한될 수밖에 없습니다.

눈치가 빠르고 과잉 친절을 베푸는 엄마 밑에서 자란 아이는 구어의 발달이 더디고, 의사 표현도 잘하지 못할 수 있습니다. 말할 기회를 많이 차단당하기 때문이지요. 초등 고학년에도 자기 생각을 표현하지 못하는 아이들이 수두룩한데 자기 표현의 기회를 충분히 가지지 못해서 그렇습니다. 아이가 잘 표현하지 못한다고 해서 아이의 생각을 미리 모두 알아채고 대신해 주어서는 안 됩니다. 단어를 떠올리고 말을 만들어내도록 자극하고 기다려주고 도와주어야 합니다.

이 시기가 지나 쉴 새 없이 뛰고 떠들어대도 대화의 중요성은 계속됩니다. 밥상머리 교육은 단순한 예절 교육이 아닙니다. 밥상머리 교육은 대화를 통한 언어 교육이기도 합니다. 밥상에 둘러 앉아 아이에게 계속해서 말을 걸고 아이의 말을 들어주세요. "오늘 어린이집에서 선생님 말 잘 들었어?", "재미있었어?", "친구들과는 안 싸웠니?"처럼 "응" 혹은 "아니"로 대답할 수 있는 질문보다는, "오늘 어린이집에서는 어떤 일이 있었어?", "무엇이 가장 재미있었니?", "민재랑 싸웠다고? 무슨 일이 있었어?"라고 묻는 것이 좋습니다. 대화가 이어지면서 구어를 더 발달시킬 수 있거든요.

따뜻한 시선으로 아이를 바라보며 다정하게 말을 걸고, 아이의 이야기를 들어주고, 좋은 이야기를 들려주는 부모는 아이의 귀와 입에 거름을 뿌리는 농부와 같습니다. 아이는 하루의 일상을 이야기하고 부모의 말을 들으면서 자신의 구어를 점검하고 더 나은 방향으로 수정해 나가게 됩니다. 형제, 자매가 있다면 양쪽 모두 큰 혜택을 볼 수 있습니다. 하루 일과에 지쳐 소파에 몸을 누이며 "이제 그만"이라고 말하는 부모 대신, 지치지 않고 끝까지 함께 떠들어주는 상대가 되기 때문입니다. 형제, 자매가 없다면 친구들이 그 역할을 해주는 게 좋습니다. 또래 아이를 초대해 함께 시간을 보낼 수 있도록 해주세요.

가족과 나누는 수많은 잡담과 수다는 아이의 읽기를 위한 훌륭한 밑거름이 됩니다. 문해력에 필요한 모든 요소들이 이 시기에 뿌리 내리지요. 소리 읽기의 음소 인식, 의미 읽기의 어휘와 내용 이해력, 해석 읽기의 감정과 생각 모두 이 시기에 구어를 중심으로 싹트기 시작합니다. 이 시기에 좋은 씨앗을 뿌린 부모 밑에서는 훌륭한 열매를 가진 아이가 자라나고, 제대로 씨앗을 뿌리지 않은 부모 밑에서는 빈약한 열매를 가진 아이가 자라나게 됩니다.

우리 아이는 왜 이리 글을 이해하지 못하냐고요? 문해력의 뿌리가 약해서는 아닐지 생각해 보아야 합니다. 아이가 이미 커버렸다고요? 가장 좋은 시기가 지났다고 늦어버린 것은 아닙니다. 문해력은 구어에 기초하고 대화는 구어를 발달시키는 유일한 방법입니다. 오늘 저녁부터라도 대화의 시간을 늘리고 책을 읽어주세요. 이미 늦어 돌이킬 수 없는 시기는 없습니다. 지금이 아이의 인생에서 가장 어린 시기임을 잊지 마세요.

## 문해력의 뿌리 지도법 ② 읽기와의 만남

기원전 페니키아에 살던 목수 카드모스는 작업 현장에 공구를 가지고 오지 않았습니다. 대신 공구를 보내라는 편지를 나무판에 적어 노예를 통해 그의 아내에게 보냈습니다. 목수의 아내는 편지를 보고 즉각 노예 편으로 공구를 보냈지요. 문자에 메시지가 담겨 있다는 사실을 몰랐던 노예는 나무판에 마음을 전하는 신비한 힘이 있는 줄 알고, 주인에게 청해 그 나무판을 받아 늘 품고 다녔다고 합니다.

페니키아의 노예가 평범한 나무판을 신성하게 여긴 이유는 문자의 의미를 몰랐기 때문입니다. 그가 만약 읽기라는 행위를 알았더라면 그런 일은 없었겠지요. 읽기를 배우기 이전의 모든 아이들은 바로 이 페니키아 노예와 같습니다. 아이들은 문자가 무엇이고 읽기를 통해 얻을 수 있는 것이 무엇인지 모릅니다. 아이들이 숙련된 독서가가 되려면 읽기와의 만남이 필요합니다. 읽기와의 만남은 문자와 읽기 세계에 대한 인식, 탐험, 실험을 뜻합니다.

아이들은 우선 문자 세계를 인식해야 합니다. 종이 위 글자들은 벽지 위 그림과는 다르다는 점을 알아야 합니다. 하얀 종이 위에 검은 선들에는 어떤 의미가 담겨 있다는 사실을 말입니다. 글자는 아무런 의미 없는 무의미한 선이 아니며 끄적임이나 낙서 역시 아니고, 어떠한 의미를 담고 있는 상징체계라는 점을 알아야 합니다.

문자의 효용성도 느껴야 합니다. 문자가 없으면 할 수 없는 그 어떤 일을 할 수 있게 한다는 사실을 알아야 합니다. 페니키아 목수가 직접 말하지 않고도 아내에게 원하는 바를 전할 수 있듯이 문자를 사용하면 시공간을 초월해 의사 표현이 가능하다는 사실, 그래서 생각의 저장 및 전달 수단으로 사용될 수 있다는 점도 말입니다.

문자 문화를 이해할 필요도 있습니다. 문자는 왼쪽에서 오른쪽으로 그리고 위에서 아래로 진행되며, 오른쪽에서 왼쪽으로 아래에서 위로 읽는 경우는 없다는 사실을 이해해야 합니다. 그래야 눈이 글자를 따라 올바른 방향으로 이동할 수 있습니다. 또 글자와 소리는 긴밀히 연결되어 있다는 사실도 이해해야 합니다. 글자에는 규칙성이 있어 하나의 글자는 하나의 소리를 내며 하나의 소리는 하나의 글자로 적힌다는 사실을 알아야 합니다. 변형되지 않는 규칙이 있다는 사실을 알면 문자를 예측 가능한 대상으로 파악하고 자신감이 생깁니다.

문자 세계의 인식과 함께 직접적인 탐험도 필요합니다. 뷰케리히와 크리스티Vukelich and Christie는 가정의 문자 친화적 환경이 초기 문해력 발달의 매우 중요한 요인이라고 지적합니다. 그들은 아이의 문해력 발달을 돕는 가정의 문자 친화적 환경을 크게 네 가지로 꼽았습니다.

첫 번째는 책과 인쇄물에 대한 접근 가능성입니다. 많은 양의 책과 인쇄물이 가정에 비치되어 있어 아이가 의도적이든 우연적이든 접할 기회가 많을 때 문해력 발달에 유리합니다. 두 번째는 읽는 행동의 시범입니다. 부모는 읽기가 왜 가치 있고 어떻게 실용적인지 자주 보여주어야 합니다. 가족들이 재미는 물론이고 편리함과 유용함을 목적으로 자주 읽을 때 아이들은 읽기를 더 소중하게 여기게 됩니다. 종이 위 검은 선들을 사용해 자신의 목적을 이룰 수 있음을 알게 되면 읽기에 더 많은 관심을 갖게 됩니다. 세 번째는 조력적 부모입니다. 읽기의 가치를 이해하고 아이의 읽기를 기꺼이 도와주고 알려주는 양육자가 있을 때 아이들의 문해력 발달은 용이합니다. 마지막 네 번째는 이야기책 읽어주기입니다. 정기적이고 규칙적으로 이야기책을 읽어줄 때 아이들은 더 쉽게 읽기를 배울 수 있습니다. 가정의 문자 친화적 환경은 아이로 하여금 문자 세계를 효과적이면서도 풍부하게 탐험할 수 있도록 합니다.

문자 세계에 대한 능동적 실험도 문해력의 뿌리 내리기에 중요합니다. 아이는 먼저 읽는 시늉을 하기 시작합니다. 부모가 읽는 모습을 자주 보여주면 따라 하고자 하는 마음이 강한 아이들은 자신도 읽는 흉내를 내지요. 아직 실제로 읽지도 못하면서 아빠의 리클라이너에 앉아 편하게 뒤로 기댄 채 책을 펼치는 행위는 읽기를 간접적으로나마 체험하게 해줍니다. 드문드문 아는 글자를 찾아내기도 합니다. 아직 문자를 어떻게 소리 낼 수 있는지 규칙을 배우지는 못했지만 생활에서 흔히 접했던 글자를 더듬더듬 읽어보기도 합니다.

『강아지똥』을 가장 좋아하는 아이는 글자를 배우지 않아도 '강아지똥'이라는 글자를 읽을 수 있지요. 강아지똥을 읽을 수 있는 아이는 글자 '강', '아', '지' 그리고 '똥'이라는 낱글자도 읽을 수 있습니다. 한 번에 읽지는 못해도 '어! 나 이 글자 아는데… 뭐더라?' 하고 기억을 더듬어내어 찾는 식이지요. 글자를 몰라도 연필을 들고 종이에 끄적임으로써 문자를 실험하기도 합니다. 처음에는 무작위의 선과 점들을 그리다가 점차 실제 글자와 비슷하게 보이는 체계적인 끄적임으로 발전합니다. 글자가 눈에 들어오기 시작하면서 한글의 동그라미, 네모, 선들을 흉내 내는 것이지요.

사람과 사람도 만나지 않은 상태에서는 서로 알아갈 수 없습니다. 만남이 있어야 알아볼 마음이 생기고 노력할 기회가 주어지지요. 만남은 자연스럽고 편안하고 기쁜 경험이어야 합니다. 만약 읽기와의 만남이 충분하지 않다면 아이는 읽기에 무관심하기 쉽고, 만남이 부자연스럽고 억압으로 이루어진다면 아이는 읽기를 마음속 깊이 싫어하게 될 수도 있습니다. 이 시기에 아이가 읽기를 꼭 필요하고도 즐거운 행위라고 인식하면, 읽기 발달의 다음 여정으로 옮겨가는 일은 훨씬 수월해집니다. 아이가 책을 들고 읽는 척을 하고 엄마 옆으로 와 "엄마, 뭐 읽어?"라며 묻거나 기꺼운 마음으로 "읽어주세요."라고 한다면, 시작은 성공적이라고 볼 수 있습니다.

## | 읽는 모습 보여주기

부모나 다른 가족들이 읽는 모습을 자주 보여주면 좋습니다. 우리 뇌 속에는 거울신경세포가 있습니다. 거울신경세포는 다른 이의 행동을 보면 그 행동을 따라 하고자 하는 마음이 들게 만듭니다. 유행이라는 것이 존재하는 이유도 다 이 때문이지요. 특히 아이들은 거울신경세포에 민감합니다. 어린 아이일수록 자신만의 판단 기준이 없기 때문에 행동의 좋고 나쁨을 부모의 행동을 기준으로 판단합니다. 아이가 시간이 날 때 무엇을 할지 결정하는 것은 시간이 날 때 부모가 하는 행동입니다. 부모가 TV를 보고 있으면 옆에 앉아 함께 TV를 보고, 부모가 스마트폰을 들고 있으면 옆에 앉아 함께 화면을 들여다봅니다. 부모 손에 책이 자주 올라올 때 아이들은 읽기가 무언가 재미있고 흥미롭고 가치 있는 활동이라고 짐작합니다.

책을 읽지 않는 부모 밑에서 책을 읽는 아이가 나오기는 상대적으로 어렵습니다. 꼭 책이 아니어도 좋습니다. 잡지도 좋고 출력물도 좋아요. 글씨가 적혀 있는 무언가를 읽어보세요. 읽는 모습을 꾸준히 보여줄수록 효과가 좋습니다. 생각날 때 가끔 읽지 말고 하루에 일정한 시간을 할애해 규칙적으로 읽어보세요. 이런 모습을 반복적으로 관찰할수록 아이는 읽기에 더 많은 관심을 가지고 가치를 두게 될 거예요. 오늘부터 '무엇을 할까?'라는 생각이 든다면 리모 콘 대신 책을 들어보세요. 당장은 아니더라도 점점 부모처럼 책을 들고 있는 아이를 발견할 수 있을 거예요.

## | 생활에서 읽기 활용하기

단순히 읽는 모습을 보여주는 것을 넘어서 읽기를 생활에서 활용하는 모습을 보여주세요. 읽기의 매력을 많이 보여주면 보여줄수록 좋아요. 재미있다는 장점에 실용적이고 삶에 도움이 된다는 사실을 이해하면 아이들은 독서를 더 좋아하게 될 겁니다. 예를 들어 요리책을 사용하는 거죠. 요리책 따위는 필요 없는 주부 9단이라 하더라도 요리책을 펼쳐놓고 보는 척하며 요리해 보세요. 아이가 "엄마 뭐 해?"라고 물으면 요리책을 보고 요리한다고 알려주세요. 책에는 사람들이 모르는 많은 정보가 담겨 있다고도 알려주세요. 책을 읽으면 아는 게 더 많아지고 할 수 있는 게 더 많아져서 삶이 편리해지고, 좋아진다고 말해 주세요. 그리고 그전에 해주지 않았던 새로운 요리를 맛있게 먹으면서 '이게 다 이 책 덕분'이라고 알려주세요. 책의 실용적인 측면을 온몸으로 느낄 수 있을 거예요.

요리책 이외에도 마트 전단지나 각종 설명서를 활용할 수도 있지요. 인터넷으로 쓱 하고 배송시킬 거라고 해도 마트 전단지를 펼쳐놓고 물건을 살펴볼 수 있지요. 새로 산 보드게임이나 TV 설명서를 앞에 두고 진지하게 고민하며 이리저리 뒤적여보세요. 설명서를 읽어보는 행위는 매우 중요하다고 합니다.

설명서 읽기에 대한 재미있는 연구가 있는데요. 자녀의 지능에 긍정적인 자극을 주는 중산층에서는 게임을 하기 전에 설명서를 함께 읽고 게임의 룰을 충분히 이해한 다음에 시작한다고 합니다. 반면 지능에 별다른 자극을 주지 못하는 빈곤층에서는 설명서를 읽지 않고 게임 도구만 본 후 룰을 짐작하여 일단 게임을 시작하고 자의적으로 규칙을 만들어 나간다고 합니다. 보드게임을 샀다면 엄마가 게임 방법을 다 안다고 하더라도 설명서를 꼭 읽어주고 함께 대화를 나눠보세요. 그럴 때 읽기가 어떻게 활용되는지 알고 실제로 활용할 수 있게 됩니다.

앞에서 이야기한 요리에도 똑같이 적용됩니다. 자녀에게 지적 자극을 주는 부모는 요리책을 펼쳐서 조리법을 읽고 재료와 조리 과정에 대해 아이와 이야기하면서 요리책의 내용을 현실로 가져오는 방법을 계속해서 보여주고 함께하게 한다고 합니다. 반면 지적 사극을 주시 못하는 부모는 요리책이 없거나 있너라도 조리법을 따르지 않으며 요리책을 활용하는 경험을 주지 못한다고 합니다.

요리책, 설명서, 메뉴판, 전단지 등 생활 속 여러 인쇄물을 계속해서 이용하다 보면 아이는 점차 읽기를 생활의 한 부분으로 받아들이게 됩니다. 어느 날 마트 전단지를 살펴보는 엄마 옆에서 '세일'이라는 글자를 가리키며 그 뜻을 묻는다면 작전은 성공입니다.


| 문자 문화 이해하기

읽기에 조금씩 흥미를 가지기 시작하면 문자 문화를 이해할 수 있도록 도와주세요. 글자는 왼쪽에서 오른쪽으로 흘러가며 끝에 다다르면 한 줄 내려가서 다시 왼쪽부터 시작한다는 사실을 말이죠. 말

로 설명을 해줄 수도 있지만 책을 읽어주면서 손가락으로 글을 짚어 나가기만 하면 됩니다. 그러면 쉽게 직관적으로 이해할 수 있습니다. 아이가 스스로 묻지 않는다면 굳이 처음부터 옛날에는 세로로 쓰기도 했다거나 이슬람어는 오른쪽에서 왼쪽으로 쓴다는 사실을 알려줄 필요는 없습니다. 지도는 단순할 때 가장 힘을 발휘하는 법이니까요.

글자와 소리가 연결되어 있다는 사실도 알아야 합니다. 자주 사용하는 글자인 자기 이름이나 유치원 혹은 아파트명을 이용하면 아이들은 같은 소리는 항상 같게 쓴다는 사실을 이해하게 됩니다. 새싹유치원에 다닌다면 책을 읽어주다가 '새싹', '새', '싹'이라는 글자가 나올 때 짚으며 어디에서 본 적이 있는지 물어보세요. 익숙한 글자를 만나 반갑기도 하고 같은 글자는 같은 소리가 난다는 원칙을 이해하게 됩니다.

글에는 제목과 내용이 있다는 사실도 알려주면 좋아요. 제목은 글 전체에서 하고자 하는 말을 줄여둔 것, 사람으로 치면 이름과 같은 것이며 내용은 제목에서 다 하지 못하는 자세한 말이라고 설명할 수 있겠지요.

작가에 대해서도 알려줄 수 있겠지요. 책은 대개 한 사람이 쓰지만, 몇 명이 함께 쓰기도 한다고 알려주세요. 문자 문화를 이해하는 모든 과정은 실제 텍스트를 가지고 해야 합니다. 책을 읽어주면서 하면 가장 좋겠지요. 그림책을 읽어주면서 제목과 내용, 작가에 대해 이야기하고, 손가락을 끌어가며 읽어주고, 아는 글자가 나오면 짚어가며 소리 내어 본다면 훌륭한 문자 문화 교육이 됩니다. 또 어린이집에서 발표회 안내장이 왔다면 똑같은 방법으로 해볼 수 있겠지요?

## 문자로 소통하기

냉장고 위에 냉장고라는 이름표를, 에어컨 위에 에어컨이라는 이름표를 붙여두는 방법은 예전부터 한글 교육에 매우 널리 사용된 방법이지만, 사실 그리 효과적이진 않습니다. 문자는 소통을 위해 존재합니다. 하지만 이름표는 최초에 한 번 자신을 알려줄 뿐, 소통은 하지 않습니다. 항상 같은 위치에 변함없이 있다 보니 아이의 뇌 속에서 배경으로 인식되어 더 이상 관심을 끌지 못하기도 하구요.

아이의 관심도 끌고 실제적인 소통을 하고자 한다면 짧은 메모를 활용해 보면 좋습니다. 항상 같은 자리에 고정되어 있는 이름표보나 가끔 짧은 메모를 이벤트처럼 전해 보세요. 아직 글자를 읽을 줄 모르기에 긴 글보다는 짧은 글이 효과적이겠지요? 포스트잇에 "사랑해.", "뭐 먹을까?"처럼 간단한 문장을 써서 전해 주세요. 테이블 위나 냉장고 위, 혹은 보물찾기처럼 여기저기 숨겨둘 수도 있겠지요. 자신만을 위한 특별한 메시지가 도착했다는 사실을 알게 되면, 아이는 그 뜻을 궁금해하고 자신도 써보고 싶어지게 됩니다. 그러면 엄마가 남긴 작은 메모를 소중히 여기며 반복해서 읽어보고 그 밑에 따라 적기도 하면서 점점 문자를 익히게 됩니다.

# 읽기 유창성을 위한 출발,
# 소리 읽기

세상의 모든 문자는 크게 두 종류로 나뉩니다. 문자가 의미를 나타내는 표의 문자가 있고, 소리를 표현하는 표음 문자가 있습니다. 사실 인류 최초의 문자인 수메르어처럼 의미와 소리, 두 가지 모두 전달하는 표의음절문자도 있지만 드물지요. 문자가 의미를 담고 있는 표의 문자의 대표적인 예는 한자입니다. 人은 사람을, 火는 불을 그리고 水는 물을 뜻합니다. 문자가 소리를 나타내는 표음 문자의 대표적인 예는 한글입니다. 한글에서 가장 작은 단위는 'ㄱ', 'ㄴ', 'ㄷ' 혹은 'ㅏ', 'ㅑ', 'ㅓ' 같은 자소이지요. 자소는 그 자체로는 아무런 뜻도 가지지 않습니다. 자소 'ㄱ'은 음소 [ㄱ]를 대표할 뿐입니다.

표음 문자인 한글을 읽기 위해서는 우선 문자가 가진 소리를 알아야 합니다. ㄱ의 이름이 기역이고 [ㄱ]라는 소리가 난다는 사실에서 시작하여 강아지를 [강아지]라고 읽고 글 속의 모든 문장을 소리로 바꾸는 법을 알아야 합니다.

이처럼 문자와 소리 사이의 관계를 익혀 문자를 소리로 바꾸는 작업을 '소리 읽기'라고 합니다. 종이 위 선들의 모임이 어떤 소리를 대표하는지 알아내는 일입니다. 다른 말로는 '해독'이라고도 합니다. 풀 해解에 읽을 독讀으로 문자를 풀어서 소리로 읽어낸다는 뜻이지요.

초등 1학년 교육과정의 핵심이 바로 여기에 있습니다. 예전에는 한 달 정도만 간단하게 가르친 후 읽을 줄 안다는 가정하에 수업이 진행되었는데, 최근에는 1학년 1학기를 통째로 소리 읽기에 사용하도록 바꾸었습니다. 그만큼 소리 읽기의 중요성을 인식한 것이지요.


## 부드럽고 자연스럽게 읽는 힘

소리 읽기의 과제를 한 마디로 말하자면 읽기 유창성 획득입니다. 읽기 유창성이란 더듬거리지 않고 부드럽고 자연스럽게 읽을 수 있는 힘을 말합니다. 전문 성우와 이제 갓 읽기를 배우기 시작한 초등 1학년 아이의 읽기를 떠올려 비교해 보면 이해하기 쉬울 것입니다.

전문 성우는 부드럽고 매끄럽게 말하듯 문장을 읽어냅니다. 읽는 것 같지 않고 말하는 것 같지요. 그래서 자연스럽고 내용 이해도 쉽습니다. 반면 초등 1학년 아이의 읽기는 어떨까요? 한 글자 한 글자 고개를 넘듯 힘겹게 글을 읽을 겁니다. 말하는 듯한 자연스러움은 없고 모든 단어는 스타카토처럼 뚝뚝 끊어지지요. 때로는 엉뚱하게 읽기도 합니다. 예를 들어 '축제'를 '숙제'로 읽는 식으로 말이죠.

소리 읽기는 읽기 발달의 본격적인 출발이며, 읽기 유창성 획득은 소리 읽기의 성공이자 다음 단계인 의미 읽기로 가는 가교입니다. 소리를 읽지 못하면 읽기 발달이 시작할 수 없으며, 읽기 유창성을 획득하지 못하면 성공적인 의미 읽기로 넘어가지 못합니다. 더듬더듬 읽는 아이는 보는 사람이 답답하기도 하지만 그보다 더 큰 문제는 스스로 이해하는 데 어려움을 겪는다는 것에 있습니다. 말하듯이 부드럽게 읽을 수 있을 때 이해의 가능성이 커집니다.

읽기 유창성은 크게 정확한 단어 해독, 해독 과정의 자동화, 운율법에 맞는 읽기로 나누어집니다. 이 셋을 연결해서 읽기 유창성을 설명하자면, 단어를 정확하게 소리 내어 읽을 수 있되, 이 과정이 자동화되어 거의 저절로 일어나야 하며, 말하듯 자연스럽고 부드럽게 읽을 수 있는 것입니다.

## 정확한 단어 해독

읽기 유창성의 첫 번째 항목은 정확한 단어 해독입니다. 정확한 단어 해독은 문자가 나타내는 소리를 바르게 읽는 일을 뜻합니다. 백두산을 '배두산'이 아닌 '백두산'으로, 말머리를 '말모리'가 아닌 '말머리'라고 읽는 일입니다.

정확한 단어 해독을 위해서는 문자와 소리 간의 관계를 이해하는 것이 중요합니다. 영어 교육으로 따지면 파닉스에 해당합니다. 아이들은 자소와 음소의 관계를 이해해야 합니다. 자소字素란 문자의 가장 작은 단위로 'ㄱ', 'ㄴ', 'ㄷ'이 있으며, 음소<sup>音素</sup>는 소리의 가장 작은 단위로 [ㄱ], [ㄴ], [ㄷ]가 있습니다. 아이들은 자소의 형태와 이름, 그리고 해당 자소가 가지는 음소를 알아야 하는데요. 명칭이 낯설어 헷갈릴 수 있지만 내용은 간단합니다. 글자 'ㄱ'(자소의 형태)의 이름이 '기역'(자소의 이름)이라는 사실을 알고 [ㄱ](자소가 가진 음소)라고 읽을 수 있어야 한다는 뜻입니다. 자음과 모음을 쓰는 법, 이름, 기능을 안다고 이해하면 되겠지요? 아이들은 ㄱ부터 ㅎ까지 자음 14개와 모음 10개 총 24개 자소의 형태와 이름 그리고 소릿값을 알아야 합니다. 쌍자음 5개와 이중모음 11개를 포함하면 개수는 총 40개로 늘어납니다.

자소를 결합하면 낱자가 되고 음소를 결합하면 음절이 됩니다. 자소 'ㅅ', 'ㅏ', 'ㄴ'이 만나면 낱자 '산'이 됩니다. 음소 [ㅅ], [ㅏ], [ㄴ]이 만나면 음설 [산]이 됩니다. 낱자 산, 마, 루가 만나면 낱어 산마루가 됩니다. 아이들은 음절 [산], [마], [루]를 합하여 '산마루'라고 읽을 수 있게 되지요. 산마루를 포함해서 몇몇 단어가 모이면 문장이 되고 문장이 모이면 문단을 이루고 문단은 모여 글이 됩니다.

아이들은 자소와 음소, 낱자와 음절의 관계를 이해하고, 이의 사용이 자연스럽도록 충분히 훈련함으로써 정확하게 단어를 해독할 수 있게 됩니다. 자소의 형태, 이름, 소리가 충분히 연결되지 못하면 정확하게 읽기 어렵습니다. 마음을 '바음'이라고 읽거나 바람 소리를 '바담 소디'라고 읽게 되지요. 바람 소리를 '바람 소리'라고 읽었을 때 바람 소리의 뜻을 알 수 있으며, '바담 소디'라고 읽어서는 그 뜻을 알 수 없으니 정확한 단어 해독은 무척이나 중요합니다.

그렇다면 초등 1학년 국어 교육과정에서는 이를 어떻게 배울까요? 예를 들어 ㄷ은 이렇게 배웁니다. 우선 첫 번째 시간에 여러 그림이나 사물에서 자소 'ㄷ'을 찾습니다. 예를 들어 숨은그림찾기처럼 다리미 손잡이에서 자소 'ㄷ'을 찾는 거죠. 자소 'ㄷ'의 형태를 배우는 겁니다. 두 번째 시간에는 자소 'ㄷ'의 이름이 '디귿'이라는 사실을 학습합니다. 세 번째 시간에는 도토리, 다람쥐라는 단어를 이용하여 'ㄷ'은 [ㄷ]라는 소리가 난다는 사실을 배웁니다. 네 번째 시간에는 자소 'ㄷ'을 써보게 합니다. 이 과정에서는 'ㄷ'을 단독으로 배우지 않고 다른 자음과 함께 배우게 됩니다.

하지만 분명히 알아두어야 하는 사실이 있습니다. 앞에서 말한 소리 배우기 과정은 체계적인 이해를 위한 교육 방식이며, 실제 생활 속에서 아이들이 배우는 자연스러운 과정은 조금 다릅니다. 생활 속에서 아이들은 어떻게 배울까요?

자기의 이름을 배우는 과정을 살펴보겠습니다. 아이들은 문자와 소리의 관계를 배우기도 전에 자신의 이름을 먼저 통으로 외워서 읽습니다. 워낙 자주 접하다 보니 '김다율'이라는 글자가 뇌에 그대로 새겨지는 거죠. 이후 이 글자들을 한 글자씩 잘라서 사용할 줄 알게 됩니다. 김포공항 간판을 보고 "내 이름 김이다!", 다슬기를 보고 "내 이름 다다!", 율무차를 보고 "내 이름에 있는 율이다!" 하는 것처럼요. 아이 스스로 분리하는 것은 여기까지입니다. 김에서 'ㄱ', 'ㅣ', 'ㅁ'을 분리하는 것은 자소와 음소를 배운 후에 할 수 있게 됩니다.

아이가 자기 이름을 읽고 분리해서 사용할 줄 아는 이런 모습은 소리 읽기 지도에서 중요한 함의점을 갖습니다. 아이들에게 가장 좋은 방식은 이론적이고 체계적인 방식보다 실제로 아이들이 글자를 배우는 방식이라는 것입니다. 익숙한 통글자를 중심으로 이를 분해하고 조합해 보는 방식으로 교육이 진행되어야 합니다.

아이의 단어 해독이 정확한지는 생소한 단어를 주고 읽어보라고 하면 됩니다. 아이 수준에서 접해보지 못했을 법한 '불일치', '심성 모형', '범주화', '프로세스' 같은 단어들을 말이지요. 단어 해독이 정확하다면 뜻은 몰라도 소리는 읽을 수 있어야 합니다.

## | 해독 과정의 자동화

소리 읽기를 처음 배울 때 'ㄱ'을 [ㄱ]라고 읽고 강을 [강]이라고 읽고 강줄기를 [강], [줄], [기]라고 하나하나 읽어 나가는 작업은 반드시 필요합니다. 하지만 언제까지고 이런 원시적인 방법으로 읽을 수는 없습니다. 만약 글을 읽기 위해 자음 하나하나 모음 하나하나를 소리로 바꾸어야 한다면, 읽기는 밥을 짓기 위해 쌀을 한 톨 한톨 씻는 것처럼 비효율적이며 굉장히 피곤한 일이 될 것입니다. 그래서 해독 과정의 자동화를 이루지 못하면 책을 제대로 읽을 수 없습니다.

문자와 소리 사이의 관계성을 이해하고 해독이 정확해지면 점점 더 그 과정이 의식적 노력 없이 자동으로 이루어져야 편안하게 읽을 수 있게 됩니다. 글자를 전혀 모르는 아이가 자기 이름만큼은 보는 순간 읽을 수 있듯이 자동적으로 글을 읽을 수 있어야 합니다. 단어를 거의 자동적으로 인식하기 시작하면 더 이상 자음과 모음에 개별적인 신경을 쓰지 않아도 됩니다. 지금 이 책을 읽고 있는 여러분 역시 '자동적'이라는 단어를 읽을 때 자음과 모음의 소릿값을 일일이 생각하지 않았을 겁니다. 읽기에 숙달된 사람은 'ㅈ'도 'ㅏ'도 생각하지 않고 동과 적도 인식하지 않습니다. '자동적'이라는 단어를 보는 순간 머릿속에서 자동적으로 [자동적]이라는 소리가 퍼졌을 거예요.

읽기에 숙달되면 해독을 위한 개별적 작업 없이 글을 읽을 수 있게 됩니다. 눈이 글 위를 지나가면 머릿속에서 소리가 저절로 떠오릅니다. 그렇게 우리는 수백 페이지에 달하는 두꺼운 책들도 크게 힘들이지 않고 읽을 수 있게 되지요. 자음과 모음을 개별적으로 소리로 바꾸지 않아도 글자를 보면 머릿속에 저절로 소리가 떠오르는 일이 바로 '해독 과정의 자동화'입니다. 문자를 소리로 바꾸는 해독 작업이 뇌 속에서 프로그램화되어 별다른 노력 없이 저절로 이루어지게 되는 일이지요.

단어 인식을 자동화하지 못하면 터널 비전에 빠지게 됩니다. 자동차를 몰고 터널에 들어간 경험을 떠올려보세요. 저 멀리 출구가 보입니다. 하지만 우리는 오직 터널의 출구가 허락한 만큼만 볼 수 있습니다. 자동성을 획득하지 못하면 터널로 인해 시야가 좁아지듯 읽는 단어를 중심으로 시야가 좁아집니다. 시야가 좁아지면 읽기 속도는 느려지고요. 자동성을 획득하면 시야가 넓어집니다. 시야가 넓어져 중심 시야로 지금 읽고 있는 내용을 살피고, 주변 시야로 그 뒷부분을 살필 수 있어야 합니다. 주변 시야가 미리 두세 단어 뒤를 살펴보고 신경 세포들에게 알려 관련 정보가 미리 준비될 때 읽기의 속도가 올라갑니다.

단어 인식의 자동성은 소리뿐 아니라 의미와도 관련이 있습니다. 자동성을 획득한다는 말은 읽을 때 소리와 의미 모두 저절로 떠오름을 의미합니다. 물론 구문이 복잡하거나 내용이 어려워 쉬이 이해되지 않는 경우를 제외하면 말입니다.

처음 보는 글을 읽게 해보면 해독 과정이 얼마나 자동화되었는지 알 수 있습니다. 망설이지 않고 읽어 나간다면 해독 과정이 자동화된 것이고, 망설이며 더듬더듬 천천히 읽어 나간다면 아직 자동화되지 않은 것입니다. 처음 보는 글이라고 해서 아이에게 성인 대상의 책을 주고 테스트하지는 마시고요. 완전히 새로운 단어는 어른조차도 자동화되어 있지 않기 때문입니다. 아이 연령대에 맞지만 처음 보는 텍스트를 주고 읽게 하면 자동화 정도를 파악할 수 있습니다.

## | 운율 살려 읽기

단어를 자동적으로 정확하게 해독할 수 있게 되면 다음으로 운율을 살려 읽을 수 있어야 합니다. 운율에는 억양, 음조, 강세, 휴지 등이 있습니다. 간단히 설명하자면 목소리의 오르내림, 음의 높낮이, 특정 음의 크기, 잠시 멈춤이라는 뜻이지만 자세히 알 필요는 없습니다. 어차피 언어학을 전공하려는 것이 아니라 아이를 잘 가르치려는 목적이니까요. 우리는 운율학을 몰라도 무엇이 자연스럽게 말하고 읽는지 느낄 수 있습니다. 그거면 충분합니다.

읽기의 운율은 자동성에 상당 부분 의존합니다. 앞에서 자동성을 획득하면 주변 시야가 뒤의 단어를 미리 살핀다고 말씀드렸지요? 이를 통해 아이는 문장의 뉘앙스를 미리 알아채고 알맞은 운율로 읽을 수 있습니다. 문장의 끝이 마침표, 느낌표, 물음표 중 무엇으로 끝나는지 미리 살필 수 있을 때 그에 맞는 운율로 읽을 수 있게 되는 거지요. 자동성을 획득하지 못한 상태에서는 뒤를 파악하지 못해 읽기가 뚝뚝 끊어지고 개별 글자에 매달리게 되며 운율이 사라져서 기계처럼 읽게 됩니다. 낱자 하나하나 위에 스타카토라도 찍혀 있는 듯이 말입니다.

운율을 살려 읽으면 듣기에만 좋은 것이 아닙니다. 읽기의 운율은 내용 이해에도 큰 영향을 끼칩니다. 운율이 내용 이해에까지 영향을 미친다는 사실은 언뜻 받아들이기 쉽지 않을 수 있습니다. 글이 음악도 아닌데 말이지요. 그러나 글은 말에 기초합니다. 글을 이해하기 위해서는 먼저 말을 이해해야 한다는 뜻입니다. 이해할 수 있는 말이 글로 적혔을 때 이해할 수 있으며, 이해되지 않는 말은 글로 써도 이해되지 않습니다. 그래서 읽는 소리가 말과 비슷하면 뇌는 더 잘 인식합니다. 글이 읽는 소리와 다르면 뇌는 소리가 낯설어 잘 인식하지 못합니다. 그래서 말을 닮은 글이 가장 이해하기 좋은 법입니다.

말과 닮은 글을 쓰기 위해 글쓴이도 노력하지만 읽는 이도 노력해야 합니다. 글쓴이가 아무리 말과 닮은 글을 써도 읽는 이가 그렇게 읽지 못하면 글은 말과 멀어집니다. 기계음으로 녹음된 오디오북을 들어본 적이 있으신가요? 같은 내용이라도 사람이 부드럽게 읽어주는 오디오북과 기계가 읽어주는 오디오북은 이해도에서 큰 차이를 보입니다. 기계가 읽어주는 오디오북은 어딘가 모르게 어색해 내용이 머릿속에 잘 남지 않지요. 운율을 살려 읽을 때 글의 의미가 살아납니다. 뉘앙스가 선명해지고 맥락이 살아나면서 이해가 풍부해질 수 있습니다.

아이는 글을 의미 중심의 어절 단위로, 한 덩어리로 읽을 줄 알아야 합니다. 음절 하나하나 혹은 단어 하나하나를 끊어서 읽어서는 안 됩니다. 반대로 쉬지 않고 한 문장을 한 번에 읽을 수 있다고 해서 좋은 것도 아닙니다. 학창 시절에 영어 문장에 의미 단위로 사선을 치고 해석한 것처럼 의미 단위로 읽으며 쉬어줘야 합니다. 그럴 때 문장이 잘 이해됩니다.

쉼표, 마침표, 느낌표, 물음표 같은 문장 부호도 살려 읽을 줄 알아야 합니다. 문장 부호의 느낌을 살려 읽지 못하면 의미는 퇴색되거나 심지어 왜곡됩니다. 힘차게 "잘한다!"라고 말하는 것과 힘없이 "잘한다…." 하는 것 혹은 말을 길게 늘려 "자~~~~알 한다."가 어떻게 다른지는 모두 잘 알고 계실 테니 긴 설명은 생략하겠습니다.


## 한글은 몇 살부터 가르칠까

1990년 국제교육평가협회IEA에서는 32개국의 10~15세 아이 21만 명의 읽기 성적과 읽기 교육의 시작 시기의 상관관계를 조사하였습니다. 그 결과 읽기 성적 상위 10개 나라 중 4개 나라의 읽기 교육은 8세에야 겨우 시작된다는 점을 확인할 수 있었습니다. 8세가 되어서야 읽기 교육을 시작한 나라의 아이들이 6세에 읽기 교육을 시작한 아이들보다 10세 이후의 읽기 성적에서 더 우수했습니다. 5세와 7세 아이들의 학업 성취도를 비교 분석한 영국 케임브리지대학교 연구에서도 7세에 읽기 교육을 시작한 아이들의 성적이 5세에 읽기 교육을 시작한 아이들의 성적보다 더 뛰어났습니다. 한 소아신경학자는 초등학교 입학 전 과도한 글자 교육이 오히려 읽기를 방해하는 요인이 된다고 말하였습니다.

읽기에서 문제를 겪는 아이들은 글자 교육을 늦게 시작하는 경우보다 너무 일찍 시작하는 경우의 아이들입니다. 능숙하게 읽고 쓰는 4~5세의 아이들은 영재처럼 보이지만 9~10세가 되면 문제를 보이기 쉽습니다. 너무 이른 읽기 교육이 뒤늦게 문제를 일으키는 것이지요. 아주 어린 나이에 책을 줄줄 읽어 독서 영재로 알려진 아이가 정밀한 심리 검사 결과 자폐에 가까운 성향을 보인 경우도 있었습니다. 글을 줄줄 읽지만 내용은 잘 이해하지 못하고 지능과 사회성도 낮았습니다. 너무 일찍 그리고 오직 책 읽기만 강요당하면서 뇌에 문제가 생겨버린 것입니다.

이런 이유로 많은 교육 선진국들은 초등학교 입학 전 문자 교육을 불법으로 규정합니다. 너무 이른 읽기 교육이 아이 뇌에 심각한 장애를 일으킬 수 있음이 증명되었기 때문이지요. 아이를 위하는 일이라 착각하고, 아이의 뇌에 큰 상처를 입히는 일을 열심히 하고 있는 부모들이 적지 않은 지금의 현상은 비극이 아닐 수 없습니다.

왜 7세 이전의 아이들에게 한글, 즉 소리 읽기를 가르치면 안 될까요? 간단히 말하자면 7세 이전의 아이에게 소리 읽기를 가르치면 뇌에서 누전이 일어나기 때문입니다. 뇌는 전기화학적 신호로 소통합니다. 문제는 전기 신호에서 발생합니다. 주변의 전기선을 한 번 살펴보세요. 전기선 속에는 전기가 흐르는 구리선이 있고, 그 겉은 전기가 흐르지 못하게 절연 물질인 피복으로 쌓여 있습니다. 만약 피복이 벗겨지면 누전, 즉 전기가 새는 현상이 일어나는데 그러면 전력이 손실되고 감전, 화재가 발생할 수 있습니다. 아이의 신경세포에도 전기가 흐르기 때문에 피복이 필요합니다. 이를 마이엘린이라고 합니다.

하지만 마이엘린은 태어날 때 원래 있는 것이 아니라 나이가 들어가면서 생깁니다. 문제는 읽기에 중요한 각회 영역의 마이엘린화가 약 5세부터 시작되는데 7세가 넘어야 거의 완성된다는 데 있습니다. 이 말은 즉, 7세 이전의 아이들에게 읽기를 시키면 각회에서 누전이 일어난다는 것을 뜻합니다. 물론 누전이 일어난다고 해서 당장 불이 나지는 않습니다. 하지만 주변 뇌세포들이 손상을 입고 이것이 지속해서 쌓여서 결국 문제가 커집니다. 계속된 뇌 속 누전의 결과는 초등 2학년 이후에 나타나게 됩니다. 일찍부터 조기 교육을 했는데 왜 이것밖에 안 되나 싶다면, 어쩌면 '조기 교육을 해서' 그럴 수 있다는 사실을 잊지 마세요.

문제는 문제집, 학습지처럼 형식을 갖추고 체계적으로 글자를 가르칠 때 일어납니다. 자음과 모음의 이름, 소리를 가르치고 외우고 조합하고 반복해서 따라 말하게 해서는 안 됩니다. 이런 이론적이고 체계적인 교육은 초등 입학 후 혹은 빨라도 7세 이후에 해야합니다. 그전에 한글 교육은 책 읽어주기를 통해서 자연스럽게 접하고 사용하고 놀아보는 정도로만 해야 합니다. 이렇게 배우면 문제가 발생하지 않습니다. 7세 이전까지는 책 읽어주기를 통해 자연스럽게 읽기 교육을 하고, 7세 이후에 한글 교육을 시작하시기 바랍니다.


## 소리 읽기 지도법 ① 소리에 친숙해지기

### | 아이를 배려하는 엄마어 사용하기

말과 글을 처음 배우는 아이에게 엄마는 일종의 모범 답안입니다. 엄마가 어떻게 말하느냐가 아이의 언어 습득에 많은 영향을 미칩니다. 아이와 이야기할 때는 어른끼리 말할 때보다 조금 느리고 분명한 발음으로 상대적으로 쉬운 단어를 사용하는 게 좋습니다. 그렇다고 유아어를 사용하지는 마시고요. 만약 부모가 빨리 말하고 발음을 뭉개 말한다면, 그 소리를 듣고 자란 아이는 그렇지 않은 아이보다 소릿값을 정확하게 인식하지 못하게 됩니다. 분명 다른 소리인데 정확하게 구분하지 못하거나 혀 짧은 소리를 하기 쉽지요. 특히 [ㅁ], [ㅂ]와 같이 유사한 소릿값인 경우에는 더욱 그렇습니다.

아나운서처럼 말로 먹고 사는 사람이 아니라면 대개 사람들은 발음에 크게 신경 쓰지 않고 습관대로 말하지요. 하지만 아이와 대화할 때, 특히 소리 읽기를 배워 나가는 1~10세 아이들과 이야기할 때는 조금 더 명확하고 또렷하게 발음을 해주세요. 'ㄱ'부터 'ㅎ'까지 그리고 'ㅏ'부터 'ㅣ'까지의 모든 소릿값들이 아이의 머릿속에 정확하게 입력되어야 문자를 쉽게 배울 수 있습니다. 부모가 조음 기관의 장애 혹은 교정으로 인해 발음이 부정확한 경우에는 다른 도움이 필요합니다. 발음이 정확한 다른 한 명의 부모가 의도적으로 더 많은 말을 들려주거나 발음이 정확한 CD나 오디오북을 들려줌으로써 불안정한 음소 인식 경험을 보충해 주어야 합니다.

소리 읽기와 관련하여 특히 영유아 시기에 주의해야 할 질병이 있습니다. 바로 중이염인데요. 중이염은 귓속의 중이강 내 염증이 생기는 질환인데, 염증이 액체라 소리를 굴절시킵니다. 영유아기에 중이염을 대수롭지 않게 생각하고 방치할 경우 정확한 단어 해독에 어려움을 겪을 수 있습니다. 말소리가 염증을 통과하면서 굴절되면 같은 단어가 매번 다르게 들려 음소가 고정적으로 인식되지 않습니다. 그러면 혀가 짧지 않은데도 혀 짧은 소리를 하기 쉽습니다.

제 딸아이 역시 중이염을 자주 앓았습니다. 병원에서는 아이의 귀 구조상 초등학교 갈 때까지는 중이염이 잦을 거라고 하더군요. 중이염을 앓고 있다는 사실을 알게 되면 즉각 병원에 가곤 했지만, 아이가 귀가 아프다고 할 때까지는 알기 어렵고 약을 먹으며 치료해도 즉각 낫는 게 아니라 병을 달고 살았습니다. 그래서 발음과 관련한 각종 '웃픈' 사연들이 있습니다. 하루는 아이가 만들기를 하면서 '양념테이프'를 달라고 해서 가족 모두가 한바탕 웃었습니다. 가족들이 웃자 아이는 뭔가 잘못된 걸 눈치채고 '냠냠테이프'를 달라고 말을 바꾸어서 또 한 번 다들 웃었지요. 중이염을 자주 앓아서 양면테이프의 '양면'이라는 소리가 정확하게 인식되지 않자 자기가 알고 있는 양념과 냠냠이라는 단어로 대체한 것입니다. 귀의 구조상 특히 중이염을 자주 앓는 아이가 있으니 지속적으로 관심을 가지고 적극적으로 치료해야 합니다.

### | 소리를 가지고 노는 말놀이

단어에서 소리를 이용하는 말놀이도 소리 읽기에 좋습니다. 소리 읽기 훈련을 위한 말놀이는 크게 변별, 탈락, 합성, 대치의 4가지로 나누어 볼 수 있습니다. 먼저 변별은 다른 소리 하나를 찾는 활동입니다. 라면, 라디오, 마요네즈, 라켓 중 첫 번째 소리가 다른 하나를 찾는 활동이 변별입니다. 주소, 미소, 취소, 정오 중에서 끝소리가 다른 하나를 찾을 수도 있겠지요.

탈락은 하나의 소리를 빼는 활동입니다. 가방끈에서 '끈'을 빼거나 미세먼지에서 '미'를 빼고 말해 보라고 할 수 있어요. 아이가 어려워하면 음절 하나당 박수를 한 번씩 치면서 들려준 후 다시 물어보면 도움이 됩니다. 박수를 치면서 "가, 방, 끈에서 끈을 빼면?"이라고 묻는 식입니다. 박수가 음절 단위를 인지하는 데 도움을 줍니다.

합성은 두 가지 소리를 합치는 활동인데요. 구와 경, 구와 두, 구와 름을 합치거나 수와 박, 수와 업, 수와 영을 합치는 식입니다. 그러면 구경, 구두, 구름, 수박, 수업, 수영이 나오네요.

마지막으로 대치는 하나의 음절을 다른 음절로 바꾸는 활동입니다. 가방에서 방을 족이나 수, 을, 게 등으로 바꾸면 가족, 가수, 가을, 가게 등이 나오네요. 이러한 말놀이는 음절 단위로 소리를 분리하고 합치고 교체하면서 아이의 소리에 대한 인식과 조작 능력을 크게 키워줍니다.

비슷한 말소리를 반복적으로 빠르게 말하는 잰말놀이도 좋습니다. 잰말놀이는 비슷한 소리로 구성된 문장을 빠르고 정확하게 발음하는 놀이입니다. 유사한 소리가 반복되어 재미있으면서 소리 간의 구분을 연습하도록 구성되어 있습니다. 다음 제시한 문장으로 누가 더 빠르고 정확하게 발음하는지 대결해 보세요. 처음부터 한번에 끝까지 하기 어려우니 아이의 수준에 맞게 부분 부분 연습하면서 해보세요.

- 간장 공장 공장장은 강 공장장이고 된장 공장 공장장은 공 공장장이다.
- 경찰청 검찰청 왼쪽 유리창 중앙 쇠창살은 녹이 슨 쇠창살이고 경찰청 검찰청 오른쪽 유리창 중앙 철창살은 녹이 안 슨 철창살이다.
- 내가 그린 기린 그림은 긴 기린 그림이고 네가 그린 기린 그림은 안 긴 기린 그림이다.
- 들의 콩깍지는 깐 콩깍지인가 안 깐 콩깍지인가? 깐 콩깍지면 어떻고 안 깐 콩깍지면 어떠냐? 깐 콩깍지나 안 깐 콩깍지나 콩깍지는 다 콩깍지인데.
- 멍멍이네 꿀꿀이는 멍멍 해도 꿀꿀 하고 꿀꿀이네 멍멍이는 꿀꿀 해도 멍멍 하네.
- 앞집 팥죽은 붉은팥 풋팥죽이고 뒷집 콩죽은 햇콩 단콩 콩죽, 우리집 깨죽은 검은깨 깨죽인데 사람들은 햇콩 단콩 콩죽 깨죽 죽 먹기를 싫어하더라.

- 우리집 옆집 앞집 뒷창살은 홑겹창살이고, 우리집 뒷집 앞집 옆창살은 겹홑창살이다.
- 저기 계신 저 분이 박 법학박사이시고 여기 계신 이 분이 백 법학박사이시다.
- 저기 있는 말뚝이 말 맬 말뚝이냐, 말 못 맬 말뚝이냐?
- 저기 저 뜀틀이 내가 뛸 뜀틀인가, 내가 안 뛸 뜀틀인가?
- 한국관광공사 곽진광 관광과장

## | 동요 부르기

동요 속 소리는 매우 명확하고 깨끗하여 소리 읽기 교육에 참 좋습니다. 래퍼가 혀를 굴리듯 부르며 소리를 망가트리는 가사를 동요에서는 찾아볼 수 없지요. 동요는 정확한 소리를 반복해서 여러 번 들려주고 따라 할 기회도 제공합니다. 좋아하는 것이라면 수백 수천 번 해도 지루해하지 않는 아이들의 특성을 이용하면 지겨운 반복도 재미있게 할 수 있습니다. 거실이나 차에서 동요를 틀고 아이와 불러보세요. 언어적 능력은 물론 에너지 발산을 통한 스트레스 해소, 따뜻한 감성 발달까지 기대할 수 있습니다.

「리 자로 끝나는 말은」 같은 노래는 '리'라는 음절을 반복해서 사용하고 생각하게 합니다. 노래에 나오는 '리' 자로 끝나는 말에는 개나리, 보따리, 대싸리, 소쿠리, 유리 항아리, 꾀꼬리, 목소리, 개나리, 울타리, 오리 한 마리가 있습니다.

직접 '리' 자로 끝나는 다른 말도 찾아보세요. 머리, 우리, 다리, 자리 등이 있네요. '리' 자가 아닌 '이' 자나 '방' 자로 끝나는 말들로 바꾸어서 단어를 찾고 노래를 불러볼 수 있지요. 특정 글자로 끝나는 단어가 잘 생각나지 않아도 걱정할 필요는 없습니다. '이'자로 끝나는 단어가 알고 싶다면 네이버에서 국어사전을 고른 후 '*이'라고 검색하면 됩니다. '방'자로 끝나는 단어를 찾고 싶다면 '*방'이라고 검색하면 되고요.

전통적인 동요가 좀 지겹다면 비교적 최근에 나온 동요를 이용해 보세요. 최승호 시인과 BTS를 키운 방시혁 프로듀서가 만든 말놀이 동요는 재미있고 유쾌한 가사와 신나는 리듬으로 구성되어 아이들이 즐겁게 따라 부를 수 있지요. 대표적인 동요로는 가수 조권이 부른 「원숭이」가 있습니다. '원숭이 귀를 잡아당기자'라는 재미있는 가사와 영상 덕에 아이들이 참 좋아합니다. 유튜브에서 '말놀이 동요집'을 검색하면 들을 수 있고, 서점에서 그림과 함께하는 그림 동요집으로도 만날 수 있습니다.

## 소리 읽기 지도법 ② 한글 익히기

### | 이야기 기반의 한글 지도법

문자와 소리의 관계를 이해하는 한글 교육은 크게 4가지 방법으로 지도할 수 있습니다. 첫 번째는 분석적 지도법입니다. 분석적 지도법은 전체를 부분으로 나누는 방법입니다. 예를 들어 '학교'에서 학을 'ㅎ', 'ㅏ', 'ㄱ'으로 쪼개어 그 발음의 원리를 학습하는 방법입니다. ㅎ은 [ㅎ] 소리, 'ㅏ'는 [ㅏ] 소리, 'ㄱ'은 [ㄱ] 소리가 난다고 알려주는 것이 분석적 지도법입니다. 두 번째는 종합적 지도법입니다. 종합적 지도법은 분석적 지도법과 반대로 부분을 전체로 합칩니다. 위와 반대로 'ㅎ', 'ㅏ', 'ㄱ'의 소릿값이 각각 [ㅎ], [ㅏ], [ㄱ]임을 알려주고 이를 합치면 학이 된다고 알려주는 식이지요.

분석적 지도법과 종합적 지도법은 쉽게 시도할 수 있고 나름의 효과와 의의가 있어 흔히 쓰이는 방법이지만 분명한 한계가 있습니다. 아이의 수준과 관심사가 아닌 언어학적 입장에서 접근한다는 데 첫 번째 한계가 있습니다. 보통의 7~8세 아이에게는 적합하지 않은 추상적 사고와 훈련 중심이라 효과가 떨어집니다. 두 번째 한계는 문자는 의미를 전달하기 위한 수단이라는 점을 간과하고 오직 발음에만 집중하는 데 있습니다. 분석적 지도법과 종합적 지도법은 의미 전달이라는 문자의 핵심 기능을 소외하고, 소리라는 부차적인 부분에만 관심을 갖게 해 교육적으로 부족한 면이 있습니다.

이러한 문제를 해결하기 위해서는 이야기 기반 지도법과 유추적 지도법을 활용해야 합니다. 이야기 기반 지도법은 이야기를 읽고 이야기 속 단어를 중심으로 한글 교육을 하는 방법입니다. 가르칠 글자를 지도 목록에서 선택하지 않고 이야기책 안에서 선택합니다. 이야기의 재미를 통해 글자에 흥미가 높아진 상태이기에 교육에 아이가 더 높은 관심을 보인다는 것이 중요한 장점입니다. 또 발음에만 치우치지 않고 문자의 원래 목적인 의미를 출발점으로 한다는 점도 매우 중요합니다. 유추적 지도법은 비슷한 소리를 내는 여러 단어들을 모아 서로 비교하고 유추하며 소리를 배우는 방식입니다. 예를 들어 이야기에서 '나라'가 나온다면 여기에 기초해 '가라',

효과적인 한글 지도법

| 3층 | 분석적·종합적 지도법 |
| 2층 | 유추적 지도법 |
| 1층 | 이야기 기반 지도법 |

'사라', '자라', '하라'를 배우는 방식입니다. 유추적 지도법의 장점은 아이가 이미 접하고 알고 있는 단어를 통해 쉽게 새로운 문자를 배울 수 있다는 데 있습니다.

그렇다고 분석적·종합적 지도법을 도외시해서는 안 됩니다. 자음과 모음을 개별적이고 체계적으로 학습할 수 있기 때문입니다. 그래서 소리 읽기는 1층에 이야기를 깔고, 2층에 유사한 글자들을 중심으로 하는 유추적 지도를 얹은 후, 3층에 분석적·종합적 지도법으로 덮어야 합니다. 그럴 때 문자를 친숙하고 편안하게 접근해서 결국 체계적으로 배울 수 있습니다.

이야기 기반과 유추적 지도만으로 충분하지 않은 이유는 지도법이 서로 목표로 하는 지점이 다르기 때문입니다. 분석적 지도법과 종합적 지도법이 'ㄱ', 'ㄴ', 'ㄷ', 'ㅏ', 'ㅑ', 'ㅓ' 같은 자소 중심이라면, 유추적 지도법은 '가', '나', '다' 같은 낱자 중심이며, 이야기 기반 지도법은 단어 및 어절 중심입니다. 따라서 이야기 기반·유추적·분석적·종합적 지도법을 잘 조합하여 지도할 때 자소, 낱자뿐아니라 단어, 어절에 이르는 소리 읽기의 중요한 측면을 하나도 빠트리지 않고 모두 배울 수 있습니다.

그러면 실제로 지도하는 장면을 살펴볼까요? 피터 레이놀즈의 그림책 『점』을 이용한다면 어떻게 지도할 수 있을까요? 표지에 점이라는 큰 글씨가 있습니다. 이 글자를 그냥 소리 내어 읽어봅니다. 그것만으로도 일단 '점'이라는 글자를 접할 수 있고 눈에 조금 익게 됩니다. 점과 비슷하게 생긴 단어를 아이와 찾고 만들어보세요. 글자 카드나 블록이 있다면 좋겠지요? 'ㅈ' 대신에 'ㄱ'부터 'ㅎ'까지 넣어보면 검, 덤, 멈, 범, 섬, 첨, 텀, 험 등이 나오는 군요. 한 글자이다 보니 다른 단어로 만들기도 좋네요. 아이와 함께 "나의 검을 받아라.", "이건 덤이에요.", "빠르게 가다 갑자기 멈추기", "섬나라 일본"처럼 만든 글자로 놀아보세요.

다음으로는 글자를 분해해 각 자소의 소리를 익혀보세요. 점을 'ㅈ', 'ㅓ', 'ㅁ'으로 만들고 소리가 [ㅈ], [ㅓ], [ㅁ]이라는 사실을 확인하는 거죠. 이번에는 모음 'ㅓ'를 바꾸어볼까요? 'ㅏ'부터 'ㅣ'까지 넣어보면 잠부터 짐까지 나오네요.

다만 철저하게 가르치려고 부모 주도로 처음부터 끝까지 하나도 빠짐없이 다 넣으려다 보면 아이가 지루해하고 지칠 수 있어요.

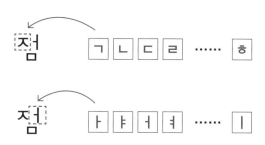

그냥 아이가 이것저것 넣어보며 스스로 실험할 수 있게 해주세요. 그리고 하루에 한 개 정도만 새로운 자음, 모음을 엄마가 넣고 알려주면 됩니다.

그림책을 읽어줄 때 매 글자마다 계속해서 소리 읽기를 지도해서는 안 됩니다. 그러면 아이가 점점 책 읽기를 공부라고 생각해 싫어하게 될 수 있습니다. 평소에는 그냥 책을 읽어주세요. 한 권을 읽을 때 서너 번 정도만 "이 글자는 어떻게 읽을까?"라고 물어보세요. 그렇게 급하지 않게 느리고 천천히 갈 때, 스트레스 없이 책을 좋아서 읽게 되면서도 한글을 바르게 읽을 수 있게 됩니다.

남자아이들에게는 책을 이용한 이야기가 특히 중요합니다. 청각 피질이 많아 귀가 발달한 여자아이들은 이야기가 없어도 소리 그 자체에 잘 집중합니다. 하지만 시각 피질이 많아 눈이 발달하고 상대적으로 귀가 덜 발달한 남자아이들은 소리만 들려주면 쉽게 집중하지 못하는 경우가 많아요. 그림책 속의 글자와 문자라는 시각적 정보를 함께 제공할 때 더 잘 집중할 수 있습니다.

## ▎자음과 모음 만들기 놀이

자음과 모음을 만들어보는 놀이는 문자의 형태, 이름 그리고 소리를 이해하는 데 큰 도움이 됩니다. 'ㄱ'을 만들고 '기역'이라고 부르고 [ㄱ] 소리를 내다 보면 자음 'ㄱ'을 이해하게 되죠. 'ㄱ'을 종이에 그리고 색칠하고 잘라보세요. 아이는 그 과정에서 'ㄱ'의 형태를 자세하게 관찰하게 됩니다. 직접 만들다 보면 이미 만들어져 있는 자소를 수동적으로 볼 때보다 더 세심하게 관찰하게 됩니다. 자소를 만드는 과정에서 이름과 소리를 알려주세요. 'ㄱ'을 그리면서 "이 글자의 이름은 '기역'이고 [ㄱ] 소리가 나."라고 알려주는 식이지요. 또 ㄱ을 이용해 만들 수 있는 단어를 함께 찾아보세요. 김밥, 감, 고릴라, 고구마 등이 있겠네요. 이 과정에서 소리에 아이가 집중할 수 있게 해주어야 합니다. 'ㄱ'의 소리 [ㄱ]에서 김밥, 감, 고릴라, 고구마가 나오는 과정을 천천히 발음하면서 들려주는 겁니다.

꼭 종이 위에서만 만들라는 법은 없겠죠? 몸으로 만들어보세요. 허리를 굽혀 'ㄱ', 앉거나 누워서 'ㄴ', 스트레칭하며 'ㄷ', 아빠와 함께 ㄹ을 만들어보세요. 놀이가 별건가요? 한글을 배울 나이의 아이에게는 이 정도만 해도 실컷 웃으면서 글자를 쉽고 재미있게 배울 수 있어요. 필기구를 연결하여 'ㅏ', 'ㅑ', 'ㅓ', 'ㅕ'도 만들어보구요. 블록이나 콩알을 이용할 수도 있습니다.

중요한 건 재미예요. 재미있게 해야 아이가 좋아하고 잘 배우고 또 하려고 합니다. 그러기 위해서는 외웠느냐고 묻지 말고 왜 기억하지 못하냐고 다그치지도 마세요. 외우지 않아도 재미있게 하다 보면 저절로 기억이 나요. 재미없게 가르치고 기억하지 못한다고 꾸중을 들으면 기억할 것도 못 하게 됩니다.

## ❙ 자음과 모음 조합하기 놀이

자음과 모음을 만들어보면서 이해했다면 이를 조합함으로써 글자를 만들어보세요. 맘껏 가지고 활동해도 찢어지지 않게 글자 블록이 있으면 좋습니다. 아이와 함께 생활에서 나오는 단어들을 하나둘씩 조합해 보세요. 예를 들어 핸드크림을 바르다가 글자 블록을 조합해 보는 거죠. 그냥 말로 "ㅎ에 ㅐ 그리고 밑에 ㄴ"이라고 하거나 종이에 그냥 적어주는 것보다 글자 블록으로 조합해 보는 게 더욱 좋습니다. 그냥 알려주지 말고 어떻게 쓰는지 함께 찾아보자고 하세요. 핸드크림에 핸을 먼저 써야 하는데 핸은 어떤 자음과 모음으로 되어 있을지 함께 생각해 보는 겁니다. 정 모르겠는 건 알려주면 되지만, 최대한 아이 스스로 찾도록 이끌어주는 게 중요해요. 그 과정에서 아이 머릿속에서 문자와 소리가 긴밀하게 연합하기 시작하거든요.

글자가 완성되면 이리저리 바꾸면서 글자 실험을 해보면 좋아요. 핸드크림에서 'ㅎ'을 'ㅅ'으로 바꾸면 샌드크림이 되네요. 샌드는 모래인데 모래 크림은 어떤 걸까 물어보며 상상력을 자극하면 좋겠지요. 핸드크림의 'ㅎ' 대신에 'ㅁ'을 넣은 후 어떻게 읽어야 할지 모르겠다고 하면 바로 맨이라고 알려주지 말고 읽는 원리를 함께 찾아보세요. 'ㅁ'의 이름은 미음이고 소리는 [ㅁ]라고 알려준 후 핸에서 'ㅎ'을 빼고 'ㅁ'을 넣으면 어떻게 될지 함께 생각해 보는 거죠. 처음에는 자음과 모음을 각각 하나씩 소리 내보세요. 맨은 [ㅁ], [ㅐ], [ㄴ]이니까 [므애앤]처럼 읽히네요. 그리고 이걸 조금씩 빠르고 자연스럽게 해보면 됩니다. [므애앤], [므앤], [맨]처럼요.

자소만 교체하지 말고 낱자도 하나씩 교체해 보세요. 핸드크림에서 '핸', '드', '크', '림'을 각각 빼서 '드크림', '핸크림', '핸드림', '핸드크'를 만들어보세요. 핸드를 빼서 크림만 읽어도 되고요. 소리를 가지고 노는 말놀이에서 말한 변별, 탈락, 합성, 대치를 사용하는 겁니다.

## 소리 읽기 지도법 ③ 다양한 읽기 방법 활용하기

### | 소리 내어 읽기

요즘에는 책을 소리 내어 읽는 사람을 흔히 보기 어렵습니다. 다들 조용히 눈으로 글자를 따라갈 뿐이지요. 하지만 예전에는 소리 내어 읽는 것이 너무나 당연해 묵독이라는 개념 자체가 없었다고 합니다. 교부철학자 아우구스티누스 역시 그의 동료가 눈으로만 책을 읽는 모습을 보면서 "왜 저런 식으로 책을 읽는지 이해할 수 없다"고 말하기도 했다고 합니다. 한글을 배우는 소리 읽기 단계의 아이들은 읽기의 전통을 따라야 합니다.

수영을 배우기 위해 물에 들어가듯 소리를 배우기 위해서는 소리를 내야 합니다. 이 시기 아이들이 계속해서 소리 내어 읽어야 하는 이유는 크게 두 가지입니다. 첫 번째는 소리 내어 읽는 행위 자체가 훈련이기 때문입니다. 묵독하지 않고 소리를 낼 때 자신이 낸 소리가 다시 귀에 들어가면서 자신의 읽기에 대한 정보들이 쌓이게 됩니다. 두 번째는 부모가 아이의 소리 읽기 수행을 관찰하고 조언할 수 있기 때문입니다. 눈으로 보고 있으면 잘 읽고 있는지 잘못 읽고 있는지 알 길이 없지요.

소리 내어 읽으라고 하면 목이 아프다거나 힘들다고 귀찮아 하기 쉬운데 그런 경우에는 책 전체는 아니더라도 몇 페이지만이라도 소리 내어 읽도록 하는 것이 좋습니다. 소리 내어 읽으라고 지시하기 전에 먼저 부모가 소리 내어 책을 읽어주는 것도 필요합니다. 지도적 읽기의 첫 번째 단계는 시범이라는 사실을 잊어서는 안 됩니다. 보여주지 않으면 배울 기회가 없습니다. 부모의 소리 읽기가 아이에게 중요한 샘플이 됩니다.

## | 따라 읽기

따라 읽기는 시범과 연습이 절묘하게 결합된 읽기 방법입니다. 부모가 먼저 읽으면서 시범을 보이고 따라 읽게 하여 연습시키세요. 단어 해독을 배우고 있거나 아직 단어 인식의 자동화가 되지 않은 아이에게는 단순히 같은 내용을 따라 읽게 하면 됩니다. 따라 읽는 길이는 아이의 소리 읽기 유창성 정도에 따라 정하면 됩니다. 한 글자 한 글자씩 읽고 따라 읽을 수도 있고, 아니면 단어별로, 구나 절 단위로 혹은 문장 단위로도 할 수 있지요.

정확하게 자동적으로 단어를 인식하기 시작하면 좀 더 유창하게 읽을 수 있도록 연습하세요. 먼저 의미 단위로 띄어 읽는 법을 가르쳐주세요. 엠마누엘레 베르토시의 『눈 오는 날』을 읽게 된다면 "정말 다행이지 뭐에요! 우리한테는 쉴 곳도 있고 먹을 것도 넉넉하고 아늑한 잠자리도 있잖아요."를 어떻게 읽어야 할까요? "정말 다행이지 뭐예요! / 우리한테는 쉴 곳도 있고 / 먹을 것도 넉넉하고 / 아늑한 잠자리도 있잖아요."처럼 읽어야 합니다. 의미 단위로 쉬면서 읽는 법을 익혀야 내용과 의미 파악이 쉬워집니다.

다음은 감정을 넣어 읽는 방법을 알려주세요. 말을 하는 젖소 아줌마의 감정이 어떨지 물어봅니다. 그리고 그런 감정일 때 "너라면 어떤 느낌으로 말하겠니?"라고 물어서 아이가 자신의 방식으로 읽도록 이끌어주세요. 여기에 필요하다면 억양, 음조, 강세 등을 추가할 수도 있겠지요? 강조하여 크게 혹은 작게, 혹은 높거나 낮게 말할 부분을 찾아보세요. '쉴 곳', '먹을 것', '아늑한 잠자리'는 좀 더 큰 목소리나 높은 음으로 하고 '있고', '하고', '있잖아요' 같은 보조하는 부분은 좀 더 작거나 낮은 음으로 하면 됩니다. 너무 복잡하게 이론적으로 생각하면서 가르치지 말고 직관적으로 이 말을 할 때 어떻게 말하는지 생각하며 아이가 느끼도록 알려주세요. 따라 읽기이지만 완전히 베껴 읽는 게 아니라, 자신의 느낌을 살려서 읽는 기회를 제공해야 합니다.


| 함께 읽기

함께 읽기는 부모와 아이가 속도를 맞추어 한 목소리로 읽는 방법입니다. 함께 읽기를 사용하는 방법은 크게 두 가지입니다. 먼저 더듬더듬 많이 느린 아이를 위해 부모가 받쳐주며 읽을 수 있습니다. 앤서니 브라운의 『기분을 말해 봐!』에서 "기분이 어때?"라는 문장을 느리고 힘겹게 아이가 읽을 때는 다음처럼 지도해 보세요.

아이: 기...부.......ㄴ 이 어....때?

엄마: 기　　　분　이 어 때?

아주 미세한 정도로 느리게 함께 읽되, '분'처럼 아이가 막히는 글자에서는 먼저 읽어 따라올 수 있게 해주세요. 어느 정도 스스로 글을 읽지만 느린 아이에게는 미세하게 빠르게 읽음으로써 아이가 속도를 올리며 따라오게 하는 방법도 있습니다. 바두르 오스카르손의 『납작한 토끼』를 읽는 장면을 살펴볼게요.

아이: 쥐 가 오 기 전 까 지 는 주 변 이 너 무 나 조 용 했 거 든 요.

엄마: 쥐 가 오 기 전 까 지 는 주 변 이 너 무 나 조 용 했 거 든 요.

함께 읽기는 느린 속도로 책을 읽는 아이에게, 때로는 너무 빨리 읽는 아이에게도 적절한 읽기 속도를 연습하게 하는 좋은 방법입니다. 상황에 따라 아이의 속도보다 때로는 조금 빠르게, 때로는 늦게 읽음으로써 아이의 읽기를 도울 수 있습니다. 다만 '용감한'을 '요오 오옹 가아아아암 하아아안'처럼 운율이 완전히 파괴될 정도로 너무 느리게 읽어서는 안 됩니다. 조금만 느리게 읽어서 참고하고 흉내 낼 만한 모델을 보여주되 운율이 파괴된 잘못된 사례를 들려주면 안 됩니다. 개개별의 음소 인식을 위해 의도적으로 음절을 분해하는 경우가 아니라면, 어디까지나 운율이 파괴되지 않고 어색하지 않은 선에서만 느리게 읽도록 합니다.

## | 번갈아가며 읽기

따라 읽기, 함께 읽기로 연습이 되었다면 번갈아가며 읽기를 적용해 보세요. 부모가 한 문장을 먼저 읽고, 아이가 다음 문장을 읽습니다. 화가 박수근의 이야기인 『꿈꾸는 징검돌』을 읽는다면 다음과 같이 읽을 수 있겠지요.

> 아이: 찌르릉찌르릉 아이는 오늘도 그림을 그리러 집을 나섭니다.
> 엄마: 스케치북이랑 물감, 붓도 다 챙겼습니다.

이렇게 한 문장씩 번갈아가며 끝까지 읽으면 됩니다. 아이가 능숙해지면 한 페이지씩 번갈아가며 읽어도 되고요. 번갈아가며 읽기는 엄마와 아이에게 모두 도움이 됩니다. 아이에게는 더 많은 읽기 연습의 기회를, 엄마에게는 잠시나마 여유를 주니까요.

아이가 아직 읽기에 능숙하지 않다면 반복되는 후렴구를 중심으로 아이에게 읽기를 양보해 주세요. 중독성이 강한 음악의 훅을 따라 부를 때처럼 자신 있는 목소리로 읽는 아이를 발견할 수 있을 거예요.

헬린 옥슨버리의 『곰 사냥을 떠나자』에는 '곰 잡으러 간단다. 큰 곰 잡으러 간단다. 정말 날씨도 좋구나! 우린 하나도 안 무서워.'라는 부분이 계속해서 반복됩니다. 그리고 강, 진흙탕, 숲 등 장소에 따른 특징이 나온 후 다시 '그 위로 넘어갈 수 없네. 그 밑으로도 지나갈 수 없네.'라는 문장도 반복되지요.

계속 변화하는 부분인 '어라! 동굴이잖아! 좁고 어둠침침한 동굴'은 엄마가 읽고 '그 위로 넘어갈 수 없네. 그 밑으로도 지나갈 수 없네.'는 아이가 읽을 수 있습니다. 인물별로 서로 번갈아가며 읽을 수도 있는데요. 이에 대해서는 바로 뒤에 나오는 '목소리 연극'에서 자세히 살펴보도록 하겠습니다.

## 소리 읽기 지도법 ④ 유창성 개발 프로그램 활용하기

**| 목소리 연극** Reader's Theater

다양한 읽기 방법을 체계화하여 효과가 입증된 유창성 개발 읽기 프로그램들을 알아보겠습니다. 먼저 목소리 연극은 영어로 'Reader's Theater'이며 직역하면 '독자의 극장' 정도가 됩니다. 대본을 외우지 않고 읽으면서 하는 연극으로, 라디오에서 하는 목소리만으로 구성된 드라마라고 이해하면 되겠습니다.

영화나 드라마 리허설을 위해 배우들이 대본을 들고 하는 연습이라고 생각해도 좋겠네요. 목소리 연극은 연극이라는 흥미로운 형태를 빌리되 대본을 외우는 수고 없이 읽기 연습을 가능하게 합니다. 목소리 연극은 원래 미국의 학교에서 널리 사용하는 방법인데 가정에서도 쉽게 활용할 수 있습니다.

『화요일의 두꺼비』를 읽는다면 착하고 모험심이 넘치는 두꺼비 워턴의 대사는 아이가, 그를 잡아먹으려는 외로운 올빼미 조지의 대사는 엄마가 읽어봅니다. 아빠나 형제가 함께 워턴의 형 모턴, 워턴에게 도움을 주는 사슴쥐 씨이 등을 연기하면 더욱 좋겠지요. 책 전체가 아닌 일부분으로 하며 읽을 부분을 정확하게 할당한 후 읽도록 합니다. 맡은 부분을 잘 읽는 데 초점을 맞춰 시작하고, 점차 유창성이 늘어간다면 감정과 동작을 추가해서 더욱 재미있게 할 수 있습니다. 가족과 함께 역할을 맡아 눈빛을 주고받고, 동작을 취해가며 책을 읽다 보면 이야기 속에 흠뻑 빠진 아이를 발견할 수 있을 겁니다.

## │ 시간 측정 반복 읽기 Timed Repeated Readings

시간 측정 반복 읽기는 반복해서 읽되 시간을 측정하며 유창성 발전 정도를 확인할 수 있는 방법입니다. 이를 통해 부모는 아이의 읽기 유창성을 객관적인 수치로 파악하고 발전 과정을 확인할 수 있습니다. 아이는 반복 읽기로 인해 자연스레 읽기 유창성이 향상되며, 측정된 시간을 통해 자신의 발전 정도를 분명히 볼 수 있어 읽기 동기도 유발됩니다.

준비물은 읽을 텍스트 2부와 측정이 가능한 시계 그리고 연필입니다. 방법은 다음과 같습니다.

1. 부모와 아이가 텍스트를 1부씩 가집니다.
2. 1분 설정 후 타이머를 누르면 읽기 시작합니다.
3. 부모는 아이의 읽기를 들으면서 잘못 읽은 단어를 체크합니다.
4. 1분 알람이 울리면 읽기를 멈춥니다.
5. 분당 올바르게 읽은 단어 수(Words Correct Per Minute, 이하 WCPM)를 계산합니다.

WCPM을 계산하는 방법은 다음과 같습니다.

1. 읽은 총 단어 수를 셉니다.
2. 잘못 읽은 단어 수를 셉니다.
3. 읽은 총 단어 수에서 잘못 읽은 단어 수를 빼 올바르게 읽은 단어 수를 구합니다.

예를 들어 총 150개의 단어를 읽었는데 10개를 잘못 읽었다면, 140 WCPM이 됩니다. 시간을 1분으로 제한하지 않고 하나의 텍스트를 다 읽고 걸린 시간을 이용해 WCPM을 측정하는 방법도 있습니다. 구하는 방법은 총 걸린 시간을 초로 변환한 후 다시 60초를 기준으로 하여 소수로 바꾸고 이를 이용하여 올바르게 읽은 단어 수를 나누면 됩니다. 예를 들어 200개의 단어로 된 텍스트를 읽는데 1분 43초가 걸렸고, 총 8단어를 틀렸다면 WCPM은 다음과 같습니다.

1. 올바르게 읽은 단어는 200-8로 192가 됩니다.
2. 걸린 시간은 103초(1분 43초)로 103/60을 하면 1.71이 됩니다.
3. WCPM은 192/1.17로 164가 됩니다.

같은 텍스트에 대해 3~4회 실시하여 충분한 연습과 함께 변화를 살펴볼 수 있게 하면 아이의 자신감을 높일 수 있습니다. 다만 정상적인 속도 이상으로 빨리 읽도록 연습하지는 않아야 합니다.

목표는 어디까지나 말하는 속도로 읽을 수 있는 유창성 개발이지 WCPM 수치 자체를 높이는 데 있지 않습니다. 말하는 속도로 읽을 수 있다면 조금 더 어려운 텍스트를 골라 연습할 수 있습니다. 새롭고 어려운 텍스트에 대해서도 말하는 속도로 읽을 수 있다면 의미 파악은 잘하고 있는지로 관심을 돌려야 할 때입니다.

## | 이중 인상 읽기 Reading Two Impress

이중 인상 읽기는 또 다른 유창성 개발 프로그램인 신경학적 인상 기법Neurological Impress Method을 약간 변형한 방법입니다. 방법은 다음과 같습니다. 부모와 아이가 같은 텍스트를 읽습니다. 다만 부모가 한 박자 빨리 읽어야 합니다. 두 명이 함께 노래를 하는데 박치인 친구가 계속해서 한 박자씩 빨리 부르는 것처럼요. 여기까지가 신경학적 인상 기법입니다. 한두 글자를 앞서 읽는 부모의 언어적 리듬이 아이의 신경계에 인상을 남긴다고 해서 그렇게 이름 붙여졌습니다. 이후 아이는 혼자서 한두 번 더 읽습니다. 한 박자 늦게 따라 읽으면서 한 번, 혼자 읽으면서 또 한 번, 총 두 번의 인상을 받는다 하여 이중 인상 읽기라고 부릅니다.

처음에는 아이와 같은 속도로 읽기 시작하세요. 아이가 편안해지면 속도를 살짝 올립니다. 아이가 많이 뒤처지면 속도를 늦추어 주세요. 아이가 당황하여 너무 서두르지 않도록 읽기 전에 속도를 올릴 테니 바로 뒤에 붙어 따라오라고 미리 말해 주세요. 연구 결과, 유창성이 뒤처지는 아이 중 2/3가 10주 만에 약 2.5년의 성장을 보였습니다. 다만 효과가 없는 아이들도 더러 있으니 3~4주 정도 적용 후 효과가 없다면 다른 방법을 써야 합니다. 같은 텍스트로 계속 반복해서는 효과가 없으며, 익숙해지면 텍스트를 바꿔주어야 합니다. 혼자서는 더듬거리고 잘 읽지 못하며 어려움을 겪는 텍스트의 수준이 적합합니다.

## | 유창성 추구 읽기 지도 Fluency-Oriented Reading Instruction

유창성 추구 읽기 지도는 5일을 주기로 짧은 시간을 내어 조금씩 유창성 훈련을 할 수 있는 프로그램입니다. 첫날은 배경지식을 쌓거나 단어를 확인하며 시작합니다. 알아두면 도움이 되는 이야기를 해주거나 어려운 단어를 먼저 알려주는 것이지요. 유창성은 소리뿐 아니라 빠른 의미 이해와도 관련이 있으니까요. 준비가 되면 부모가 소리 내어 읽고 아이는 그 소리에 맞추어 읽습니다. 읽은 후 내용 이해를 높기 위한 토론을 신행하세요. 어떤 내용이있는지 아이가 이해할 수 있게 질문하고 대화하는 겁니다.

둘째 날에는 따라 읽기를 합니다. 부모는 한 문장을 읽고 아이는 소리 내어 따라 읽습니다. 중간중간 질문을 하면서 계속해서 아이의 이해를 도우세요. 셋째 날에는 함께 읽기를 한두 번 정도 합니다. 이번에는 부모와 아이가 함께 소리 내어 읽습니다. 넷째 날에는 한 페이지씩 번갈아가며 읽습니다. 다섯째 날에는 요약이나 쓰기 등으로 읽기 후 활동을 합니다.

유창성 추구 읽기 지도는 훈련을 위한 반복을 저강도로 5일간의 기간 동안 실시하는 게 중요합니다. 1~2일 안에 줄여서 시행하면 하루에 소요되는 시간이 길어져 아이들이 쉽게 지루함과 피로감을 느낍니다. 짧은 시간 동안 활동하고 끝내서 반복에 의한 지루함을 느끼지 않도록 해야 합니다. 넷째 날과 다섯째 날에 각각 다른 텍스트를 사용하는 넓은 유창성 추구 읽기 지도법<sup>Wide FORI</sup>도 있습니다. 1일부터 3일까지는 같은 텍스트를 사용하고 4일과 5일째 다른 텍스트를 사용함으로써 새로운 언어를 접하고 다양한 장면에서 연습할 수 있도록 하는 거죠.

## | 유창성 개발 레슨 Fluency Development Lesson

유창성 개발 레슨은 인원수가 많아 일일이 피드백을 주기 힘든 교실과 같은 상황에서 사용하기 좋습니다. 물론 가정에서도 사용할 수 있고요. 우선 교실에서 사용하는 방법은 다음과 같습니다.

1. 교사가 시범적으로 읽어줍니다. 2~3회 정도 읽어주어야 하기에 50~200단어 정도의 비교적 짧은 텍스트를 사용하는 게 좋습니다.
2. 텍스트와 읽기에 대해 대화를 나눕니다. 어떤 내용이었는지 소리 읽기의 질은 어떠했는지에 대해 의견을 나누는 것이지요.
3. 모둠별로 소리를 맞추어 함께 읽습니다. 어려움을 겪는 친구는 모둠원으로부터 도움을 받습니다.
4. 짝과 번갈아가며 읽습니다. 한 명이 먼저 읽고 다 읽으면 다른 친구가 읽습니다. 한 명이 읽는 동안 짝은 조용히 듣고 피드백을 주고 격려해줍니다.

유창성 개발 레슨은 가정에서 사용해도 효과 만점입니다. 부모 역시 이 형태를 그대로 사용하되 다만 부모가 교사도 되고 모둠원도 되고 짝도 되어야 합니다. 부모는 시범적으로 읽어주고, 텍스트와 읽기에 대해 대화를 나누고 함께 읽은 후 번갈아가며 읽습니다. 그리고 아이의 읽기를 듣고 피드백을 주고 격려합니다. 만약 다른 한쪽의 부모나 형제, 자매가 함께 한다면 더 좋겠지요.

# 의미를 이해하지 못하면, 읽기가 아니다

제2차 세계대전 당시 독일군의 U보트는 매우 강력하여 20일 동안 단 1척만 침몰되었습니다. 그러면서 연합군 선박은 무려 108척을 침몰시켰습니다. 위기에 처한 연합군을 구한 사람은 '컴퓨터의 아버지'라 불리는 앨런 튜링입니다. 그는 수수께끼라는 뜻을 가진 독일군의 암호문 에니그마를 해독함으로써 U보트의 위치를 정확하게 파악해 결국 제2차 세계대전을 승리로 이끌었습니다. 그가 한 일은 바로 의미를 알 수 없는 문자를 의미로 바꾸는 것이었습니다. 이 단순한 작업이 온 지구를 나치즘으로부터 구하는, 말로 다 표현하기 어려울 정도의 고귀한 일이 되었습니다.

　의미 읽기를 성공적으로 익히기 전까지 아이들에게 문자는 에니그마와 같습니다. 무언가 많은 내용이 기록되어 있으나 무엇을 의미하는지는 알 수가 없지요. 에니그마에 아무리 중요한 정보가 담겨 있어도 그 의미를 파악하지 못하면 사용하지 못하듯이 아무리 좋은 내용의 글을 읽어도 의미를 이해하지 못하면 아무 소용이 없습니다. 의미 읽기를 통해 문자의 의미를 파악할 수 있을 때 문자라는 에니그마는 그 참모습을 드러내게 됩니다. 의미를 이해하지 못한다면 그것은 읽기라고 할 수 없습니다.

## 읽고 무슨 내용인지 파악하는 일

읽고 무슨 내용인지 파악하는 일, 즉 의미 읽기는 읽기의 본체라고 할 만큼 중요한데도 불구하고 많은 부모들은 이를 간과하고 있습니다. 부모들이 흔히 하는 실수 중 하나가 아이 스스로 소리 내어 글을 읽을 수 있게 되면 읽기 교육에 더 이상 큰 관심을 쏟지 않는 것입니다. 스스로 읽을 수 있으니 혼자 읽으라고 더 이상 읽어주지도 않고요.

그래서는 안 됩니다. 소리 읽기와 의미 읽기는 별개의 과정입니다. 소리를 읽을 줄 안다고 해서 의미를 아는 것은 아닙니다. 의미를 이해하기 위해서는 글자를 소리 내어 읽는 능력 그 이상이 필요합니다. 의미 읽기의 중요성을 놓치면 글을 소리 내어 읽는 데는 문제가 없어도 정작 무슨 내용인지를 파악하지 못하는 아이가 됩니다. 이는 교실에서 매우 흔하게 볼 수 있는 문제이지요.

소리 읽기에만 너무 치중하며 의미 읽기를 간과한 실수는 우리

나라에만 있는 일은 아닙니다. 2000년대 초반 미국 정부는 읽지 못하는 아이들을 위해 읽기 최우선 프로그램Reading first program을 운영하였습니다. 해당 프로그램은 파닉스, 음소 인식, 유창성, 단어, 이해를 지도했지만 그중 주로 파닉스와 음소 인식, 유창성에 집중했습니다. 의미 읽기 교육은 간과하고 소리 읽기 교육에 치중하였다는 의미입니다. 이 프로그램을 받은 아이들은 대체로 글의 내용을 잘 이해하지 못하는 경향을 보였습니다. 소리 읽기가 의미 읽기의 바탕이 되긴 하지만, 엄연히 다른 능력이기 때문입니다.

소리 읽기를 잘하는 3학년 이상의 아이가 글의 내용을 잘 파악하지 못하는 이런 현상을 '후발성 이해 어려움'이라고 합니다. 전미 독서 교육 위원회의 보고에 따르면 약 30~40%의 학생이 이를 겪고 있다고 합니다. 오랜 기간 현장에 있었던 초등 교사의 경험으로 볼 때도 해당 학년의 교과서에 대해 읽기 독립이 되는 아이는 많지 않습니다. 상당수의 아이는 혼자서는 교과서조차 제대로 이해하지 못하고 있습니다. 공부를 못한다고 학원도 보내고 문제집도 여러 권 풀리지만, 사실 학습 결손의 근본 원인은 학원을 안 다니고 문제집을 안 풀어서가 아닙니다. 교과서를 읽고 이해하지 못하는 것이 근본적인 원인입니다. 교과서를 읽고 다른 도움 없이 스스로 내용을 파악하고 이해할 수 있다면, 수능 만점자가 흔히 말하는 "학원은 안 다니고 교과서 중심으로" 공부해서 우수한 성적을 거두는 것이 충분히 가능합니다.

의미 읽기가 되지 않는 아이들에게 문자는 에니그마와 같습니다. 읽어도 무슨 말인지 모르는 거죠. 아이들은 에니그마를 해독하지 못하여 독일군 잠수함에 계속해서 당하는 연합군 같은 상황에 처해 있습니다. 글자라는 에니그마를 제대로 독해하는 아이만이 자신의 학업과 삶이 바다 밑으로 침몰하는 일을 막을 수 있습니다.

의미 읽기에 영향을 미치는 요소로는 어휘와 내용 이해력이 있습니다. 내용 이해력은 배경지식과 이해 전략으로 이루어지지요.

## 공부 전반에 절대적 영향을 미치는 '어휘'

글을 읽고 의미를 파악하는 힘을 기르기 위해서는 우선 넓고 깊은 어휘망을 갖추는 것이 중요합니다. 글은 어휘로 구성됩니다. 어휘가 모여 문장이 되고, 문장이 모여 다시 글이 됩니다. 따라서 글에서 의미를 담는 최소의 단위인 어휘를 많이 모른다는 것, 즉 어휘망이 작다는 것은 어부에게 그물망이 작은 것과 마찬가지입니다. 더 크고 촘촘한 어휘망을 가진 독자는 더 크고 촘촘한 그물망을 가진 어부처럼 한 번에 더 많은 내용을 건져 올릴 수 있습니다. 반면 더 작고 엉성한 어휘망을 가진 독자는 더 작고 엉성한 그물망을 가진 어부처럼 한 번에 얻을 수 있는 이해가 작을 수밖에 없습니다.

아이의 어휘망은 무엇에 의해 결정될까요? 아이의 어휘망을 결정하는 가장 영향력 있는 주체는 바로 부모입니다. 초등 입학 시점에 얼마나 많은 어휘를 가지고 출발하느냐가 가장 중요한데요. 부모가 책을 많이 읽어주고 풍부하고 다양한 단어를 사용하여 자상하게 대화를 나누는 등 충분한 혜택을 받은 아이는 학교생활을 약

1만 단어로 시작합니다. 반면 부모가 책을 읽어주지 않고 단답형으로 말해 제대로 혜택받지 못한 아이들은 그 절반의 단어만으로 출발합니다. 고등학교 졸업 시점에는 약 5만 단어를 습득해야 하는데 혜택받지 못한 아이들은 여전히 그 절반 수준에 머무릅니다. 부모로부터 혜택받은 아이와 혜택받지 못한 아이의 어휘 개수의 차가 처음부터 끝까지 2:1의 비율을 유지하는 셈입니다. 어휘의 산출 방법과 연구진에 따라 개수와 비율은 조금씩 다르나 결론은 같습니다. 입학 초기의 격차는 학창 시절 내내 거의 유지되는 편이며, 초등 1학년 어휘 지식은 중고등학교 학업 성적을 예측하는 강력한 변수라는 결론 말입니다.

어휘에 대한 연구는 더 많은 어휘를 아는 사람이 더 높은 시험 성적을 얻는다는 사실을 말해줍니다. 특히 생활에서 사용하지 않는 학문 어휘를 많이 알고 있는 아이가 국어도, 수학도, 사회도, 과학도, 영어도 잘합니다. 이유는 다음의 두 가지로 살펴볼 수 있습니다. 첫째, 공부라는 것 그 자체가 일차적으로 어휘를 학습하는 일이기 때문입니다. 모든 공부는 일단 개념 학습에서 시작합니다. 국어에서는 은유, 속담, 함축이, 수학에서는 분수, 약분, 막대그래프가, 사회에서는 열대성 기후, 과전법, 인문 환경이, 과학에서는 전자석, 노폐물, 전도가 무엇인지 이해하는 것에서 출발합니다. 그 이후에 그 개념을 사용하게 되죠. 어휘는 학습에서 필수적으로 알아야 하는 개념의 이름입니다. 그래서 어휘를 모른다는 것은 개념을 모른다는 것이기 때문에 어휘를 몰라서는 공부를 잘할 수가 없습니다.

둘째, 어휘는 사고의 도구이기 때문입니다. 인간은 생각할 때 어휘를 사용합니다. 지금 바로 실험해 보죠. 어휘를 사용하지 말고 어휘에 대해 생각해 보세요. 가능한가요? 아닐 겁니다. 어휘가 없으면 생각이 불가능합니다. 예를 들어 돈과 같은 물체의 형상을 떠올리는 일은 가능하지만, 그것에 대해 자세히 생각할 수는 없습니다. 무언가에 대해 자세히 생각하기 위해서는 반드시 어휘가 필요합니다. 어휘 없이는 이자율과 부채, GDP와 경제 성장에 대해서 생각할 수 없습니다.

이처럼 공부 전반에 어휘가 절대적인 영향을 미친다는 사실을 알 수 있습니다. 공부의 시작인 개념을 배우는 일은 어휘를 익히는 일이고, 이후에 개념을 활용하는 일도 결국 어휘를 활용해야 할 수 있는 일입니다. 그러니 더 많은 어휘를 아는 사람이 시험 성적이 높을 수밖에요.

어휘력이 부족한 아이들도 밥을 먹고 학교에 가고 장을 보고 방을 청소하기에는 부족함이 없습니다. 하지만 수업을 듣고 이해하고 책을 읽고 생각하고 문제를 해결하기에는 역부족입니다. 그 과정에 필요한 도구로써의 어휘가 없기 때문입니다. 어휘는 학습에 있어서 부익부 빈익빈 효과를 일으키기에 시간이 지날수록 그 차이는 더더욱 벌어지게 됩니다. 학문 어휘가 부족한 아이는 커서 전문직을 가지기 어렵습니다. 전문직은 학문 어휘를 심도 깊게 습득하고 활용할 수 있는 사람에게 주어집니다. 법관이 되려면 집행유예, 구금, 몰수, 서증인부, 기각, 상소, 청구원인 등의 어휘를 알아야 합니다. 학문 어휘가 부족한 아이는 지적 업무를 수행할 능력이 부족할 것이 명백합니다.

# 어휘는 학습이 아니라 '습득'되어야 한다

어휘는 어떻게 배워야 할까요? 아이들은 단어장에 어휘를 반복해 쓰면서 암기합니다. 하지만 이는 효과적인 방법이 아닙니다. 앞에서 언어는 학습이 아니라 습득되어야 한다고 했는데, 어휘 역시 마찬가지입니다. 어휘와 관련한 연구들이 공통적으로 말하는 효과적인 어휘 습득의 기본 원칙은 크게 두 가지입니다. 첫 번째, 읽기를 통할 것. 두 번째, 다른 단어나 배경지식과 연결할 것. 이 두 가지 원칙에 가장 잘 부합하는 것은 독서와 독서 중 추론입니다. 읽으면 단어를 알게 되고, 모르는 단어가 나오면 추론하면서 알게 됩니다. 지도적 읽기를 통해 독서 중 추론하는 법을 알려주면, 아이는 독립적 읽기를 통해 수없이 많은 단어를 별다른 노력 없이 습득할 수 있게 됩니다.

어휘 학습보다 어휘 습득이 우선시되어야 하는 이유는 다음과 같습니다. 첫째, 어휘는 학습하기에는 그 양이 너무 많습니다. 대학 진학을 위해서는 5만 단어 이상을 알아야 합니다. 그러기 위해서는 매년 4천 단어 이상을 배워야 하고, 하루에 10개 이상의 단어를 배워야 한다는 결론입니다. 12년간 하루도 빠짐없이 매일 10개 이상의 단어를 학습한다는 게 현실적으로 가능할까요? 꾸준히 하는 것도 힘들지만 한다고 해도 인간이 망각의 동물이라는 사실을 잊어서는 안 됩니다. 게다가 이렇게 공부하면 다른 공부는 언제 할 수 있을까요?

학습만으로 어휘를 배울 수 없는 두 번째 이유는 어휘는 매우 다면적이기 때문입니다. 어휘를 아는 것은 사람을 아는 것과 유사합니다. 어떤 사람의 이름을 안다고 해서 그 사람을 잘 안다고 할 수 없듯이 어휘의 정의를 안다고 해서 해당 어휘를 잘 아는 것은 아닙니다. 어휘를 제대로 알기 위해서는 어휘의 정의만 알아서는 안 됩니다. 어휘의 형태, 의미, 사용이라는 세 가지 측면을 모두 잘 알아야 합니다. 형태는 맞춤법이나 발음, 단어의 부분을, 의미는 정의나 개념 그리고 다른 단어와의 관련성을, 사용은 언제 어떻게 사용할지에 대한 이해입니다. 이 세 가지 요소를 두루두루 깊이 이해할 때 어휘를 제대로 이해한다고 할 수 있습니다. 하지만 일반적인 어휘 학습은 어떻습니까? 어휘 학습은 어휘와 정의 딱 두 가지로만 이루어지는 경우가 대부분입니다. 이렇게 학습해서는 어휘를 알아도 제대로 아는 것이 아닙니다. 마치 누군가를 이해하기 위해 그 사람의 이름과 직업, 키, 몸무게를 낱낱 외우는 것과 유사합니다.

어휘 학습이 불완전한 세 번째 이유는 어휘는 여러 차례 접해야 제대로 이해할 수 있기 때문입니다. 다면적 특성상 어휘는 한두 번 봐서는 제대로 이해하기 어렵습니다. 한 연구에 따르면 같은 어휘를 4번 만나면 잘 이해하지 못하고, 12번 만나면 확실히 이해한다고 합니다. 정확한 횟수는 사람과 어휘마다 다르겠지만 그 중간 지점을 상정하면 약 8회를 만나야 친숙한 어휘가 될 수 있는 것입니다. 어휘는 실제적 텍스트 안에서 자꾸 만나며 익숙해져야 합니다. 8번 이상 만나야 낯익은 어휘에서 어느 정도 아는 어휘를 거쳐 잘 아는 어휘가 되고 매우 친한 어휘가 될 수 있습니다. 어휘 학습은 낯선 어휘를 낯익은 어휘, 어느 정도 아는 어휘까지는 만들어줄 수 있지만, 잘 아는 어휘나 매우 친한 어휘로 만들어줄 수는 없습니다.

어휘는 늘 문맥과 함께 습득되어야 합니다. 글 속에서 꺼낸 어휘는 물에서 나온 물고기처럼 생명력을 잃고 죽어버립니다. 어휘를 책에서 분리해 철자와 정의를 가지고 학습하면 해당 어휘의 다면적 특성은 모두 죽어버립니다. 죽어버린 물고기가 이름과 살코기 정도만 남기듯 다면적 특성이 사라진 어휘에게 남는 것은 이름과 정의뿐입니다.

또한 어휘 습득은 우연적이어야 합니다. 우연적이어야 한다는 것은 미리 지정된 목록을 이용해 학습하지 말고 읽기 중 의도치 않게 어휘를 만나 익혀야 한다는 뜻입니다. 어휘는 읽기를 통해 유의미한 맥락에서 여러 차례 만날 때 자연스럽게 습득됩니다. 읽기만 해도 수많은 어휘가 절로 따라옵니다. 텍스트 속 문맥은 문제집, 사전, 어휘집이 절대 제공하지 않는 어휘에 대한 수많은 정보를 알려줘 어휘에 대한 이해를 풍성하게 합니다.

어휘 학습이 완전히 잘못되거나 효과가 없는 것은 아닙니다. 다만 충분한 어휘 습득이 이루어지고 있는 상태에서 추가적이고 보조적인 수단으로 써야 합니다. 어휘 습득이 없는 상태에서 어휘 학습만 한다면 당장은 많은 어휘를 배우는 것 같은데 장기적으로 충분하고 깊은 어휘 습득이 일어나지 않아 결국에는 어휘 부족에 시달릴 수 있습니다. 어휘 습득에는 관심을 쏟지 않고 문제집, 사전, 어휘 목록으로 어휘 학습을 하는 것은 식사를 거르고 영양제를 먹는 것과 다르지 않습니다.

# 어휘만으로는 충분하지 않다, 내용 이해력

많은 어휘를 안다면 적은 어휘를 아는 아이보다 분명 유리한 입장에 서게 됩니다. 하지만 그렇다고 해서 반드시 글을 빠르고 정확하게 이해한다고 장담할 수는 없습니다. 글에는 단어 그 이상의 무언가가 있기 때문입니다. 깊고 넓은 어휘망은 글의 의미 이해에 필수지만, 그것만으로 충분하지는 않습니다. 어휘를 전부 안다고 해서 내용을 이해할 수 있는 것은 아닙니다. 부분의 합이 전체가 아니듯 글에 사용된 모든 단어의 합이 곧 글은 아니기 때문입니다. 글을 이해하는 데는 읽기 유창성, 어휘 지식, 내용 이해력이 필요합니다. 읽기 유창성과 어휘 지식은 앞에서 충분히 언급하였으니 여기서는 배경지식과 이해 전략으로 구성되는 내용 이해력에 대해 알아보겠습니다.

배경지식Background Knowledge은 무언가를 이해하기 위해 필요한 바탕이 되는 지식입니다. 조선시대 사람에게 앱을 설명하려면 무엇부터 설명해야 할까요? 앱을 설명하려면 스마트폰을 설명해야 하고, 스마트폰을 설명하려면 컴퓨터를, 컴퓨터를 설명하려면 전기를 설명해야 할 겁니다. 전기, 컴퓨터, 스마트폰이 바로 앱을 이해하기 위한 배경지식입니다. 모든 글에는 작가가 말하지 않은, 혹은 말하지 못한 부분이 있습니다. 이 정도는 알 거라고 생각해서일 수도 있고, 지면이 허락하지 않아서일 수도 있습니다. 어떤 이야기도 모든 전제 조건을 빠짐없이 말할 수는 없습니다. 그래서 이 부분을 독자가 자신의 배경지식을 채워서 이해해야 합니다. 배경지식이 충분치 않으면 이해가 충분치 않으며, 배경지식이 틀리면 이해가 틀리게 됩니다. 『월든』의 저자이자 미국의 사상가인 헨리 데이비드 소로우의 말처럼 '이미 절반쯤 알고 있을 때 비로소 들을 수 있고 이해할 수 있는 것'입니다.

이해 전략은 이해를 만들어내기 위한 능동적이고 적극적인 노력입니다. 포수가 변화무쌍한 투수의 공을 잡아내듯 독자가 자신의 머릿속 인지의 미트를 빠르게 움직이는 일이지요. 이해를 위한 다른 요소를 모두 갖추고도 이해하지 못하는 이유는 지식에 어떻게 접근하고 어떻게 이들을 통합하여 의미로 만들어낼지를 모르기 때문입니다. 책이라는 매체를 이해하고 인지적 수단을 통해 유창성, 어휘력, 배경지식을 적절하게 이용하는 방법을 알아야 이해를 만들어낼 수 있습니다. 12척의 배로 왜선 100여 척을 격침시킨 명량대첩도 가진 것을 언제, 어떻게, 효과적으로 사용할 수 있는지 아는 이순신 장군의 전략 덕분이었습니다.

이해 전략에는 아이의 자기 주도성이 매우 중요합니다. 이해 전략을 성공적으로 사용하기 위해서는 단순히 전략이 무엇인지 아는 것을 넘어 언제, 어떻게 사용할지를 알아야 합니다. 이는 타인이 대신해줄 수 없습니다. 그래서 이해 전략을 효과적으로 배우기 위해서는 이해 전략의 사용 시기와 방법을 아이가 능동적으로 판단하고 결정하고 시행하는 경험이 필요합니다. 이해 전략이 무엇인지 가르쳐줄 수는 있지만, 효과적으로 사용하도록 할 수는 없습니다. 이는 오직 자기 주도적 태도하에 스스로 능동적으로 도전하고 실험하면서 길러집니다.

아이들의 문해력 부족은 자기 주도성 부족과도 밀접하게 관련되어 있습니다. 가정 내 읽어주기나 학교의 읽기 수업 모두에서 아이는 수동적인 경우가 많습니다. 부모는 그냥 읽어주기만 하거나 질문을 하더라도 결과를 물어볼 뿐 이해를 만드는 과정에 아이를 능동적으로 참여시키지는 못합니다. 수업에서도 우수한 학생 몇 명이 이미 알고 있는 답을 말할 뿐 이해를 만들어가지는 못하고요. 강 건너 읽기 구경하기로는 문해력을 제대로 키울 수 없습니다.

자기 주도성을 가지고 이해 전략을 사용하기 위해서는 지도적 읽기가 필수적입니다. 독립적 읽기만으로는 이해 전략을 제대로 사용하지 못합니다. 배우지 못하고 배웠어도 익히지 못하기 때문입니다. 모른다고 해서 내용을 단순히 설명해 주고 끝내서도 안 됩니다. 이해하지 못할 때 지도적 읽기를 통해 어떻게 하면 이해할 수 있는지, 실제 이해하지 못하는 장면에서 알려주고 연습하고 조언해 주어야 합니다.

또 한 가지 중요한 사실은 이해 전략은 단독으로 사용하면 효과가 낮고, 여러 전략을 복합적으로 사용해야 확실한 효과가 있다는 점입니다. 뒤에서 알아볼 이해 전략을 따로따로 사용하지 말고 한 번에 섞어서 사용해야 한다는 뜻입니다. 예를 들어 이해가 되지 않을 때는 1) 소리 내어 읽어보고, 2) 읽기를 멈추고, 3) 핵심 단어를 찾아, 4) 질문을 한 후, 5) 추론하여, 6) 자신의 생각을 말하는 식으로 말입니다.

# 의미 읽기 지도법 ① 넓고 깊은 어휘망 만들기

## | 문맥 활용 어휘 추론

### 1. 사건의 흐름과 분위기를 생각하기

'문맥 활용 어휘 추론'은 글의 흐름을 바탕으로 단어의 의미를 추론하는 방법입니다. 낯선 단어를 만나 이해가 되지 않으면 사건의 흐름과 분위기를 먼저 고려해야 합니다. 긍정적이고 안정적인 흐름과 분위기인지, 아니면 부정적이고 위험한 분위기인지 말입니다. 단어의 뜻이나 뉘앙스는 현재의 흐름이나 분위기와 대개 유사합니다.

『프린들 주세요』에 나오는 문장 '발표는 12분 동안 순조롭게 이어졌다.'에서 '순조롭게'의 뜻을 추론해 볼까요? 해당 문장의 앞뒤 상황은 다음과 같습니다. 영리한 아이 닉은 수업을 지연시키기 위해 사전의 낱말들이 모두 어디에서 오게 되었는지 질문했다가 오히려 조사 발표를 하게 됩니다. 발표 준비는 머리를 쥐어뜯을 만큼 고생스러웠지만, 그는 마침내 좋은 수를 떠올리고 씨익 웃습니다. 발표를 하는 동안 선생님은 닉을 다정하게 쳐다보며 시작 부분이 참 좋다고 평가하고요. 발표는 12분 동안 '순조롭게' 이어졌고, 닉은 앞에 나와서 발표하는 것이 별로 어렵지 않다는 것을 깨닫게 됩니다.

앞뒤 상황은 어떠한가요? 긍정적인가요, 부정적인가요? 부드럽고 유연한가요? 아니면 거칠고 꽉 막혔는가요? 시작은 부정적이었지만 점차 안정화되어 긍정적으로 바뀌었습니다. 선생님은 시작이 좋다며 미소를 보냈고 닉은 발표가 어렵지 않다고 생각하고 있습니다. 발표는 어려움이나 막힘없이 잘 진행되고 있고요. 따라서 순조롭게는 그런 상황을 설명하는 표현이라고 추측할 수 있습니다. 아이가 어떤 단어의 뜻을 묻는다면 앞뒤 상황은 어떤지 묻고, 흐름과 분위기가 어떤지 생각해 보도록 질문으로 유도하세요.

## 2. 큰 맥락에서 말이 될 만한 다른 단어를 넣어보기

어느 정도 느낌을 잡았다면 해당 단어를 비슷한 의미의 유의어로 바꿔봅니다. 앞뒤 흐름을 고려했을 때 가능할 만한 유의어를 대신 넣어보면 말이 되는지 아닌지 더욱 정확히 알 수 있습니다. '순조롭게' 대신에 어떤 단어를 넣어볼까요? 만약 '힘겹게'를 넣는다면 어떨까요? '발표는 12분 동안 힘겹게 이어졌다.'는 문장 자체는 말이 되지만, 뒷문장인 '닉은 앞에 나와서 발표하는 것이 별로 어렵지 않다는 것을 깨닫고 깜짝 놀랐다.'와 연결이 되지 않습니다. 그러므로 긍정적인 단어를 찾아 넣어야 하겠습니다. '부드럽게', '안정적으로', '막힘없이' 등이 어떨까요? 세 가지 모두 넣어보면 어색하지 않다는 사실을 알 수 있습니다.

## 3. 관련한 표현이 앞뒤에 없는지 살피기

문학은 눈에 선하게 보이는 듯한 선명한 묘사를 그 특징으로 합니다. 선명한 묘사를 하기 위해서는 유사한 표현을 연달아 붙이는 경우가 많습니다. 독자로 하여금 이야기를 더 구체적으로 상상하고 느낄 수 있도록 하기 위해서입니다. 아동 문학은 특히 어휘 학습이 필요한 아이들을 위해 그런 효과를 더 많이 사용합니다. '그는 유능하고 재주가 많으며 다재다능하다.'라는 문장에서 유능의 뜻을 묻는다면 어떻게 추론할까요? 우선 '유능' 바로 뒤에 나오는 말들이 '재주'와 '다재다능'이라 점에 집중해야 합니다. '재주'와 '다재다능'은 모두 무언가 잘한다는 뜻이지요.

다음으로는 '유능'과 이 둘 사이의 관계를 파악해야 합니다. '유능하고'는 '유능하다'와 '그리고'의 축약입니다. 따라서 유능은 뒤에 나오는 재주와 다재다능처럼 무언가 일을 잘하는 능력이 있음을 뜻할 가능성이 높지요. '그는 유능하지만 불성실하다.'라는 문장은 어떨까요? '유능하지만'은 '유능하다'와 '하지만'의 축약으로 흐름이 뒤집어집니다. 불성실하다와 반대되니 긍정적인 말임을 알 수 있군요.

『프린들 주세요』에서 '닉은 훌륭한 장군답게 용맹하게 보이려고 애썼다.'에서 '용맹'은 어떻게 추론할 수 있을까요? 바로 앞에 나오는 '훌륭한 장군답게'를 통해 무언가 장군다운 용감함이라고 추측할 수 있겠지요?

## | 형태 분석 어휘 추론

### 1. 소리 내어 읽기

형태 분석 어휘 추론은 문맥이 아닌 단어 그 자체를 이용하여 추론하는 방법입니다. 단어의 뜻을 모르겠으면 우선 소리 내어 읽어보세요. 눈으로만 볼 때와는 다르게 소리 내어 읽으면 뇌의 다른 부위가 알아챌 수 있기 때문입니다. 아이들과 함께 『위대한 영혼, 간디』를 읽을 때였습니다. '한때 영국 신사가 되려고 노력했던 간디는 이제 시골 무지랭이의 모습이 되었습니다.'라는 문장에서 아이들은 무지랭이의 뜻을 몰랐습니다. 저는 아이들에게 무지랭이를 소리 내어 두세 번 말해 보라고 했고요. 어떤 아이는 '무지랭이'라고 읽었고, 다른 아이는 '무-지랭이'라고 읽었습니다. 또 다른 아이는 '무지-랭이'라고 읽구요. 한 아이가 '무지-랭이'라고 읽자 다른 아이가 거기에 착안해 '혹시 무식한 사람이라는 뜻 아닌가'라며 의심하였습니다. 저희는 곧 문맥을 활용하기로 하였습니다. 무지랭이 앞에는 시골이 붙어 있네요. 아이들은 곧 이를 '시골에서 자라 아는 게 없는 무식한 사람'이라고 훌륭하게 추측해 냈습니다. 모르는 단어가 있다면 일단 소리 내어 두세 번 이상 다양한 방식으로 읽어보게 하세요. 인간의 뇌는 신비하여 의식이 실패해도 무의식이 도전하니까요. 처음 보는 단어인데도 몇 번 읽다 보면 불현듯 '혹시 이런 의미인가?' 하는 생각이 떠오를 때가 있습니다.

## 2. 접사와 어근으로 추론하기

상당수의 단어는 쪼개었을 때 더 작은 의미 단위로 나뉘어지는데 이를 형태소라고 합니다. 단어를 분해하는 추론 방법을 '형태 분석'이라고 부르는 이유가 여기 있습니다. 책상, 손수건, 이야기책은 나누면 각각 책과 상, 손과 수건, 이야기와 책이라는 형태소를 발견할 수 있지요. 전체 단어의 60%가 이처럼 더 작은 의미 단위로 나눌 수 있어 형태소에 대한 이해는 어휘 지식을 비약적으로 발달시킬 수 있습니다. 어휘 교육 연구에서는 아이의 어휘 지식에 있어 형태 분석 능력은 매우 중요하며, 형태 분석은 반드시 가르쳐야 한다고 말합니다. 형태 분석을 배운 아이들이 그렇지 않은 아이들보다 훨씬 많은 어휘 지식을 가지고 있다는 게 밝혀졌거든요.

혹시 1990년대 선풍적 인기를 끌었던 『꼬리에 꼬리를 무는 영어』라는 책을 기억하시나요? 이 책은 형태소를 이용하여 영단어를 쉽고 재미있게 알려줍니다. 예를 들어 en-은 '~하게 하다'라는 뜻임을 알려주고 크다는 뜻의 large와 결합한 enlarge는 확대하다, 현금이라는 뜻의 cash와 붙은 encash는 현금화하다라는 뜻임을 알려줍니다. 사실 이런 유형의 책은 적지 않지만 유학파 그래픽디자이너였던 한호림 씨는 단어를 서양 문화와 연결하여 재미있게 스토리화하고, 자신의 별명을 이용한 귀여운 오리 캐릭터까지 넣어 차별화하였습니다. 그로 인해 이 책은 재미와 학습 효과라는 두 마리 '오리'를 한 번에 잡았다는 평가를 받으며 슈퍼 베스트셀러가 되었지요.

단어의 의미 단위는 의미의 중심이 되는 어근과 앞뒤로 붙는 접두사와 접미사로 나눌 수 있습니다. 앞에 붙으면 접두사, 가운데 있으면 어근, 뒤에 붙으면 접미사라고 이해하면 쉽겠죠?

아이에게 어근, 접두사, 접미사라는 용어를 굳이 가르칠 필요는 없습니다. 대신 스파이더맨의 거미줄 같은 단어망으로 표현하면 이해하기 쉽습니다. '생고생'이라는 단어를 만나 접두사 '생'에 대해 알아보겠다면 종이 한가운데 '생'이라고 씁니다. 그리고 가지를 뻗쳐서 생으로 시작하는 단어들을 아이와 함께 모으세요. 생떼, 생트집, 생고기, 생생정보통, 생수, 생이별 등이 나올 수 있겠네요. 물론 생으로 시작한다고 해서 모두 같은 의미의 생은 아닙니다. 그러니 단어를 충분히 떠올렸다면 원래 알아보려고 했던 생고생에 쓰인 생과 같은 의미를 찾아봐야겠습니다. 생떼, 생트집, 생이별 속의 '생'

은 생고생의 '생'과 유사하지만 생고기, 생생정보통, 생수의 '생'은 다르네요. 각각의 생은 어떻게 다른지 또 생각해봅니다. 생고생, 생떼, 생트집, 생이별의 생은 '억지스러운', '까닭 없는' 등의 뜻입니다. 반면 생고기, 생생정보통, 생수의 생은 '살아있는', '신선한'의 뜻이고요. 이렇게 알아보면 '생고생' 하나의 단어를 출발점으로 7개의 단어와 2개의 접두사를 배웠습니다. 이런 식으로 배워두면 다른 책을 읽다가 생초상, 생과부, 생물처럼 생으로 시작하는 다른 단어는 물론, 배우지 않은 단어들도 스스로 추론하며 어휘를 쌓아갈 수 있게 됩니다.

### 3. 한자어로 추론하기

우리말에는 한자어가 많으므로 한자에 대한 지식은 형태 분석 어휘 추론에 많은 도움을 줍니다. 앞에서 접두사 '생'의 의미를 배울 때 날 생生을 안다면 학습이 더 쉬워지겠지요. 『위대한 영혼, 간디』에는 변호사로서의 안정된 삶을 포기하고 고국의 평화를 위해 노력하는 간디의 이야기가 나옵니다. 이 책을 읽을 정도의 아이라면 변호사가 무슨 일을 하는지는 알고 있을 것입니다. 하지만 변호사라는 명칭에 어떤 의미가 담겨 있는지 아는 아이들은 얼마나 될까요? 변호사는 말씀 변辯, 도울 호護, 선비 사士로 이루어진 단어입니다. 말로써 다른 이를 돕는 선비라는 뜻이지요. 책을 읽다 모르는 단어가 나오면 아는 한자어를 동원하여 추론해 보세요. 위 예시처럼 모르는 단어뿐 아니라 아는 단어도 한자어로 분해하여 생각해 보면 그 이해가 더욱 깊어질 수 있지요. 한자어 학습 방법은 바로 뒤에 나오는

'국어사전, 한자사전 활용하기'에서 말씀드리겠습니다.

추론을 통해 알게 된 단어의 뜻은 정확하게 딱 맞는 정의는 아닐 수 있습니다. 아니 딱 맞는 정의가 아닌 경우가 사실 더 많죠. 이때 정확히 알고 싶다면 사전을 찾아봐도 좋지만 그냥 지나가도 괜찮습니다. 어차피 어휘는 텍스트에서 여러 차례 만나야 그 뜻을 깊게 익힐 수 있으니까요. 어떤 단어를 처음에 30% 이해했다면 다른 곳에서 만나고 또 다른 곳에서 또 만나면서 이해도가 올라가게 됩니다. 어휘 추론 방법을 익히고 독서를 충실히 한다면 어휘 이해도 상승은 시간 문제이니 조급해할 필요는 없습니다. 완전히 정확하게 단어의 뜻을 익히려 하지 않고 물 흐르듯 넘어가고 그 와중에 계속해서 새로운 단어를 만나는 일이 중요합니다. 그래야 같은 단어를 수차례 만나 다면적 특성을 이해하고 친밀한 단어가 될 수 있으니까요.

## ❙ 국어사전, 한자사전 활용하기

사전은 분명 중요한 어휘 학습 도구입니다. 하지만 좋다고 남용 말라는 옛말처럼 현명하게 사용할 필요가 있습니다. 가장 주의해야 할 점은 뜻을 모를 때 일단 사전부터 찾는 행동입니다. 사전은 읽기와 읽기 중 추론을 통해 어휘를 습득하는 상태에서 사용해야 효과적입니다. 모르는 단어가 나올 때마다 매번 사전을 찾는다면 읽기의 흐름이 끊어집니다. 읽기의 흐름이 끊어지면 재미가 없어져 덜 읽게 되고, 결국 어휘는 물론 독서를 통해 얻을 수 있는 다른 부수적 효과도 잃게 됩니다. 내용 파악을 어렵게 하는 중요한 단어나 추론한 여러 단어 중 확신이 없는 단어 몇 개에 제한적으로 사전을 사용해 보세요. 읽기의 흐름은 살리면서도 사전의 교육적 효과는 얻을 수 있습니다.

저는 사전을 주로 한자어 학습에 사용하라고 권해드립니다. 사전을 잘 활용하면 한자를 별도로 학습하지 않으면서도 방대한 한자어와 한자어로 된 어휘를 익힐 수 있습니다. 우선 한자가 아닌 한자어만 공부하면 됩니다. 예를 들어 물 수*를 배운다면 물과 수라는 한자의 훈음만 익히면 되지 水라는 한자 그 자체를 익힐 필요는 없습니다. 한자 급수가 목적이라면 한자도 익혀야 하겠지만 그게 아니라면 뜻과 소리만 알아도 충분합니다.

사전은 크게 국어사전과 한자사전이 필요합니다. 추천드리는 국어사전은 『속뜻풀이 초등국어사전』입니다. 보통의 사전은 수로水路를 '물이 흐르거나 물을 보내는 통로'라고 설명합니다. 맞는 말이지만 어휘를 이렇게 공부하면 효과가 떨어집니다. 『속뜻풀이 초등국어사전』에서는 수로를 한자로 풀어 '물 수*, 길 로路로 물이 흐르는 길'이라고 설명합니다. 이렇게 찾고 나면 아이들은 수로의 뜻과 함께 물 수와 길 로 두 가지 한자어를 한 번에 배울 수 있습니다. 용수철이란 단어를 찾았다면 용 룡龍, 수염 수鬚, 쇠 철鐵이라는 세 가지 한자어를 익힐 수 있지요. 일반 사전보다 몇 배는 효과적인 어휘 교육이 됩니다. 초등학생이 아니라면 같은 저자가 쓴 『우리말 한자어 속뜻사전』을 추천합니다. 좀 더 전문적이고 방대해서 중학생 이상이나 학업이 우수한 초등 고학년에게 추천합니다.

여기에 한자사전을 더해서 활용하면 수십 배 효과적으로 어휘 교육을 할 수 있습니다. 수로水路를 통해 한자어 길 로路를 알았다면 이제 한자사전으로 가서 찾아봅시다. 길 로路를 이용한 노면路面, 노변路邊, 노상路上, 노선路線, 노자路資, 노정路程, 노폭路幅과 같은 많은 단어를 알 수 있습니다. 그러면 이를 통해 낯 면面, 가 변邊, 위 상上, 줄 선線, 재물 자資, 길 정程, 너비 폭幅이라는 추가적인 한자어를 알 수 있지요. 여기서 또 궁금증이 생기면 낯 면面으로 들어가서 또 배우고 거기서 알게 된 면담面談을 통해 말씀 담談으로 넘어가고, 말씀 담에서 담소談笑를 통해 웃을 소笑로 넘어가는 식으로 꼬리에 꼬리를 무는 한자어 공부를 할 수 있습니다.

꽝장히 재미있어 보이지 않나요? 이 방법을 배운 아이들은 어휘 학습의 재미를 들여 사전 두 권을 수시로 보면서 어휘력을 엄청나게 향상시키는 모습을 볼 수 있습니다. 몰랐던 단어들의 이치가 이해되고 무슨 뜻인지 추론해 맞히는 재미를 알고 나면, 1시간이고 2시간이고 혼자 사전 들고 계속 공부하는 모습을 보이곤 합니다.

이렇게 익힌 한자어들은 독서를 할 때 또 큰 힘을 발휘하게 됩니다. 단어 추론의 재료들이 많아졌으니 추론도 더 잘하겠죠. 이렇게 독서와 추론의 앙상블로 이루어지는 어휘 학습의 매커니즘을 익히고 나면, 별도의 어휘 학습이 크게 필요하지 않습니다. 군이 문제집이나 어휘집을 사용하지 않아도 읽으면서 어휘들이 차곡차곡 쌓여 갑니다.

한자사전은 반드시 한자어 음을 가나다순으로 배열한 것을 사야 합니다. 부수를 기준으로 배열한 사전으로는 원하는 단어를 찾기 어렵습니다. 추천하는 초등한자사전은 『동아 연세 초등한자사전』입니다. 한자어 음을 가나다 순으로 배치하여 원하는 글자를 찾기 좋습니다.

아이의 어휘력을 높이고 싶다면 사전을 식탁 위에 올려두세요. 저는 식사 시간 중 대화에서 나온 단어를 이용해 저희 아이들의 어휘력을 키웁니다. 예를 들어 대통령이라는 말이 나왔다면 큰 대大를 찾아서 뜻과 음을 알려준 후 이를 이용하여 다른 단어들을 학습합니다. "다리는 교橋인데 큰 다리는 무엇일까?", "나라는 국國인데 큰 나라는 무엇일까?", "머리는 두頭인데 큰 머리는 무엇일까?"처럼 말이죠. 그러면 큰 대를 계속 반복하면서 익히고 추가적으로 다리 교橋, 나라 국國, 머리 두頭를 배울 수 있습니다.

반대의 뜻을 가진 반의어를 섞어 배우면 더욱 효과적입니다. 작을 소小를 알려준 후 "작은 다리, 작은 나라, 작은 머리는 무엇일까?"라고 묻는 거죠. 이 활동 역시 아이들이 이해하기 시작하면 참 재미있어 합니다. 처음에는 싫다고 귀찮다고 하더니 원리를 이해하기 시작한 후에는 "오늘은 한자어 안 하나?"고 먼저 묻더군요.

## | 어휘 학습하기

의도적 어휘 학습은 그리 추천하지는 않지만 가끔은 의도적 학습도 필요하기 때문에 올바른 방법을 알아두어야 하겠습니다. 어휘 학습법은 크게 '정의 중심' 어휘 학습법과 '비교 중심' 어휘 학습법으로 나뉩니다. 정의 중심 어휘 학습법은 이미 잘 알고 있는 방법입니다. 단어장, 어휘집을 이용하여 정의를 외우는 방법입니다. 가장 간단하여 어휘 학습을 할 때 많은 아이들이 사용하지만, 가장 효과가 없는 방법입니다. 좋은 어휘 학습의 거의 모든 조건을 거스르기 때문이죠. 딱 하나 유일하게 효과적으로 사용할 수 있는 때가 있는데, 바로 학생의 수준보다 어려운 글을 읽을 때입니다. 어려운 글을 읽기 전 특히 어려운 핵심 어휘를 간단히 알려주면 내용 이해에 도움이 됩니다. 이런 경우가 아니라면 정의 중심 어휘 학습법은 되도록 사용하지 않기를 바랍니다.

비교 중심 어휘 학습법은 한 단어를 다른 단어와 비교하면서 학습하는 방법입니다. 추론은 가장 중요한 어휘 학습법이지만 한계도 있습니다. 바로 어휘를 명확히 알기 어려워 유사한 어휘 간 구분이 어렵다는 점입니다. 예를 들어 '재활용'과 '새활용'이라는 두 단어는 추론만으로는 그 뜻을 명확하게 알기 어렵습니다. 이럴 때는 목표 단어를 비교함으로써 더 분명히 알 수 있습니다. 재활용은 다시 활용하는 것이고, 새활용은 새롭게 활용하는 것입니다. 새활용은 업사이클링Upcycling이라고 하는데 새로운 가치를 더하여Upgrade 재활용Recycling한다는 의미가 있습니다. 이렇게 구분하고 나니 새활용의 뜻이 더 명확해지지요?

독서를 하다가 모르는 단어가 나오면 일단 추론을 하되 더 정확하게 알고 싶으면 사전을 찾아 다른 단어와 비교해 보세요. 동의어, 유의어, 반의어를 모으다 보면 각각의 어휘가 가진 차이가 드러나기 시작합니다.

예전에 6학년 독서토론 수업을 하던 중 한 학생이 '실재'가 무엇인지 물었습니다. 저는 '실제로 존재한다'는 뜻이라고 대답해 주었습니다. 그랬더니 그 학생이 실제로 존재하면 첫 번째 글자인 '존'을 사용해서 '실존'이라고 하지 왜 '실재'라고 하냐고 묻더군요. 그래서 저는 '실존'은 실제로 존재한다는 뜻이고, '실재'는 실제로 있다는 뜻이라고 대답을 수정해 주었습니다. 그러고 난 후 '실제로 존재하는 것'과 '실제로 있는 것'의 차이가 무엇인지 토론을 하게 했습니다. 아이들은 이런 저런 추론을 내놓았는데, 그중 하나가 정답이었습니다. 바로 '실존'은 사람에게 쓰고 '실재'는 물건에 쓴다는 겁니다. 저는 곧바로 실존이나 실재의 반대말을 물었습니다. 아이들은 가상이라고 답하더군요.

## 의미 읽기 지도법 ② 배경지식 쌓기

### | 개론서 읽기

부족한 배경지식이 읽기를 방해할 때 해결책은 다시 읽기가 되어야 합니다. 배경지식이 없어서 이해하지 못할 때 읽기를 줄이고 지식을 가르치는 일은 언 발에 오줌 누기일 뿐입니다. 문제를 해결할 듯 보이지만 실제로는 문제를 더 심각하게 만들지요. 가르쳐서 배우는 속도는 읽어서 배우는 속도보다 더 느리기 때문입니다.

배경지식을 비약적으로 성장시킬 수 있는 첫 번째 방법은 개론서 읽기입니다. 개론서는 어떤 분야의 지식을 체계적이고 간략하게 추려 서술한 책입니다. 특정 분야의 개론서를 읽고 나면 해당 분야의 흐름, 관점, 논쟁적 문제 등의 핵심을 쉽게 파악할 수 있지요. 인문학적 지식과 이야기에 목말랐던 사람들의 갈증을 해소해준 『지적 대화를 위한 넓고 얕은 지식』 이른바 '지대넓얕' 시리즈가 대표적인 개론서입니다. 이토록 방대한 분야를 다룬 책도 좋지만 각각의 영역을 다룬 개론서를 읽어도 좋습니다. 신화, 종교, 철학, 한국사, 세계사, 문학, 과학 각 분야의 개론서를 한 권씩만 읽는다고 해도 배경지식은 크게 확장됩니다. 자세한 추천 도서는 6장의 '좋은 책 고르는 법'에서 알아보도록 하겠습니다.

## ┃ 주제 연결 읽기

주제 연결 읽기는 같은 주제의 책을 여러 권 관련지어 읽는 방법입니다. 미국의 교육사상가 모티머 J. 애들러는 이를 '신토피칼Syntopical 독서'라고 명하며 가장 높은 수준의 읽기라고 평가합니다. 특정 주제에 관심이 생기면 관련 도서를 준비해 차례로 읽어 나가도록 도와주세요. 미술에 관심이 생기면『어린이를 위한 세계 미술 여행』을 읽고『한눈에 반한 세계 미술관』을 읽는 식입니다. 주제 관련 도서를 미리 다 준비해 두고 읽기보다는 읽으면서 읽고자 하는 책을 찾아가는 편이 더 좋습니다. 책 안에서 인용되거나 서술되는 책을 고르거나 주제 혹은 궁금증에 따라 흘러갈 수 있지요.

　　『후who? 세계 인물 힐러리 클린턴』을 읽다가 미국에 관심이 생기면『먼나라 이웃나라 미국편』을 읽고『그리스 로마 신화』를 읽다가 신화에 관심이 생겨『길가메시』를 읽는 식입니다.『위대한 영혼, 간디』를 읽은 후 독립운동가라는 점에 착안하여『백범 김구』를 읽을 수도 있고 디스토피아 소설인『1984』를 읽은 후 또 다른 디스토피아 소설인『멋진 신세계』와『기억전달자』로 넘어갈 수도 있습니다. 유대인 수용소 철망 사이에서 피어난 독일 소년과 유대인 소년 사이의 우정을 그린 『줄무늬 파자마를 입은 소년』을 읽었다면 『안네의 일기』나 『빅터 프랭클의 죽음의 수용소에서』를 읽을 수 있습니다. 제2차 세계대전 당시 핍박 받은 유대인 이야기를 다룬 영화 「쉰들러 리스트」, 「피아니스트」, 「인생은 아름다워」 등을 감상할 수도 있습니다. 개별적인 스토리를 넘어 당시 상황을 좀 더 넓은 시야로 알고 싶다면 세계사를 다룬 개론서 『곰브리치 세계사』나 『초등학생이 알아야 할 세계사 100가지』를 읽으면 됩니다. 마찬가지로 『칼의 노래』를 읽은 후 『난중일기』와 『징비록』을 읽거나 영화 「명량」을 감상해도 좋습니다. 책에서 다른 책으로 넘어가는 주제 연결 읽기는 아이의 배경지식을 폭발적으로 키울 뿐 아니라 사고력 확장에도 큰 도움이 됩니다.

## | 학습만화 읽기

학습만화는 다양한 연령층 모두에게 배경지식을 보충하는 좋은 수단이 됩니다. 학습만화는 적은 글과 이해하기 쉬운 그림을 통해 이해하기 어려운 분야에 대한 배경지식을 쌓는 데 큰 도움이 됩니다. 『조선왕조실록』을 읽기 어렵다면 『어린이 조선왕조실록』이나 『박시백의 조선왕조실록』을 먼저 읽은 후 도전해 보세요. 배경지식이 어느 정도 쌓여 수월하게 읽을 수 있습니다. 우리에게 널리 알려진 대표적인 학습만화로는 『why?와이』 시리즈가 있습니다. 다양한 주제에 흥미로운 스토리로 아이들에게 아주 인기가 높습니다. 여러 권 읽다 보면 상식이 조금씩 쌓이면서 문해력이 올라감은 물론이고 학교 수업도 더 잘 이해하게 됩니다. 그 외 대표적인 학습만화 시리즈로는 『브리태니커 만화 백과』, 『설민석의 한국사 대모험』, 『먼나라 이웃나라』, 『마법천자문』, 『수학도둑』, 『놓지 마 과학!』, 『신기한 스쿨버스』 등이 있습니다.

## | 쉬운 책부터 읽기

문해력이 부족해 책 읽기를 싫어하거나 힘들어한다면 자신의 학년 권장 도서를 읽지 말고 학년을 낮추어 더 쉬운 책을 읽어야 합니다. 학년 권장 도서는 해당 학년 친구들의 평균적인 수준을 고려해 선정됩니다. 학년이 기준이 아니라 문해력 수준이 기준인 것이죠. 그러므로 책이 어려우면 같은 학년의 권장 도서를 고집하지 말고 자신에게 맞는 수준으로 내려가야 합니다. 한번은 "수능 9등급인 아들이 다시 입시에 도전하려 한다. 국어가 전혀 안 되는데 어떻게 해야 하나?"라는 질문을 받은 적이 있습니다. 수능 9등급이면 고등학생 수준의 책은 고사하고 중학생 수준의 책도 읽고 이해할 수 없는 수준입니다. 그래서 저는 "초등 고학년 수준의 『톰 소여의 모험』이나 『걸리버 여행기』 같은 책을 읽어야 한다."라고 말씀드렸습니다. 쉽고 가벼운 책을 많이 읽으면서 기본적인 문해력을 기른 후 고등 국어 교과서나 수능 기출, EBS 문제집 속 지문들의 원작 읽기를 추천 드렸습니다.

한 분야에 대해 배경지식을 쌓고 싶다면 그 주제에 대한 다양한 수준의 책을 구해 가장 쉬운 책부터 차례대로 읽을 수도 있습니다. 주제에 대한 초등학생 대상 도서부터 시작해 중고등학생 대상 도서를 거쳐 성인 대상 도서로 옮겨가는 식이지요. 예를 들어 세계사 지식을 쌓고 싶다면 『초등학생이 알아야 할 세계사 100가지』를 읽고 『세계사를 보다』를 거쳐 『지구 위의 모든 역사』로 갈 수 있습니다. 하위 학년 대상 도서는 어렵고 복잡한 내용은 최대한 줄이고 핵심적인 내용을 간단하게 서술하며 어휘는 더 쉽고 제한적이라 이해에 용이하지요. 목표하는 책이 어렵다면 같은 주제의 좀 더 쉬운 책을 통해 배경지식을 쌓고 다시 도전하면 읽지 못했던 원래 책이 훨씬 쉽게 이해되는 것을 경험할 수 있습니다.

## | 다양한 작가의 책 읽기

배경지식을 넓게 쌓기 위해서는 특정 작가의 책만 선호하기보다 다양한 작가의 책을 보는 편이 낫습니다. 마크 트웨인의 소설만 읽기보다는 셰익스피어, 헤밍웨이, 헤세, 피츠제럴드, 펄 벅, 황석영, 이상 등을 골고루 읽어야 합니다. 한국사의 경우 특정 작가의 책이 아이부터 성인까지 독점적인 위치를 차지하고 있는데, 다양한 다른 작가의 책을 두루 읽는 것이 좋습니다. 책에는 글쓴이의 관점과 견해가 들어 있기에 한 작가의 책만 읽다 보면 나의 견해 역시 한쪽으로 갇힐 수 있습니다. 서로 다른 작가의 책을 읽다 보면 서로 놓치거나 덜 중요하게 생각하는 점에 대해 다른 견해를 볼 수도 있고, 반대로 두 작가가 공통적으로 강조하는 부분은 해당 분야에서 매우 중요하다는 사실도 알 수 있습니다.

여러 작가가 공통적으로 자주 사용하는 어휘에 관심을 가지고 이해하려 노력해야 합니다. 반복적으로 나오는 주제나 단어에 주목해 일반적인 의미나 다른 영역에서 사용하는 의미와는 어떻게 다른

지 생각하면 어휘력도 키우고 이해의 폭도 크게 넓힐 수 있습니다.

## | 원포인트 레슨하기

읽기를 설명으로 대체하는 것은 좋지 않지만 읽기에 도움이 되도록 설명을 활용하면 좋습니다. 읽을 글이 어렵다면 읽기 전 이해에 필수적인 지식을 직접적이고 간략하게 알려주세요. 폼이 흐트러진 타자에게 내딛는 발의 각도를 바꾸라고 원포인트 레슨을 하듯 핵심을 간략히 설명하면 짧은 시간에 큰 효과를 거둘 수 있습니다. 『아서왕과 원탁의 기사들』을 읽는다면 중세 봉건제도가 무엇인지 절대 왕정과 어떻게 다른지, 왕과 영주, 기사의 관계에 대해 설명을 해주면 이해는 쉬워집니다. 배경지식을 위해 가르칠 때는 어디까지나 텍스트 이해에 필수적인 수준으로 최대한 간략하게 소개해야 합니다. 아무리 해당 분야에 아는 것이 많아도 스토리텔링에 소질이 없다면 길게 설명했을 때 역효과만 낼 수 있기 때문입니다.

# 의미 읽기 지도법 ③ 이해 전략 활용하기

## | 읽기 목적 세우기

이야기를 읽기 전에 목적을 세우면 글을 더 잘 이해할 수 있습니다. 읽기의 목적은 크게 재미나 감동을 얻기 위한 것과 정보를 얻기 위한 것이 있습니다. 정서적 목적으로 이야기를 읽는다면 조금 더 열린 마음으로 읽어야 합니다. 재미나 감동을 위해 문학을 읽으면서 너무 비판적으로 따지듯이 분석하며 읽어서는 안 되겠지요. 인물, 사건, 배경에 초점을 맞추어 일어나는 일을 이해하고 인물에 감정을 이입하여 공감하며 읽는 태도를 가져야 합니다. 정보를 얻기 위해 읽는다면 태도가 달라야 합니다. 정보를 능동적으로 구성하여 이해하기 위한 태도와 좀 더 비판적인 태도를 가져야 합니다.

『달구지랑 횃불이랑 옛날의 교통 통신』을 읽는다면 단순히 옛날의 교통 통신을 하나씩 접하고 넘어가는 데 만족하지 말고, 정보 간의 관련성에 좀 더 주의를 기울여야 합니다. 옛 교통수단은 어떤 특징이 있는지 지금의 교통수단과 비교하면 어떤 장단점이 있는지 등을 생각하며 작가가 말하지 않은 부분을 파악하려 노력해야 합니다. 이런 노력을 기울일 때 개별적 정보에 매몰되지 않고 더 큰 차원의 이해를 얻고 넓은 시야를 가질 수 있게 됩니다.

## | 훑어 읽기

훑어 읽기는 글이 전체적으로 어떻게 구성되었으며 어떤 내용을 담고 있는지 대략적으로 살펴보는 읽기입니다. 집을 짓기 위해서는 설계도를 알아야 하듯이 글을 잘 이해하기 위해서는 책의 구조를 먼저 파악하면 유리합니다. 단순히 앞에서 뒤로 글자를 따라가는 읽기는 '이해'를 지엽적인 부분에 매몰시킬 우려가 있습니다. 혹시 이 책의 구조는 파악하셨나요? 제목과 소제목을 보세요. 목차를 살펴보면 제가 어떻게 이 책을 설계했는지 짐작할 수 있습니다. 그러고 나면 이 책이 더 잘 이해될 것입니다.

『달구지랑 횃불이랑 옛날의 교통 통신』의 목차를 보면 책은 크게 이야기마당, 정보마당, 배움마당, 익힘마당으로 나뉘어집니다. 그 안에 또 개별적인 글들이 있고요. 네 개의 마당은 각각 무엇을 의미할까요? 각 마당의 한 페이지를 펼쳐서 어떤 식으로 이야기가 구성되었는지 살펴보면 책을 더 잘 이해할 수 있겠지요.

## | 예측하기

훑어 읽기를 통해 책의 큰 구조를 파악했다면, 다음으로 책이 어떤 내용으로 채워져 있을지 좀 더 자세하게 상상해 보도록 하세요. 『샬롯의 거미줄』을 읽는다면 표지 속의 여자아이와 동물들이 어떤 일들을 겪을지 상상의 나래를 펼쳐보세요. 맞든 틀리든 이야기를 좀 더 잘 이해하게 됩니다. 정보책이라면 예측하기는 더욱 중요해집니다. 『달구지랑 횃불이랑 옛날의 교통 통신』에는 어떤 교통 통신 수단이 나올까요? 미리 예측한 일에는 잘 놀라지 않듯이 미리 예측하며 읽으면 내용을 놓치지 않고 더 잘 이해할 수 있습니다.

## | 이해도 점검하기

내용을 잘 이해하는 사람은 읽는 중간중간 자신이 제대로 이해하고 있는지 스스로 확인합니다. 다른 생각을 하면서 내용을 파악하지 못하고 글자를 소리로 바꾸고만 있지 않은지 확인해야 합니다. 아이에게 책을 읽어줄 때 중간중간 "이 장면에 나오는 이는 누구지?", "지금 무슨 일이 일어나고 있지?"라고 물어주세요. "무슨 말인지 알겠어?"라고 물으면 아이는 대개 "응"이라고 대답하는데 사실은 모르면서 그냥 그렇게 대답하는 경우도 많아요. 그래서 질문은 "알겠지?"처럼 두루뭉술하게 해서는 안 됩니다.

『세종대왕』을 읽는다면 "이번 페이지에서 세종대왕이 한 일은 뭐야?"처럼 구체적인 답변을 끌어내는 질문을 던지세요. 질문에 맞는 올바른 대답을 하면 이해를 한 것이고, 대답하지 못하면 이해하지 못하는 겁니다. 이해하지 못했다면 앞뒤의 다양한 이해 전략을 써서 이해하도록 도와주면 됩니다. 스스로 책을 읽고 있거나 더 이상 책을 읽어주지 않는 나이의 아이라면 "이야기가 재미있어 보이는구나. 어떤 내용인지 말해줄 수 있니?"라고 물어보세요.

## | 요약하기

"이번 페이지에서 세종대왕이 한 일은 뭐야?"라고 물으면 뭐라고 답해야 할까요? 이런 질문에는 "알아."라고 단답할 수는 없겠죠? "비의 양을 측정하는 측우기를 만들었어."처럼 요약해서 말해야 합니다. 요약하기는 이야기나 정보의 주변부를 삭제하고 핵심만 남기는 방법입니다. '이해'는 세부적인 내용은 잊더라도 가장 중요한 것을 파악하는 것입니다. 그래서 요약하기는 이해라는 정신 작용의 현현이라 하겠습니다.

존 스타인벡의 『분노의 포도』를 읽고 있다면 "주인공의 가족이 먹을 것이 없어 서부로 이동하고 있어. 하지만 서부에 일자리가 많다는 전단지는 거짓이야."라고 말할 수 있어야 하겠지요? 요약하지 못하면 아직 제대로 이해하지 못한 것입니다. 요약은 마치 선생님이 내용을 설명하듯 자신의 언어로 해야 합니다. 가장 좋은 것은 책을 보지 않고 말하는 것인데 만약 어렵다면 책을 보면서 문장을 참고해 말하는 것까지는 괜찮습니다. 하지만 책 속의 문장을 그대로 읽어서는 안 됩니다. 그대로 읽으면 요약이 아니라 그냥 소리 읽기가 됩니다.

## ▎ 명확화하기

내용을 이해할 수 없다면 이해되지 않는 부분을 명확히 찾아야 합니다. 아이들은 대개 막연히 "모르겠어."라고 답하는데 정확히 무엇을 모르는지 말하도록 하세요. 이해는 자기가 무엇을 모르는지 파악하는 데서 시작하기 때문입니다. 무엇을 모르는지 명확하지 않은 상황에서는 개선할 방법도 찾을 수 없습니다. 아이가 글을 이해하지 못하면 먼저 모르는 단어가 있는지 물어보세요. 모르는 단어가 없다면 이해 안 되는 문장을 짚도록 합니다. 각각의 문장도 다 이해되는데 맥락이 이해되지 않을 때도 있습니다. 그래서 이해되지 않는 것이 단어인지, 문장인지 아니면 맥락인지 정확하게 할 필요가 있습니다.

## ▎ 읽기 속도 늦추기

아이가 내용을 잘 이해하지 못한다면 너무 빠른 속도로 읽고 있지는 않은지 살펴보세요. 능숙하게 읽을 수 있는 글은 다른 생각에 빠진 채 기계적으로 읽기 쉽습니다. 기계적으로 읽다 보면 생각을 하지 않아 속도는 평소보다 올라가게 되고요. 가장 적당한 읽기 속도는 느긋하게 말하는 정도입니다. 아이의 읽는 속도가 너무 빠르면 읽기는 속도전이 아니라는 사실을 알려주고, 침착하게 말하는 수준

4장 지도적 읽기로 문해력 키우기

으로 속도를 늦추도록 알려주세요. 읽기 속도는 읽기 발달의 다음 단계인 해석 읽기에서도 중요합니다. 거기서 다시 한번 자세히 알아보겠습니다.

## | 읽기 멈추기

속도를 늦추어도 잘 이해하지 못한다면 아예 멈추어야 합니다. 멈추어서 천천히 생각하면 새로운 이해가 만들어집니다. 야구나 농구에서도 실마리가 풀리지 않으면 작전 타임을 부르지요? 마찬가지로 읽다가 이해가 안 되면 잠시 멈춰서 왜 이해가 안 되는지 생각해야 합니다. 무언가 내용이나 인물을 착각해 오해하고 있지 않은지 돌아봐야 합니다. 피곤해서 집중을 못한다면 다음에 읽기로 하고, 자꾸 딴 생각을 하고 있다면 생각을 정리해야 합니다. 문제를 파악하고 문제를 해결한 후 다시 읽어 나가야 합니다. 계속 읽어 나가는 게 능사는 아닙니다.

## | 다시 읽기

예전이나 지금이나 교사가 학생에게 자주 하는 말이 있습니다. 저 역시 자주 하는 말인데요. 바로 "문제를 다시 잘 읽어봐."입니다. 아이들은 정성을 들여 잘 읽어보지도 않고 그냥 "모르겠어요."라고 말하는 경우가 많아요. 이런 경우 대개 다시 읽으면 나아집니다. 다시 읽을 때는 분명한 목적을 갖고 그 목적에 집중해야 합니다. 분명한 목적을 가지라는 것은 무엇을 모르는지 확실히 해야 한다는 뜻입니다.

『세종대왕』을 읽고 모르겠다고 하면 "무엇을 모르겠니? 정확하게 말해봐."라고 하세요. 한글 창제에 반대한 이유를 모르겠다고 한다면 목적이 분명해진 겁니다. 그러면 이 목적에 집중해야겠지요. 이때 시선이 중요합니다. 아이들은 모르겠다고 하고 시선을 떼서 다른 곳을 봅니다. 손톱을 보거나 창밖을 보는 식으로요. 그럴 때는 "책의 내용은 손톱에 있지 않아. 책을 봐."라고 알려주세요. 그래서 시선을 책으로 확실히 가져와야 해요. 그런 다음 신하들이 한글 창제를 반대한 이유가 나온 페이지를 펼친 채 "신하들이 한글 창제에 반대한 이유를 찾아봐."라고 합니다. 여러 내용 중에서 필요한 부분을 찾는 훈련을 시키는 거지요. 이렇게 지도하면 자신이 놓친 정보를 찾는 힘이 길러집니다.

## | 개인적 지식과 경험 꺼내기

개인적으로 알고 있는 지식이나 경험했던 일들을 능동적으로 떠올려보면 내용 이해가 쉬워집니다. 지식과 경험이 이야기에서 놓친 퍼즐의 한 조각이 되어줄 수 있거든요. 『이솝우화』에서 여우와 포도 이야기를 들려준 후 있었던 일입니다. 아이들에게 무언가를 가지려고 하다가 잘 안 되자 필요 없다고 생각한 적이 없는지 물었을 때, 한 아이는 "동생이 핸드폰을 사달라고 계속 조르다가 안 되니까 나중에는 핸드폰 없는 게 차라리 더 좋다고 말했어요."라는 이야기를 해주었습니다.

『달구지랑 횃불이랑 옛날의 교통 통신』을 읽을 때는 영화나 사극에서 본 장면을 생각해볼 수 있겠지요. 관광지에서 나룻배나 오리배를 탔던 경험도 좋은 이야기가 될 것이고요. 개인적 지식과 경험에 한계를 느낀다면 도움을 요청할 수도 있습니다. 친구, 부모, 선생님처럼 가까운 사람에게 혹은 인터넷에 물어보도록 하세요. 관련한 다른 서적을 찾거나 가까운 도서관에 방문할 수도 있지요. 책을 한 권에서 끝내지 않고 더 많은 자료를 찾는 습관을 들이면 공부에 매우 유리합니다.

## | 설명하기

이해되지 않는 문장이 있다면 다른 사람에게 설명하듯 스스로 말해 보면 효과적입니다. 이해되지 않는데 어떻게 설명을 할 수 있는지 납득되지 않을 수 있지만 이해는 주어지는 것이 아니라 만들어 나가는 것이라는 사실을 알아야 합니다. 이해되지 않는 내용도 설명하러 노력하다 보면 이해가 만들어집니다. 초등학교 과학 교과서에서 생태계를 설명하는 문장을 보겠습니다.

> 어떤 장소에 사는 생물이 다른 생물 및 비생물적 환경 요인과
> 상호작용하는 것을 생태계라고 합니다.

모르는 단어가 없고 충분한 배경지식을 가지고 있어도 문장의 의미는 바로 와닿지 않을 수 있습니다. 이럴 때 설명을 해야 하는데, 설명은 두 단계로 이루어집니다. 풀어서 표현하기<sup>paraphrase</sup>와 예시 들기입니다. 우선 풀어서 표현하기는 문장에 사용된 단어를 좀 더 친숙한 단어로 교체하여 간결하게 말하는 방법입니다. 예를 들어

앞의 설명을 '생태계란 어떤 생물이 다른 생물, 비생물과 영향을 주고받는 것'으로 바꿀 수 있습니다. 원 문장보다 훨씬 간결하고 이해하기 좋지 않나요? 다른 말로 표현했으면 예시를 들어서 설명을 보충합니다. '숲속의 사자가 사슴을 잡아먹는 것'이 생태계의 예시가 될 수 있습니다. 풀어서 표현하기와 예시 들기는 이해되지 않는 어렵고 복잡한 문장을 이해할 수 있는 강력한 툴입니다.

## ▎구문 분석하기

문장이 복잡한 경우 문장을 부분적으로 나누어 이해를 생성할 수 있습니다. 『즐거운 로저와 대머리 해적 압둘』 속 다음 문장을 보겠습니다.

> 해적들은 골치가 잔뜩 쑤실 정도로 왁자지껄하게 해적 식으로
> 욕지거리를 하고 소리를 지르며 거룻배로 몰려갔습니다.

이런 긴 문장을 이해하지 못할 경우 먼저 주어를 찾으세요. 아이가 어려 주어라는 말이 어렵다면 "이 문장의 주인은 누구이지?"라고 물어볼 수 있습니다. 다음으로는 동사를 찾습니다. 우리말에서 동사는 맨 뒤에 있으므로 다음과 같이 말합니다. "해적은 무엇을 했는지 문장의 맨 뒤에서 찾아봐." 주어와 동사를 찾으면 문장은 '해적은 몰려갔습니다.'와 같이 매우 간단해지지요. 여기서부터 하나씩 더해가면 됩니다. "어디로?"라고 물어 '거룻배로'를 찾고 "어떤 행동을 하면서 갔지?"라고 물어 '욕지거리를 하고 소리를 지르며'를

찾을 수 있습니다. "어떻게 욕지거리를 했어?"라고 물으면 "골치가 잔뜩 쑤실 정도로 와자지껄하게 해적 식으로"라고 답하게 됩니다. 복잡한 문장을 잘 이해하지 못한다면 먼저 주어와 동사를 찾은 후 이를 좀 더 구체적으로 보충하는 부분들을 하나씩 차례대로 찾게 해주세요. 아무리 복잡한 문장이라도 모두 이해할 수 있게 됩니다.

## 핵심 단어 찾기

> 어떤 대상을 세세히 들여다보기 위해서는 이제까지 가지고 있던 낡은 습관은 버리는 것이 좋아요. 인간의 눈높이를 버리고 관찰하려는 대상과 눈높이를 맞추는 거예요. 기어가는 곤충을 관찰하려면 땅바닥에 엎드리는 수고로움을 견뎌야 해요. 높은 곳에 사는 새를 관찰하려면 나무 위를 오르는 용기도 필요해요.

글을 잘 이해하려면 중심이 되는 핵심 단어를 찾아야 합니다. 정보책에서는 핵심 단어가 특히 중요합니다. 위 글은 『관찰은 나의 힘』의 일부분입니다. 여기서 핵심 단어는 무엇인가요? 바로 '눈높이'입니다. 위 문장이 말하는 것은 관찰 대상과 눈높이를 맞추라는 것이지요. 이렇게 핵심 단어를 찾으면 글 전체가 이해됩니다.

# 생각과 감정을 더한
# 읽기의 완성, 해석 읽기

현명하고 지혜로운 사람의 상징인 소크라테스가 단 한 권의 책도 쓰지 않았다는 사실을 아십니까? 그의 말과 생각을 알 수 있는 『대화편』은 그의 제자인 플라톤이 쓴 것입니다. 사실 소크라테스는 책을 남기지 않은 정도가 아니라 책을 철저하게 반대했습니다. 언어를 통해 세상의 본질을 밝히고자 했던 그에게 가장 중요한 수단은 글이 아닌 말이었습니다.

그는 질문을 포함한 대화를 통해 소피스트들의 비합리성을 스스로 깨닫게 했습니다. 그에게 있어 말은 생생하게 살아서 두 사람 사이를 오가며 비판적으로 사고하도록 하는 최고의 수단이었습니다. 반면, 문자에는 그런 힘이 없다고 생각했습니다. 그가 보기에 문자는 말처럼 변화하지 못하고 상대방의 생각을 되받지 못해 비판적 사고를 저해한다고 보았습니다. 그는 파피루스 뭉치 속 고정된 글에 현혹된 사람들이 지혜가 아닌 지혜에 대한 거짓 자만심을 가지게 될까 걱정하였습니다. 결국 고대 그리스 교육에서 말 대신 글이 중심이 될 수 있었던 때는 아리스토텔레스 때에 이르러서라고 합니다.

소크라테스 사후 2,500년이 넘게 전 세계에서 책이 지식의 상징으로 통용되는 것을 보면 그가 틀린 듯하지만 꼭 그렇지만도 않네요. 교과서를 고정된 하나의 진리로 여기며 받드는 현대 교육의 모습은 오래 전 그가 걱정했던 바로 그 모습이니까요. 보험 회사 광고처럼 '묻지도 따지지도 않고' 교과서에 실린 내용을 가르치고 외우는 통에 '질문에 답하지 못하는 것은 물론이거니와 질문조차 하지 못하는 파피루스 뭉치같이' 사고하는 이들이 얼마나 넘쳐나나요?

## 읽기의 효과가 진정으로 빛나려면

미국의 학업성취도는 1990년대 이후 현저히 감소하였습니다. 이에 대한 염려가 커진 부시 행정부는 보수 정당인 공화당의 지지를 등에 업고 2002년 아동 낙오 방지법No Child Left Behind을 통과시킵니다. 존재하지도 않는 대량 살상 무기 보유를 핑계 대며 석유를 확보하고자 이라크에서 대량 살상을 일으킨 책임자가 단 한 명의 학생도 낙오시키지 않겠다는 아름다운 계획을 세운 것입니다. 아동 낙오 방지법에 따라 낙오하는 학생이 없도록 하라는 행정부의 압박에 3학년부터 8학년까지의 표준화 시험을 정착하고, 이 점수를 근거로 변

혁을 단행합니다. 점수가 낮은 학교의 교사를 자르고 지원금을 없애고 심지어 폐교하기까지 했습니다.

결과는 어땠을까요? 아무런 효과 없이 부작용만 엄청났습니다. 해고와 폐교를 피하려는 교사들은 우선 쉬는 시간과 예체능 수업을 줄였습니다. 시험 평가 기준을 낮추고 문제를 쉽게 출제하였으며 심지어 성적이 낮은 학생을 시험 당일에 등교하지 못하게 하기도 했습니다. 그럼에도 원하는 결과를 얻지 못하자 학교 차원의 성적 조작까지 성행합니다. 결국 2011년 미국국립연구위원회는 아동 낙오 방지법이 인센티브로 인해 성적을 부풀렸을 뿐 실제 성취도를 높이지는 못했으며 효과는 제로라고 결론 내립니다. 교육에 무지한 자들이 경제적 논리로 교육에 손을 댔을 때 얼마나 처참한 결과를 불러일으키는지 확인할 수 있는 사례입니다.

아동 낙오 방지법의 주요 포인트는 바로 읽기입니다. 문해력 부족이 낙오의 가장 중요한 원인이라는 연구가 있었기 때문입니다. 아동 낙오 방지법은 문해력에 중요한 다섯 가지 요소, 빅파이브<sup>Big</sup>를 제시하는데요. 빅파이브는 음소 인식, 파닉스, 유창성, 단어, 이해입니다. 앞에서 언급한 읽기 최우선 프로그램이 바로 아동 낙오 방지법의 일환이지요.

실천 과정에서 의미 읽기를 소홀히 한 실수는 있지만 빅파이브가 읽기를 위해 꼭 필요한 요소라는 점에는 의문이 없습니다. 다만 빠트린 내용이 있습니다. 바로 독자의 능동적인 견해입니다. 빅파이브는 읽기를 마치 금광에서 금을 캐내듯 수동적으로 텍스트에서 의미를 캐내기만 하는 작업으로 오해하게 만듭니다. 텍스트에는 정해진 하나의 의미가 있고 독자는 이를 찾아내면 될 것 같은 느낌을 주네요. '답은 정해져 있으니 너는 찾기만 해라'라고나 할까요?

하지만 작가 알베르트 망구엘은 "읽는 이에게는 문장을 반추하고, 문장에 따라 행동하며, 문장에 의미를 부여할 능력이 있다."고 말합니다. 책의 의미와 해석은 온전히 글쓴이만의 것이 아니며, 읽는 이가 자신의 권위로 해석할 수 있다는 인식이 이미 15세기 중반부터 퍼지기 시작했습니다. 진정한 읽기는 작가가 의도한 의미를 단순히 찾아내는 일 그 이상이 되어야 합니다. 그를 위해서는 프란시스 베이컨의 말마따나 "어떤 책은 음미해야 하고, 또 어떤 책은 삼켜야 하고, 일부는 씹어 소화시켜야" 합니다. 작가가 의도한 이야기의 의미를 파악한 후 자신의 감정과 생각을 더해 새로운 의미를 창조해 낼 때 진정한 읽기가 완성됩니다.

이러한 읽기를 '해석 읽기'라 합니다. 해석 읽기는 작가가 의도한 의미를 풀어<sup>解</sup> 자신만의 주석<sup>註釋</sup>을 다는 일이라 할 수 있습니다. 의미 읽기가 금을 채굴하는 일이라면, 해석 읽기는 캐낸 금을 세공하여 귀금속으로 만드는 일과 같습니다. 읽기의 효과를 진정으로 빛내려면 해석 읽기가 되어야 합니다. 해석 읽기의 두 가지 과제는 풍부한 감정 느끼기와 자신만의 생각 만들기입니다.

## | 풍부한 감정 느끼기

> 요컨대 나는 우리를 마구 물어뜯고 쿡쿡 찔러대는 책만을 읽어야 한
> 다고 생각해. 만약 읽고 있는 책이 머리통을 내리치는 주먹처럼 우리

를 흔들어 깨우지 않는다면 왜 책 읽는 수고를 하느냐 말야? (중략)
책은 우리 내부에 있는 얼어붙은 바다를 깰 수 있는 도끼여야 해.

『변신』을 쓴 프란츠 카프카는 친구에게 보낸 편지에서 우리는
우리 머리를 내려쳐서 깨우는 책을 읽어야 한다고 말합니다. 광고
인 박웅현이 쓴 베스트셀러『책은 도끼다』의 제목은 바로 이 문장
에서 영감을 얻었습니다.

나의 얼어붙은 감성을 깨뜨리고 잠자던 세포를 깨우는 도끼. 도끼 자
국들은 내 머릿속에 선명한 흔적을 남겼다. 어찌 잊겠는가? 한 줄 한
줄 읽을 때마다 쩌렁쩌렁 울리던, 그 얼음이 깨지는 소리를.

도끼 같은 책을 사랑해 마지않았던 그는 '진심이 짓는다', '나이
는 숫자에 불과하다', '그녀의 자전거가 내 가슴 속으로 들어왔다'
등 대한민국 사람이라면 누구나 알 만한 광고를 만들게 됩니다. 카
프카와 박웅현이 말한 도끼는 '울림'일 것입니다. 현실에 찌들고 관
성에 젖어 꽁꽁 얼어버린 머리와 가슴을 흔들고 진동을 일으켜 깊
이 잠자고 있던 꿈과 열정을 꺼내 들게 하는 울림 말입니다. 박웅현
에게 책은 단순히 광고 소재를 제공하는 아이디어 박스가 아니었습
니다. 메마른 감성과 세포를 거대한 울림으로 깨워 남들과는 다른
감성으로 세상을 바라보고 느끼도록 만들어주는 도끼였지요. 도끼
같은 책은 우리의 굳어버린 가슴과 감각을 깨우고, 우리로 하여금
계속해서 책을 들게 하며, 인생과 미래에 대해 새로운 시각과 비전

을 갖게 합니다.

『다시, 책으로』의 저자 매리언 울프는 문학 전공의 대학원생 시절 문학을 읽으면서 가슴이 터질 것만 같았고, 세상 속에서 자신의 책임을 완수해야겠다는 열망으로 가득했다고 서술합니다. 그런 열망으로 그녀는 하와이 시골에서 평화봉사단 일을 시작했고, 거기에서 아름다운 24명의 아이들을 만났습니다. 형언할 수 없이 아름다운 아이들이었지만 그 아이들은 모두 문맹이었고, 이 일은 그녀로 하여금 읽기에 대해 다시 한번 생각하게 만들었다고 합니다. 이 아이들의 인생 궤도를 바꾸는 데 읽기가 반드시 필요하다는 사실을 깨달았고, 이를 계기로 그녀는 평생 읽기를 연구하는 연구자가 되었습니다.

우리의 머리와 가슴을 통째로 뒤흔들어 인생에서 새로운 길을 발견하게 하는 읽기의 울림은 그리 쉽게 찾아오지 않습니다. 몇 권 읽지 않은 책에서 인생의 길을 발견하고 읽기에 매진하는 이도 없지는 않겠으나, 대부분의 울림은 오랜 기간 읽기와 사랑에 빠진 영혼에게 찾아오는 선물입니다.

오랜 기간 읽기에 매진하게 하여 우리의 인생을 변화시키는 힘은 어디에서 올까요? 바로 재미입니다. 오직 재미만이 아이로 하여금 책을 다시 들게 만듭니다. 분명한 목표를 가지고 읽더라도 일차적으로는 재미있어야 합니다. 재미는 집중해서 읽고 집요하게 읽게 합니다. 『공부머리 독서법』의 최승필 작가도 책을 싫어하던 아이를 독서가로 만드는 방법으로 "책은 지루하고 골치 아프고 따분하다는 생각의 담을 허무는 일"이라고 말합니다. 그의 말에 따르면, 이야기책은 책 읽는 골치 아픔을 흥미진진한 스토리로 상쇄하여 쉽게 책의 세계로 빠져들 수 있게 합니다. 엄청난 독서 편력을 자랑하는 알베르트 망구엘 역시 『독서의 역사』에서 재미가 읽기에 대한 그의 사랑의 원천임을 숨기지 않습니다.

> 사실, 가끔 친구들과 만나도 책에서 읽는 모험이나 대화에 비해 그 아이들의 놀이나 대화가 형편없이 재미없다는 사실을 깨달았다. (중략) 그렇게 책에 빠져들면 나는 마지막 페이지까지 읽고 싶은 욕망과 가능한 한 결말 부분을 늦추려는 욕망 사이에서 심한 갈등을 겪었다. 아주 재미있는 대목이면 몇 쪽 앞으로 되돌아가 그 부분을 다시 음미하면서 내가 미처 파악하지 못하고 놓쳐 버렸던 세부적인 내용까지 다시 잡아내려고 무척 노력했다.

방바닥에 배를 깔고 엎드려 책을 읽어대던 알베르트 망구엘. 너무 재미있어서 얼른 다 읽어버리고 싶은 욕망과 최대한 그 재미를 늦추어 오래 즐기려는 두 가지 욕망 사이에 시달린 그에게 아이들의 장난은 말 그대로 아이들 장난일 뿐이었습니다.

재미에 빠져 책을 읽다 보면 『마담 보바리』 속 레옹의 말처럼 아이들은 등장인물과 한 몸이 되어 그들의 의상 속에서 자신의 심장이 고동치는 것만 같은 기분을 느끼게 됩니다. 매리언 울프 역시 소녀 시절 책을 읽을 때면 스스로 엘리자베스 베넷이 되었다가 알료사 카르마조프가 되었다가 홀든 코필드가 되면서 상상하지 못했던 감정에 타올랐다고 고백합니다.

읽기를 통해 자신의 깊숙한 곳으로 들어가는 내밀한 감정을 느껴본 아이는 책의 세계에 온몸을 던지게 됩니다. 또한 평소 자신이 느끼던 감정을 읽기 중에 만나면 그 감정이 자신만의 것이 아님을 알게 되어 외로움을 극복하고 용기를 얻게 되지요. 『마담 보바리』의 마담 보바리 역시 옛날에 가졌던 막연한 생각이라든가 아주 먼 곳에서 되살아오는 것 같은 어떤 알 수 없는 이미지, 또는 자신의 가장 은밀한 감정을 그대로 표현해 놓은 것을 책 속에서 발견하는 일을 읽기의 매력으로 꼽는군요.

다른 이의 정신세계로 들어가 일상에서는 겪기 힘든 새로운 일들과 마주하고 새로운 시각으로 세상을 바로 보는 경험은 재미를 넘어 우리에게 감동을 줍니다. 온몸으로 느끼는 풍부하고 다채로운 감동과 감정들은 도끼가 되어 우리 안에서 커다란 울림을 만들어내고요. 재미와 감정들을 통해 거대한 울림을 경험한 이는 읽기의 세계에 완전히 매료되어 자신의 삶의 경로를 바꾸게도 됩니다. 재미에서 시작하여 다양하고 넓은 감정으로 퍼져 나가면서 아이는 읽기를 사랑하게 됩니다. 풍부한 감정은 읽기를 통해 얻을 수 있는 최대의 수확이자 읽기를 계속 해나가게 만드는 원동력인 셈입니다.

## | 자신만의 생각 만들기

침잠을 통하여, 인식을 통하여, 깨달음을 통하여 얻어졌습니다. 그것이 가르침을 통하여 이루어지지는 않았다는 말씀입니다. 세존이시여, 저의 생각은 이렇습니다. 어느 누구에게도 해탈은 가르침을 통하여 주어지는 것이 아니다, 바로 이것이 저의 생각입니다. 세존이시여, 당신은, 당신이 깨달은 시간에 무슨 일이 일어났는가를, 아무에게도 말이나 가르침으로 전달하여 주실 수도, 말하여 주실 수도 없습니다.

헤르만 헤세의 『싯다르타』에서 진리를 찾아 헤매던 고타마가 부처에게 남긴 말입니다. 『데미안』과 『유리알 유희』를 통해 자신을 찾는 길에 대한 철학을 문학으로 펼쳐낸 헤르만 헤세는 진리는 말이나 가르침으로 전달할 수 없으며, 홀로 목표에 도달해야 한다고 말하고 있습니다. 마르셀 프루스트 역시 이러한 진리 발견의 특성을 '신적이기까지 한 법칙'이라고 표현하였네요. 이런 점으로 볼 때 석유를 위해 대량 살상을 마다하지 않으면서 한 아이도 뒤에 남겨두지 않겠다는 이율배반적인 자상한 마음은 읽기의 본질적 특성을 소외하고 있습니다.

읽기는 작가의 생각을 공손히 받드는 일, 그 이상이 되어야 합니다. 읽는 이는 작가의 생각을 수동적으로 받아들이는 것을 넘어 좀 더 자율적으로 자신의 생각을 구성해야 하지요. 텍스트의 목적을 고려하되 읽는 이 자신의 의도에 맞게 의미를 재구성하고 활용할 수 있어야 합니다. 인간은 신이 내린 운명의 틀 안에 살고 있는지도 모릅니다. 이야기 속의 인물들이 작가라는 이름의 신이 내린 운명의 틀 안에서 살게 되듯 말입니다. 하지만 읽는 이는 이야기 속에 있지 않습니다. 읽는 이는 이야기의 바깥에 있지요. 이야기의 바깥에서 이를 관찰하는 이가 이야기를 만들어낸 이의 생각에만 국한되어야 할 이유는 무엇일까요?

소크라테스의 걱정은 책 그 자체를 향하지 않습니다. 그의 걱정은 책을 우상시하고 책의 내용을 그대로 받아 적는 책상물림들을 향합니다. 부처와 공자도 마찬가지였습니다. 부처는 제자들이 그의 말을 있는 그대로 고정된 상으로 받아들일까 염려하였고, 공자 역시 제자마다 그 특성에 맞게 지도하여야 하지 고정된 지식을 가르쳐서는 안 된다고 강조하였습니다.

문해력을 기르는 일은 반드시 읽는 이 자신을 향해야 합니다. 읽은 후 글쓴이의 생각을 넘어 자신만의 감정과 생각에 도달하는 일 말입니다. 수동적으로 주입받고자 책을 펼쳐서는 안 됩니다. 그런 목적이라면 컴퓨터 전원만으로 충분할지 모릅니다. 교육을 통해 종이에 적혀 있기만 하면 무조건 믿어버리는 사람을 길러서는 안 되지요. 책의 내용을 넘어 자신만의 감정을 느끼고 자신만의 생각을 할 수 있는 사람을 길러야 합니다.


## 해석 읽기 지도법 ① 슬로 리딩


**| 읽기 속도 늦추기**

한국인은 빠른 걸 좋아합니다. 모든 것에 '빨리빨리'를 외치는 덕분에 대한민국은 인터넷도 택배도 세계에서 가장 빠른 국가가 되었습니다. 유한한 시간에 더 많은 무언가를 이룰 수 있기에 '빨리빨리'는 꽤나 유용한 지침이기도 합니다. 그런데 빠름이 언제 어디서나 가장 좋은 선택일까요?

　노벨경제학상을 탄 심리학자이자 행동경제학의 창시자이며『생각에 관한 생각』의 저자인 대니얼 카너먼은 인간의 사고를 시스템 1과 시스템 2로 나눕니다. 시스템 1은 빠른 직관이고, 시스템 2는 느린 이성입니다. 인간은 평소 빠른 판단이 가능한 시스템 1로 살다가 필요할 때 때때로 멈춰서 시스템 2를 사용합니다. 시스템 1은 빠르지만 충동적이고 경험과 본능에 의존하는 방식이라 때때로 멍청한 실수를 합니다. 게다가 시스템 1은 우리의 의지와 상관없이 삶이라는 경험에 의해 짜인 프로그램에 따라 작동하기에 자신의 머릿속에서 일어나는 일이지만 개입의 여지가 없습니다. 반면 시스템 2는 느리고 게을러 보이지만 지금 이 순간 우리가 스스로 선택하여 조작하는 일이 가능합니다.

　읽기 속도는 읽는 중에 우리가 시스템 1과 시스템 2 중 어느 것을 사용할지 결정합니다. 빨리 읽으면 시스템 1을 이용해 경험과 본능을 통해 읽게 됩니다. 경험과 본능에 의존하게 되면 자동적 반응 수준의 생각만 하게 되고요. 자동적 반응 수준의 생각에는 개선의 여지가 많습니다. 체계도 부족하고 오류도 많지요. 더 합리적이고 더 나은 생각을 하기 위해서는 속도를 늦춰야 합니다.

　시스템 2를 이용해 느리게 읽을 때 비교하고 적용하며 의도적으로 사고할 수 있습니다. 느리게 읽을 때 깊게 읽을 수 있습니다. 느리게 읽기 위해서는 충분한 시간을 가져야 합니다. 얼른 읽으라고 재촉하거나 문제 풀이에 급급해서는 깊고 느린 사고가 길러질 수 없습니다. 천천히 읽고 깊은 질문을 하고 느리게 사고하며 관조하는 가정에서만 훌륭한 생각을 할 수 있는 아이가 자라납니다.

빨리 읽기, 즉 속독은 과거 한 차례 크게 유행했습니다. 속독은 1960년대 미국에서 크게 유행했고 우리나라에서도 1980~1990년대에 성행했습니다. 하지만 그 이후 속독의 문제점이 낱낱이 공개되었습니다. 익숙한 내용의 짧은 글을 읽을 때는 시간 절약 효과가 있지만 그렇지 않은 경우 득보다 실이 많지요. 속독을 하면 짧은 시간에 더 많은 페이지를 읽었다고 자랑할 수 있을지 모르지만 제대로 읽고 제대로 파악하고 제대로 생각하지는 못하게 됩니다. 제대로 읽으려면 깊게 생각하면서 느리게 읽어야 합니다.

읽기 유창성을 획득한 아이들이 흔히 하는 실수가 바로 빠르게 읽는 일입니다. 마치 달리기라도 하듯 더 빨리 읽으면서 더 잘 읽는다고 느끼지요. 하지만 빨리 읽다 보면 글의 내용조차 제대로 파악하지 못하는 일이 생깁니다. 아이들에게 읽기는 속도전이 아님을 알려주세요. 읽기는 의미를 파악하고 거기에 자신의 감정과 생각을 더하는 일임을 이해시켜야 합니다.

가장 적합한 읽기 속도는 말하는 속도와 같습니다. 다른 이와 말을 주고받는 속도로 읽을 때 가장 잘 이해할 수 있습니다. 읽기가 문자를 소리로 변환한 후 그 소리를 바탕으로 내용을 이해하는 행위이기 때문이지요. 말이 너무 빠른 사람의 말은 이해하기 힘들고 놓치는 부분이 많은 것처럼 말하는 소리보다 빨리 읽으면 많은 부분을 놓치게 됩니다. 대부분의 경우 평소 편안한 상태에서 말하는 속도로 읽어야 합니다.

## | 정독과 다독 사이 균형 잡기

해석 읽기의 두 가지 과제, 풍부한 감정과 자신만의 생각을 가질 수 있기 위해서는 우선 천천히 읽어야 합니다. 이산화망가니즈에 묽은 과산화수소수를 떨어트리면 부글부글 끓으며 산소가 발생합니다. 하지만 거기에는 시간이 필요합니다. 두 물질이 만나는 찰나의 순간에 모든 반응이 일어나고 끝나버리지 않으니까요. 떨어진 묽은 과산화수소수는 이산화망가니즈와 만나 표면부터 조금씩 녹여가며 천천히 반응을 시작합니다. 만약 충분한 시간을 주지 않고 두 물질을 분리하면 반응은 더 이상 일어나지 않지요.

읽기에서 아이의 감정과 생각은, 책의 내용과 아이의 지식·경험이 만나 일어나는 화학적 반응의 결과물입니다. 두 물질이 접촉하는 순간 모든 반응이 한번에 일어나고 끝나버리지 않듯 읽기를 통해 얻을 수 있는 고귀한 결과물도 순간적으로 만들어지지 않습니다. 시간을 들여 천천히 읽고 음미하고 곱씹을 때 얻을 수 있습니다.

그렇다면 정독이 답일까요? 더 많은 산소를 발생시키기 위해서는 더 많은 이산화망가니즈와 더 많은 과산화수소수를 넣어야 합니다. 아무리 충분한 시간을 주어도 한 조각의 이산화망가니즈와 한 방울의 과산화수소수로는 많은 양의 산소를 얻을 수 없으니까요. 더 많은 양의 책을 읽었을 때 더 많은 감정과 생각이 일어납니다. 그렇다면 다독이 답일까요? 정독과 다독은 각각의 장점이 있기에 하나가 더 중요하고 다른 하나는 덜 중요하다기보다 둘 사이의 균형 잡기가 더 중요합니다.

어릴 때는 다독이 우선입니다. 초등 2학년 이하의 아이들은 정독을 하기 어렵습니다. 인내심도 부족하고 화학 반응을 일으킬 만한 내부 소스가 없어 천천히 읽힌다고 많은 결과물이 나오지도 않습니다. 이때는 정독보다는 다독을 조금 더 우위에 두어 가볍고 재미있게 읽으면서 문해력을 쌓도록 하세요.

초등 3학년이 넘어가면 조금씩 정독의 비중을 늘려나갑니다. 줄글 책으로 넘어가는 시점이라 그림은 사라지고 글의 양은 폭발적으로 증가합니다. 이 시기는 글자를 처음 배우는 초등 1학년 이후 문해력의 두 번째 고비가 되는데, 이 시기를 정독으로 무사히 넘겨야 합니다. 초등 고학년까지는 상대적으로 높은 정독의 비중을 계속해서 유지해야 합니다. 어휘와 문장 구조의 복잡함이 계속해서 증가하기 때문입니다. 성인 도서를 읽을 수 있을 정도로 문해력이 커지면 다시 다독의 비중을 늘려나갑니다. 일정 수준 이상의 문해력을 가졌다면 다독으로 폭넓게 반응을 일으키는 것입니다. 그럼에도 불구하고 어려운 책을 만나거나 사색의 수준을 높이기 위해서 꾸준히 정독도 실천해야 합니다.

## | 예측하며 읽기

감정과 사고를 촉진하기 위해서는 예측하며 읽으면 좋습니다. 예측은 감정과 생각을 불러일으키는 강력한 수단이니까요. 예측을 하면 독자는 방관자가 아닌 참여자로서 읽기에 능동적으로 참여하게 됩니다. 예측은 정서적으로 즐거워 아이들은 예측 가능성을 즐기지요. 예측할 때는 흥미진진한 퍼즐을 하듯이 즐겁고, 결과를 기다리며 읽어나갈 때는 맞을지 틀릴지 궁금증과 기대감으로 설렙니다.

예측이 맞으면 자신감과 기쁨을, 틀리면 놀라움을 느끼게 됩니다.

예측은 지적으로도 효과적입니다. 예측을 하고 나면 궁금증 때문에 책 속으로 더 깊이 들어가게 되지요. 예측을 위해서는 배경지식을 사용하게 되는데 맞든 틀리든 개인의 머릿속 지식망이 강화됩니다. 특히 틀렸을 때 지적 놀라움을 경험하며 기억은 더 오래 가게 됩니다. 예측은 스스로의 이해도 점검에도 도움이 됩니다. 내용과 예측이 다를 때 아이들은 '어! 내 예측과 다르군. 뭐지? 왜지?'라며 인지적으로 놀라게 됩니다.

읽는 내용과 배경지식을 기반으로 뒷 내용을 상상하고 추측하도록 해보세요. 『세종대왕』을 읽는다면 "세종대왕이 한글을 창제했을 때 신하들은 이를 반겼을까?"라고 물어보세요. 한글이 훌륭한 우리글이라는 사실을 아는 아이들은 그렇다고 대답하기 쉽지만, 당시 신하들의 반응은 그렇지 않았지요. 아이들은 자신의 예측이 빗나갔을 때 놀라워하며 "왜, 당시 신하들은 반대했을까?"라는 질문을 함으로써 생각을 키워가게 됩니다.

『화요일의 두꺼비』에는 올빼미 조지가 워턴을 잡아먹기로 한 화요일에 워턴에게 누군가가 접근하는 소리가 들립니다. 이야기는 소리의 주인이 누구인지 쉽게 밝히지 않지요. 누군가 다가오는 소리의 묘사가 한 페이지의 끝까지 이어지며 잡아먹히기 일보 직전, 워턴의 긴박한 심정을 극대화합니다. 소리의 정체는 한 페이지를 넘겨야 나오는군요. 페이지를 넘기기 전에 소리의 정체를 예측해 보세요.

어떤 아이들은 올빼미 조지가 그대로 나타날 것이라고 말하고,

누구인지는 모르겠지만 조지는 아닐 거라고 생각하는 아이들도 있었습니다. 이때 "혹시 아까 어떤 인물이 등장할 거라는 예고를 보지 않았니?"라고 물으면 아이들은 "아!" 하며 누군지 알 수 없는 제3자가 등장하리라고 예측하며 즐거워합니다.

## | 감각을 이용하며 읽기

읽기는 글쓴이와 읽는 이 사이의 대화입니다. 글쓴이는 자신의 경험과 상상을 우리에게 들려줍니다. 이야기는 글쓴이가 세상을 보고 듣고 냄새 맡고 만지고 맛보면서 느낀 경험과 상상의 산물이지요. 하지만 우리가 듣게 되는 이야기는 저자의 경험과 상상 그대로가 아닙니다. 경험과 상상을 표현한 언어이지요. 읽는 이는 종이에 배열된 글자를 3D로 살려내고 거기에 온갖 감각을 더해 4D, 5D로 바꾸어내야 합니다. 죽어있는 문자에 자신만의 감각을 더할 때 이야기는 생동감 있는 실체로 바뀌며 글쓴이가 보여주려 한 세상에 근접할 수 있습니다.

이야기를 읽을 때는 시각, 청각, 후각, 미각, 촉각을 총동원하여 읽도록 하세요. 가장 중요한 감각은 역시 시각입니다. 작가가 묘사한 장면을 머릿속으로 그려봅니다. 세상은 원래 글이 아닌 이미지이기에 모든 사람은 이미지를 더 쉽게 이해합니다. 어린 아이들에게 그림책을 읽혀주는 이유도 그 때문입니다.

그림이 없는 일반 줄글 책은 시각화가 더욱 중요합니다. 『알퐁스 도데 단편선』 속 「별」에는 사람 한 명 없는 뤼브롱 산에서 양을 치는 양치기가 짝사랑하던 스테파네트 아가씨와 함께 목장 언덕에 앉아 밤하늘의 반짝이는 별을 바라보는 장면이 나옵니다. 글자만 읽어서는 남부 프랑스의 정취와 양치기의 떨리는 가슴을 이해하기 어렵지요. 알퐁스 도데의 묘사 하나하나를 수채화 그리듯 머릿속에 그려볼 때 작가가 의도한 목가적 풍경과 서정적 분위기를 고스란히 느낄 수 있습니다.

그림책을 읽을 때도 시각화는 여전히 필요합니다. 그림이 모든 상황을 보여주지 않기 때문입니다. 『까만 나라 노란 추장』에서 한상기 박사가 개량한 카사바 열매에 낯선 벌레들이 기어드는 장면은 그림책에 자세히 그려져 있지 않네요. 이럴 때는 "벌레가 식물을 파먹는 것을 본 적이 있니?"라고 물어보아 그 이미지를 그리도록 도와주세요. 경험의 목록에 없어 스스로 시각화하지 못한다면 어떻게 해야 할까요? 카사바가 무엇인지 아는 한국 어린이는 거의 없을 텐데 이럴 때는 구글 이미지를 이용해 사진을 보여주면 좋습니다.

시각이 아닌 청각, 후각, 미각, 촉각도 동원해 보세요. 『나쁜 어린이 표』에는 선생님이 가지고 있던 나쁜 어린이 표를 변기에 넣고 물을 내리는 장면이 나옵니다. 아이에게 "이 장면에서 어떤 감각을 떠올릴 수 있을까?"하고 물어보세요. 옆 칸에서 나는 응가 냄새를 상상하며 코를 감싸쥘 수도 있고, '콰콰콸' 하면서 변기 물이 내려가는 소리를 입으로 내어도 좋습니다. 변기 레버를 꾹 누르는 손의 감각을 떠올릴 수도 있고요.

휠휠 나는 저 꾀꼬리 / 암수 다정히 노니는데 /

외로운 이 내 몸은 / 뉘와 함께 돌아갈꼬

    고구려 유리왕이 쓴 『황조가』입니다. 고등학교 시절 우리는 이러한 시조를 배울 때 시조의 내용은 물론 시조의 정서도 배웠습니다. "황조가의 정서는?"이라고 물으면 "짝을 잃은 왕의 슬픔과 애상을 드러내는 시조"라는 답을 골라야 하는 식이지요. 여전히 이런 형태의 문제가 나오고 있지만 문학 교육의 방향은 점점 바뀌고 있습니다. 과거에는 학계에서 인정된 객관적인 분석을 수용하는 편이었다면, 최근에는 문학을 즐기는 사람의 주관적 반응을 중요시하는 편입니다. 사람마다 각자의 경험에 따라 서로 다른 정서를 느낄 수 있는데 하나만을 정답으로 정하고 일률적으로 외우는 것은 잘못되었기 때문입니다. 또한 모든 학생을 문예학자로 만들 것도 아니며 문학을 즐기는 사람을 키우기 위해서는 정답을 고르는 공부가 아니라 자신에게 느껴지는 감정을 찾는 공부가 되어야 하기 때문이기도 하고요.

    문학은 즐겨야 합니다. 즐기기 위해서는 참여해야 하구요. 강 건너 불구경 하듯 멀찍이서 보지만 말고 이야기 안으로 들어가 내 일처럼 적극적으로 참여해 보세요. 입으로 반응하세요. 드라마를 보며 혼잣말을 하는 엄마처럼 혼자 수다를 떨며 읽어보세요. "헐. 뭐야? 이게 말이 돼? 도대체 왜 이러는 거야? 이해가 안 되네."라고 추임새를 넣다 보면 책으로 더 깊이 들어갈 수 있습니다. 책을 읽어줄 때 아이와 함께 생각을 나누면서 읽으세요. 부모 혼자 책을 읽을 때도 중얼거리는 모습을 보여주시고요. 손으로도 반응하면 좋습니다. 형광펜 하나를 들고 책을 읽어보세요. 읽다가 내 마음을 움직여서 기억해 두고 싶은 좋은 문장이 있다면 표시해 두면 좋습니다. 한 권을 다 읽은 후 표시한 부분만 찾아서 다시 읽으면 감동이 두 배가 됩니다.

## | 맥락을 고려하며 읽기

읽기에서 읽는 이의 반응은 존중받습니다. 그렇다고 해서 모든 반응이 존중받을 수는 없습니다. 자유가 있다고 해서 범죄 행위마저 자유가 될 수는 없듯이 반응의 자유에도 한계가 있으니까요. 반응에도 최소한의 근거는 필요합니다.『레 미제라블』을 읽고 "빵 한 조각을 훔친 장발장에게 내려진 징역 5년의 형은 정당한가?"라는 질문을 했을 때 아직 인생에서 피할 수 없는 고난과 생존 투쟁을 이해하지 못하는 아이들은 그를 단순한 도둑으로 취급하기 쉽습니다. 물건을 훔친 행위는 분명 잘못되었지만 가난과 굶주림에 죽음을 면하기 위한 행위를 일반적인 도둑질과 같은 선상에 놓는 일은 그리 사려 깊은 판단은 아니지요. 이야기에서 인물의 행위는 늘 상황과의 상호작용, 즉 맥락을 고려해야 합니다. 아이들이 장발장을 단순한 도둑으로 판단한 일은 인물의 행위만 볼 뿐 가난과 굶주림 속에서 죽어간다는 맥락을 놓쳤기 때문입니다.

인간 세상에서 일어나는 모든 일에는 맥락이 있습니다. 맥락을 고려하여 세상을 보는 법을 배우지 못하면 잘못된 혹은 설익은 견해를 가질 수밖에 없습니다. 『사라, 버스를 타다』를 살펴보겠습니다. 흑인은 버스 뒤편에 앉아야 한다는 법이 있던 시절, 앞자리가 궁금했던 사라는 버스 앞자리에 앉습니다. 뒤로 가라는 백인들의 요구에 물러서지 않았던 사라는 결국 경찰에게 연행되기에 이르지요. 이렇게 논란의 여지가 있는 장면이 있다면 아이에게 물어보세요. "사라의 행동은 어떻게 판단할 수 있을까?" 흑인은 앞자리에 앉을 수 없다는 법과 흑인도 똑같은 사람이라는 인권 의식이 맞붙게 되는 장면입니다. 악법도 법이라는 생각과 악법은 개혁의 대상이라는 생각이 맞붙을 수도 있습니다.

맥락을 고려할 때는 역지사지의 정신으로 읽을 필요가 있습니다. 사람들은 남의 일에 대해서는 표면적인 행위로만 판단하기 쉽지만 자신의 일이라면 맥락을 더 고려하게 됩니다. 장발장을 단순한 도둑과 같이 취급하는 아이에게는 "만약 네가 일주일 넘게 굶었고 지금 죽기 일보 직전이라면? 그래도 절대 빵을 훔치지 않는다고 보장할 수 있니?"라고 물어보세요. 악법도 법이니 사라는 버스 뒤로 가야 한다는 아이에게는 "아이들은 어떤 이상한 요구에도 부모의 말을 거역해서는 안 된다는 법이 생긴다면 어떻겠니?"라고 말해 보세요. 상상 속에서라도 장발장, 사라가 되어본 아이들은 맥락을 고려하는 법을 배우게 됩니다.

| 읽고 체험하기

읽기가 삶과 연결되면 이야기는 아이에게 더 큰 의미로 다가옵니다.

일본 하시모토 다케시 선생님의 슬로 리딩을 국내에서 실천한 용인 성서초등학교 아이들의 이야기를 살펴보겠습니다. 아이들은 한 학기동안 박완서 작가의 『그 많던 싱아는 누가 다 먹었을까』를 읽었습니다. 그리고 책과 관련한 수많은 체험을 했지요. 봄의 정취를 느끼러 산에 가고 주인공 동네의 나무와 학교의 나무를 비교 관찰하였습니다. 서당을 방문해 옛 교육을 받고 주인공이 학교를 다닌 사대문 안을 방문하기도 했습니다. 당시 생활 모습을 이해하기 위해 절구도 찧어보고 갓을 쓰고 지게를 짊어지어 봤고요. 전쟁통의 삶을 이해하기 위해 영화 「태극기 휘날리며」를 시청하고 달걀과 고구마를 삶아 먹었습니다. 작가와 자신의 일대기를 비교하고 고인이 된 작가의 딸을 만나 작가의 삶과 사상에 대해 인터뷰도 진행했습니다. 책의 주제곡을 직접 작사, 작곡하고 만화를 그리고 신문도 만들었습니다. 그 과정에서 이야기는 현실이 되어 체감되었지요.

아이와 함께 이야기를 체험해 보세요. 황순원의 『소나기』를 읽었다면 소년과 소녀처럼 개울가를 산책해 보고 징검다리도 건너보세요. 비를 피하기 위해 숨어들었던 수수단 속에도 들어가보세요. 책에 나오는 갈꽃, 들국화, 싸리꽃, 도라지꽃을 찾아보고 소녀가 소년에게 말을 걸기 위해 집어 든 비단조개를 찾으러 수산시장도 들러보면 어떨까요? 경기도 양평에 위치한 '황순원문학촌소나기마을'을 방문하는 것도 좋겠습니다. 아이의 오감을 깨워 인물에 공감하고 이야기 속으로 흠뻑 빠져들게 될 겁니다.

『요셉의 작고 낡은 오버코트가…?』를 읽었다면 서울새활용플라자에 방문해볼 수 있습니다. 새활용이 재활용과 무엇이 다른지 알아보고 생활 쓰레기와 산업, 건축 쓰레기를 살펴볼 수 있습니다. 낡은 진공청소기를 이용하여 만든, 벌을 죽이지 않고 이동시키는 벌집 제거기도 볼 수 있습니다. 집에 돌아와 직접 요셉이 되어보세요. 잘 사용하지 않아 버리려던 물건을 이용해 새로운 물품을 만들어보는 거죠. 읽고 체험의 경험이 많은 아이는 점점 내용과 현실을 연결지어 생각하게 됩니다. 그런 아이가 더 감각적이고 아이디어가 샘솟는 창의적인 인물로 자라날 수 있습니다.

## 해석 읽기 지도법 ② 살피며 읽기

### | 핵심 아이디어 찾기

글은 핵심 아이디어와 이를 보충하는 세부 아이디어들 그리고 다시 이를 보충하는 디테일로 이루어집니다. 핵심 아이디어를 찾지 못하고 세부적 아이디어나 디테일을 중언부언 늘어놓는다면 제대로 이해했다고 보기 어렵습니다. "가장 중요한 사건은 무엇인지?", "그래서 작가는 무엇을 말하려고 하는 거지?"와 같은 질문으로 핵심 아이디어를 찾아야 합니다. 무엇이 중요하고 무엇이 덜 중요한지 내용을 계속 비교, 평가해서 거름망으로 걸러내야 합니다. 세종대왕의 어린 시절 이야기를 보면 다음의 내용들이 나옵니다. 핵심 아이디어를 찾아보세요.

1. 첫째인 양녕은 사냥을 좋아했다.

2. 반면 셋째인 충녕은 책을 좋아했다.

3. 충녕이 책을 너무 많이 봐서 태조는 충녕의 책을 불태웠다.

4. 충녕은 책 1권을 발견하고는 그 책을 천백 번 읽었다.


핵심 아이디어는 2번입니다. 1, 3, 4번은 모두 2번을 뒷받침하고 있습니다. 책을 읽을 때는 이렇게 아이에게 핵심 아이디어를 찾게 하되 잘 찾지 못하면 포함 관계를 생각하게 하세요. 가장 넓고 포괄적이어서 다른 내용을 모두 포함하는 것이 핵심 아이디어가 됩니다. 보기 중에서는 '충녕이 책을 좋아하는 것'이 가장 큽니다. 양녕의 사례는 주인공 충녕과의 비교를 위해 제시되었으며 태조가 책을 태운 이야기나 같은 책을 천백 번 읽은 이야기는 모두 충녕이 책을 좋아하기 때문에 일어난 일입니다.


## | 중요 디테일 모으기

핵심 아이디어가 전시되는 방법은 크게 두 가지입니다. 대형 마트의 가격처럼 명확히 전시되어 있는 경우와 전자상가처럼 얼마까지 알아보고 왔냐고 되묻는 경우입니다. 글의 초반부터 명확히 말해주면 이해하기 쉽겠지만 글의 묘미는 다양한 곳에서 나오니 작가의 취향을 존중해야 합니다. 핵심 아이디어가 드러나 있지 않은 경우 디테일로 들어가야 합니다. 이야기에 영향력이 큰 중요 디테일들을 모아 의미 있는 그룹으로 통합하세요. 그리고 여러 디테일의 공통된 기저를 찾아보세요. 반복되는 사건과 일 그리고 말은 핵심 아이디어를 넌지시 가르키곤 합니다.

『세종대왕』의 충녕이 책을 좋아했던 사례에서 보면 나머지 이야기들이 모두 디테일이 됩니다. 책의 페이지를 펼쳐놓고 어떤 일이 있었는지 하나씩 찾아보세요. 있었던 일들에 번호를 매기거나 밑줄을 치면 더 좋습니다. 이후 디테일들을 하나씩 읽어본 후 포함 관계를 생각하여 핵심 아이디어로 발전시키거나 고를 수 있습니다.

## | 주제 파악하기

모든 이야기에는 주제가 있습니다. 주제는 작가가 이야기에서 다루고자 하는 주된 사상이나 중심 생각입니다. 이야기 자체만으로도 충분히 흥미롭지만 주제를 인식하면 재미는 물론 깨달음도 얻을 수 있습니다. 어떤 작가는 분명한 문제의식을 가지고 집요하게 주제로 파고드는가 하면 어떤 작가는 주제에 대한 특별한 의식 없이 단지 이야기를 풀어내기도 합니다. 그런 경우에도 우리는 주제를 발견할 수 있습니다. 작가가 의도하지 않은 주제도 주제라고 할 수 있을까요? 물론입니다. 책은 쓸 때는 작가의 세계이지만 읽을 때는 독자의 세계가 됩니다. 작가가 자신의 의도대로 집필할 권리가 있듯이 독자도 독자 자신만의 세계를 구축할 권리가 있습니다.

주제는 어떻게 찾을 수 있을까요? 주제는 대개 주인공이 반복해서 겪는 일 혹은 그로 인해 주인공에게 요구되는 태도나 능력에서 찾을 수 있습니다. 나관중의 『삼국지』는 후한 말기의 혼란한 시대 상황에서 나타난 영웅과 그들의 삶이, 『로마인 이야기』에서는 로마의 건국부터 멸망까지의 흥망성쇠가 주제가 됩니다. 『갈매기의 꿈』은 주어진 삶에 안주하지 않고 한계를 극복하려는 노력이 주제라고 볼 수 있고요. 이야기 전부가 주인공에게 지혜를 이용한 현명한 판단을 요구하는『이솝우화』는 지혜가 주제인 셈입니다.

아이에게 주제라는 단어는 조금 어렵습니다. "무엇에 관한 내용일까?" 혹은 "우리는 이야기에서 무엇을 배울 수 있을까?"처럼 물어보아야 합니다. 『만복이네 떡집』을 읽었다면 "만복이는 어떤 문제를 겪고 있지?", "우리는 이야기에서 무엇을 배울 수 있지?"라고 물어보세요. 질문을 통해 아이는 만복이가 말을 함부로 해서 친구 사이가 나빴으나 떡을 먹고 말을 조심하자 친구들이 생겨나기 시작했다고 정리하고, 친구에게 예쁜 말을 하고 배려해야겠다는 주제를 찾을 수 있습니다.

『사라, 버스를 타다』를 읽고 인물이 겪고 있는 일과 인물의 행동에 관한 질문을 던져보세요. 인물이 겪고 있는 문제는 흑인은 버스의 앞자리에 앉을 수 없다는 사실이며, 사라는 여기에 굴복하지 않고 흑인에게도 앞자리에 앉을 권리가 있다고 주장하고 있습니다. 이를 통해 인권은 물론이고 법, 준법정신과 저항정신 등의 다양한 주제를 찾아낼 수 있습니다.

『동물농장』,『갈매기의 꿈』,『이솝우화』처럼 동물에 빗댄 우화를 읽을 때는 각각의 소재가 무엇을 뜻하는지 비유의 대상을 잘 생각해 보면 주제를 찾기 쉬워집니다.『이솝우화』에서 자신의 멋진 뿔을 사랑하고 못난 다리를 못마땅해 하던 사슴이 사냥꾼을 피해 달아나다 뿔이 나무에 걸려 잡히는 이야기를 읽었다면 아이에게 물어보세요. "사슴을 사람이라고 생각한다면 뿔과 다리는 각각 무엇을 뜻할까?" 이런 질문을 통해 아이는 세상의 교훈을 얻을 수 있습니다.

## | 큰 틀에서 살펴보기

미시적인 관점을 넘어 거시적인 시각을 가지면 새로운 이해에 도달할 수 있습니다. 책의 문장 하나를 넘어 책 전체 혹은 작가로까지 시야를 넓혀보는 겁니다. 책을 읽어줄 때 매번 작가의 이름을 확인해 보세요. 어느 날 아이가 "어! 강아지똥 썼던 분 아니에요?"라고 묻는 날이 옵니다. 작가를 인지하기 시작하면 작가의 성향을 통해 이야기를 더 잘 이해할 수 있습니다.『검피 아저씨의 뱃놀이』를 읽을 때 "혹시 그림체가 예전에 읽었던 어떤 책과 비슷하지 않니?"라고 물어보면 아이가 "지각대장 존!"이라며 흥분해서 소리칠지도 모릅니다. 이렇게 쌓인 작가에 대한 지식은 책에 대한 이해를 높입니다. 권정생, 박완서, 백희나, 황선미, 윌리엄 스타이그, 존 버닝햄, 마크 트웨인, 쥘 베른 등의 이름을 아는 아이는 작가의 성향과 주제에 대해 이해하고 작품을 더 넓은 시각으로 바라볼 수 있게 되지요.

단편선은 작가의 성향을 명확히 이해하게 돕습니다. 신과 사랑, 인간의 삶을 다룬『톨스토이 단편선』, 역설과 인생의 아이러니를 보여주는『오 헨리 단편선』, 서정적이고 목가적 풍경과 인물의 정서를 잘 담아낸『알퐁스 도데 단편선』, 삶의 교훈을 알려주는『이솝우화』와『탈무드』가 있네요.

앞표지와 뒷표지에 있는 제목과 그림, 부제, 책을 소개하는 문구들 역시 책에 대한 큰 그림을 그리는 데 도움이 됩니다. 목차도 중요합니다. 책의 설계도로써 작가의 구상을 쉽게 파악할 수 있게 하거든요.

# 해석 읽기 지도법 ③ 하브루타식 읽기

질문 1. 당신의 이름은 무엇인가요?

질문 2. 가장 기억에 남는 어린 시절 경험은 무엇인가요?

질문 3. 그 경험은 당신에게 어떤 영향을 미쳤나요?

질문 4. 그런 유익한 경험을 아이에게 어떻게 전해줄 수 있나요?

이 질문을 받고 무엇을 했나요? 여러분은 분명 생각했을 겁니다. 여러분의 이름부터 어린 시절 경험과 이 경험이 자신에게 미친 영향 그리고 이러한 유익한 경험을 아이에게 전해줄 수 있는 방법까지요. 이를 통해 질문은 우리로 하여금 생각하게 하고, 생각은 질문에서 나온다는 사실을 알 수 있습니다. 질문을 들으면 질문에 답하기 위한 생각이 떠오릅니다. 반대로 생각을 하기 위해서는 질문을 해야 하지요.

그렇다면 위 네 가지 질문의 난이도는 어떤가요? 어떤 질문이 가장 쉬웠고 반대로 어떤 질문이 가장 많이 생각하게 했습니까? 질문 1이 가장 쉽습니다. 질문 2, 3, 4는 그보다 어려운데 뒤로 갈수록 점점 더 많은 생각을 해야 합니다. 질문 1에 대한 대답은 이미 머릿속에 저장되어 있습니다. 질문에 답하기 위해 해야 할 일은 주머니 속 동전을 꺼내듯 답을 꺼내는 일입니다. 질문 2에 대한 대답은 이보다는 조금 어렵네요. 어린 시절 여러 경험 중 하나를 선택해야 하기 때문입니다. 질문 3은 질문 2보다 더 어렵습니다. 질문 2는 객관식에 가깝지만 질문 3은 주관식에 가깝기 때문입니다. 여러분은 과

4장 지도적 읽기로 문해력 키우기

거의 경험과 그 경험으로 인해 변한 자신을 비교해야 합니다. 질문 4는 더더욱 어렵습니다. 질문 3에서 발견한 경험의 의미를 다시 아이와 연결하여 새로운 가능성을 발견해 내야 하기 때문이지요.

질문도 질문 나름입니다. 이미 알고 있는 사실을 회상하는 수준의 질문이 있고 생각에 생각을 거듭해야 겨우 도달할 수 있는 질문도 있습니다. 질문 4처럼 생각에 생각을 더하는 질문이 인간의 사고를 많이 자극합니다. 정답은 없고 바람직한 가능성만 다양하지요. 이런 질문에 답을 하려면 뇌 구석구석을 뒤져 그 가능성을 찾고 따져봐야 합니다. 이러한 깊은 질문이 대뇌피질의 다양한 영역을 더 긴밀하게 연결해 뇌를 크게 활성화시킵니다. 긴밀히 연결된 뇌의 신경회로가 학습과 부의 부익부 빈익빈을 일으키는 원인이고요.

매리언 울프 역시 이런 점을 강조하며 어린아이의 읽기 회로가 형성되는 동안 어떤 과정을 따르느냐에 따라 읽고 생각하는 방법에도 심대한 차이가 생긴다고 말합니다. 아이의 뇌를 바꾸고 깊게 생각하게 하려면 깊은 질문을 해야 합니다. "주인공의 이름이 무엇이니?", "둘은 무슨 사이였니?"와 같은 질문은 내용 확인은 가능하지만 깊은 생각을 이끌어내지는 못합니다. 정답이 정해져 있지 않으며 아이가 자신의 지식과 경험을 동원해 새로운 가능성을 찾아내야 하는 질문을 던질 때 아이의 사고는 최대한 자극됩니다.

책을 읽을 때는 아이에게 말을 걸고 질문을 하세요. 흥미로운 지점이나 의문이 나는 지점은 무엇인지 물어 아이의 생각을 들어보세요. 아이가 답하면 또 다시 질문하거나 의견을 내어 대화를 계속 진행해 나가세요. 맞고 틀리고는 중요하지 않습니다. 아이가 답을 하기 위해 생각한다는 것이 중요하지요. 아이와 부모 사이에 탁구공을 주고받듯 오가는 대화와 질문 속에서 아이의 사고력은 비약적으로 성장합니다. 읽고 질문하고 대화하는 모든 과정이 아이의 뇌 속에서 끝없이 시냅스를 연결시켜 아이의 두뇌를 완전히 바꾸어줍니다.

하지만 안타깝게도 한국 사람들은 질문을 잘하지 못합니다. 정답을 외우는 교육만 받아봤지 스스로 생각하고 길을 찾아 나가는 교육을 받아보지 못해서입니다. 우리도 그렇고 아이도 그렇지요. 소수의 아이를 제외하면 대부분의 아이들은 어른이 들려준 질문의 범주를 벗어나지 못합니다. "왜?"라는 질문을 하면 아이들도 "왜?"라는 질문을 쏟아내고, "만약에?"라는 질문을 하면 아이들 역시 "만약에?"라는 질문을 쏟아냅니다. 그래서 아이들의 질문력을 높이기 위해 필요한 것은 바로 부모의 질문입니다. 부모의 질문이 샘플이 되어 아이들의 질문은 다양하고 깊어집니다.

아이들이 부모의 지능을 닮는 것은 유전이라기보다 이러한 인지적 문화 차이 때문입니다. 아이의 지능을 바꾸고 싶다면 다음의 질문 목록을 참고하여 다양한 질문을 해보세요. 아이와 책을 읽으면서 혹은 일상에서 이 질문들을 응용해 보세요. 쉽지 않을 수 있지만 노력해야 합니다. 여러분의 질문이 바뀌지 않으면 아이의 지능도 바뀌지 않으니까요. 부모가 다양하고도 생각을 자극하는 깊은 질문을 던질 때 아이 역시 질문하는 법을 배우며 자신의 뇌를 바꾸어나갑니다. 창조는 모방의 뱃속에서 잉태되기 때문이지요.

## | 비판적 질문하기

깊은 질문은 크게 비판적 질문과 활용적 질문으로 나눌 수 있습니다. 비판적 질문은 사물을 분석하여 가치를 확인하기 위한 질문입니다. 비판적 질문을 위해서는 대상을 분석하고 평가해야 합니다. 『초대받은 아이들』을 읽은 후 할 수 있는 비판적 질문을 살펴보겠습니다.

| 분석 질문 | | |
|---|---|---|
| 원인 | · 이유가 무엇인가?<br>· 왜 그렇게 되었는가? | · 민서가 성모의 모습을 그린 이유는 무엇인가? |
| 결과 | · 무슨 일이 벌어질까?<br>· ~은 어떻게 될 것인가? | · 초대받지 않은 생일파티에 민서가 나타나면 어떤 일이 벌어질까? |
| 비교 | · 둘 사이에 유사점은 무엇인가?<br>· ~'과 ~'은 무엇이 비슷한가? | · 민서와 기영이는 어떤 공통점이 있는가? |
| 대조 | · 둘 사이에 차이점은 무엇인가?<br>· ~과 ~은 무엇이 다른가? | · 민서와 성모는 어떤 차이점이 있는가? |
| 연결 | · ~과 ~은 어떤 관련이 있는가?<br>· ~은 ~에 어떤 영향을 끼치는가? | · 성모의 성격과 성모의 인기는 어떤 관련이 있는가? |
| 분류 | · ~은 어떻게 분류할 수 있는가?<br>· ~은 무엇과 비슷한가? | · 이야기 속 인물들은 어떻게 분류할 수 있을까? |

| 평가 질문 | | |
|---|---|---|
| 선택 | · 나라면 무엇을 선택할 것인가?<br>· ~을 추천할 것인가? | · 나라면 나를 초대하지 않은 생일파티가 열리는 떡볶이집에 갈 것인가? |

| 판단 | • ~은 옳은가?<br>• 무엇이 더 중요한가? | • 민서가 아끼는 노트를 구기고 찢은<br>친구들의 행동은 어떠한가? |
|---|---|---|
| 지지 | • ~이 옳은 이유는 무엇인가?<br>• 그의 행동을 어떻게 변호할 수<br>있는가? | • 민서의 노트를 구긴 친구들은<br>어떻게 변호할 수 있을까? |
| 비판 | • ~이 잘못인 이유는 무엇인가?<br>• ~의 문제점은 무엇인가? | • 민서가 잘못한 행동은 무엇인가? |

| 활용적 질문하기

활용적 질문은 정보를 충분히 잘 사용하기 위한 질문입니다. 이를 위해서는 알게 된 것을 새로운 장면에 적용하고 창조적 방식으로 바꾸어야 합니다. 『초대받은 아이들』을 읽은 후 할 수 있는 활용적 질문을 살펴보겠습니다.

| 적용 질문 | | |
|---|---|---|
| 연결 | • 내 삶과 어떻게 연결되는가? | • 이야기는 내 삶과 어떻게<br>연결되는가? |
| 해결 | • 나라면 어떻게 해결할 수 있을까? | • 생일을 몰라주어서 서운한 엄마의<br>마음은 어떻게 달래줄 수 있을까? |
| 사용 | • 이 내용을 나는 어떻게 사용할까? | • 이야기를 통해 알게 된 친구 관계에<br>대한 이해를 어떻게 사용할까? |
| 변화 | • 내 삶에서 나는 무엇을 바꿀까? | • 나는 친구 관계를 어떻게 바꿀까? |

| 창조 질문 | | |
|---|---|---|
| 만들기 | • 이야기에서 영감을 받아 무엇을 만들 수 있을까? | • 이 이야기를 노래로 만든다면 어떤 가사를 쓸 수 있을까? |
| 일반화 | • ~라고 가설을 세울 수 있을까? <br> • ~라고 일반화할 수 있을까? | • 친구 관계는 일반적으로 어떻다고 말할 수 있을까? |
| 수정 | • 이야기를 어떻게 바꿀 수 있을까? | • 이야기의 한 부분을 바꾼다면 어떻게 바꿀 수 있을까? |
| 발전 | • 이야기를 어떻게 발전시킬 수 있을까? | • 기영이와 민서는 이후 어떻게 될까? |

## | 대화하며 읽기

질문이 생각을 촉발한다면 촉발된 생각을 발전시키고 매듭짓는 일
은 대화가 합니다. 대화는 크게 두 종류로 나뉩니다. 먼저 마음속으
로 자기 자신과 나누는 대화인 '내적 대화'입니다. 『갈매기의 꿈』을
읽고 조나단처럼 꿈을 이루기 위해 노력하고 싶다는 생각이 내적
대화입니다. 또 하나는 자신 이외의 외부 세계와 나누는 대화로 '외
적 대화'라고 합니다. 우리가 일상적으로 나누는 다른 사람과의 대
화는 물론, 궁금증을 해결하기 위해 책이나 인터넷을 살피는 행동
도 모두 포함합니다.

모든 성공적인 독자는 예외 없이 끊임없이 대화합니다. 내적이
든 외적이든 대화를 나누지 않으면 절대 성공적으로 읽을 수 없습
니다. 읽기는 책의 정보를 수동적으로 주입받는 과정이 아니기 때
문이지요. 책과 나 사이에 주고받는 상호작용이 읽기입니다. 책과
나 사이의 상호작용을 원활하게 하기 위해서는 대화가 필수이지요.

케네디 가문은 미국에서 왕조라고 불리는 유일한 가문입니다. 존 F. 케네디를 정점으로 미국 권력의 중심부에 항상 케네디 가문의 사람이 있었기 때문입니다. 1947년 이후 백악관이나 상·하원 의원에 케네디 가문이 없었던 적은 단 3년에 불과하다고 합니다. 미국의 왕조 케네디 가문은 어떻게 아이들을 교육할까요? 그들 교육의 핵심은 식탁에서 이루어지는 독서 토론입니다. 케네디 가문의 사람들은 아주 어린 시절부터 「뉴욕타임스」 기사를 읽고 토론하는 것이 습관화되어 있습니다. 10세 전후부터 매일 아침 신문을 읽고 아버지를 중심으로 형제자매들이 치열한 토론을 벌입니다. 지속된 토론 문화가 냉철하고 분석적으로 사고하면서도 다른 사람을 배려하는 매너까지 길러주었습니다. 명문 케네디 가문의 성공 비결 한가운데에는 바로 대화가 있었습니다.

제가 가르쳤던 학급 아이과 함께 『위대한 영혼, 간디』를 읽은 후 "비폭력 운동은 현명한 선택이었나?"라는 질문을 던지고 대화를 한 적이 있습니다. 한 아이는 "비폭력 운동을 하면 상대방이 협상에 쉽게 응하지 않아 시간을 너무 끌게 되어 효과가 떨어진다."라고 주장하였고, 다른 아이는 "시간은 좀 더 걸리겠지만 사람들이 피해를 입지 않고 평화적으로 운동하는 것이 중요하다."라고 주장하였습니다. 이후 논의는 속도가 중요한지 평화가 중요한지로 이어졌습니다. 속도가 중요하다는 아이는 나라를 빼앗은 적에게 줄 평화보다는 조국을 빨리 찾는 것이 중요하다고 말하였습니다. 평화가 중요하다는 아이는 폭력으로 얻은 평화는 평화가 아니며, 평화로 얻은 평화만이 진정한 평화라고 주장하였지요. 아이들은 토론에 근거가

4장 지도적 읽기로 문해력 키우기

239

되는 자료를 찾고 주장하고 설득하고 고민하였습니다. 김구와 간디를 비교하기 위해 『김구』를 읽고 차이점을 논하기도 했습니다. 학급에서 일어날 수 있는 폭력과 독립 과정에서의 폭력을 비교하고 차이점을 논하기도 했고요. 이런 토론이 아이의 내적, 외적 대화를 활성화하여 더 높은 수준의 읽기로 이끌었던 것은 말할 필요가 없습니다.

읽으면서 질문을 던지고 해답을 찾는 등 내적 대화를 끊임없이 해야 합니다. 내적 대화만으로 답을 찾지 못하면 관련 도서나 인터넷도 살피고 다른 사람에게 물으며 외적 대화도 시도해야 하고요. 성공적인 독자는 이런 과정을 통해 책의 표면적 이야기보다 더 깊이 들어갈 수 있으며 더 나은 독자로 스스로 성장해나갑니다.

그런데 아이의 내적 대화 수준은 아이의 지적 수준과 같습니다. 아이가 어리면 어릴수록 지적 능력이 떨어지년 떨어질수록 내적 대화의 수준도 낮다는 의미입니다. 그래서 아이들의 내적 대화 수준을 끌어올리기 위해서는 대화를 중심으로 하는 지도적 읽기가 필수적입니다. 읽은 후 부모와 나누는 외적 대화는 내적 대화를 위한 시범, 연습, 피드백을 제공합니다. 외적 대화를 통해 대화가 연습된 아이는 스스로 질문하고 답하면서 내적 대화 수준을 한 단계 끌어올리게 됩니다.

아이와 함께 책을 읽고 질문하고 의견을 나눌 때는 단답형으로 끝내지 마세요. 답이 없는 질문을 하고 생각의 근거를 끊임없이 찾아 나가세요. 『갈매기의 꿈』을 읽은 후에 "너는 조나단처럼 남들과는 다른 꿈을 찾는 삶을 원하니, 여러 사람들 속에서 좀 더 안전하고 편안한 삶을 원하니?"라고 물어보세요. 아이가 꿈을 선택한다면 "왜 꿈을 찾는 삶을 원하니?"라고 다시 물어야 합니다. 아이의 대답에 "네 꿈을 꼭 이룰 수 있을 거야." 혹은 "평범하게 사는 게 편한 거야."라며 부모의 의견을 말하고 끝내지 말고요. 꼬리에 꼬리를 무는 질문으로 대화를 이어 나가야 합니다. "평범한 삶이 어떤 점에서 싫어?" 혹은 "꿈을 찾는 노력에는 많은 고통이 있을 텐데 그것도 고려하고 있니?"라고 묻는다면 읽기 교육은 물론 인성 교육, 인생 교육도 동시에 가능하겠지요. 앞에서 배운 다양한 질문으로 대화를 하다 보면 아이는 세상에 대한 자신만의 견해를 갖게 됩니다.

자신의 생각을 능숙하게 말할 수 있는 수준의 아이에게만 대화가 도움이 되는 것은 아닙니다. 읽기와 관련된 대화는 어떠한 수준의 문해력을 가진 아이인지와 상관없이 모든 아이에게 도움이 됩니다. 문해력 뿌리와 소리 읽기 단계, 문맹에서 문해의 세계로 넘어오려는 아이들에게 읽기 중 대화는 특히 효과적입니다. 미국 브루킹스 연구소 교육 정책 담당자 화이트 허스트도 대화식 읽기Dialogic Reading를 매우 강조합니다. 그에 따르면, 읽기 중 대화는 성인이 아이의 말을 듣고 적절히 반응하여 아이에게 더 빈번하고 더 적절한 언어적 자극을 줄 수 있습니다. 이 때문에 대화식 읽기는 전 세계 유치원의 핵심적인 교육 방법으로 자리 잡았습니다.

# 읽어주기로
# 문해력 다지기

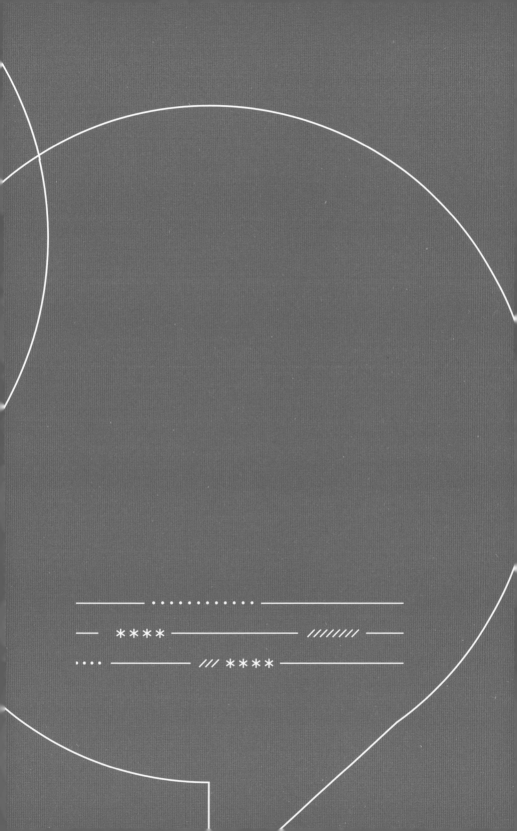

**** ———————————— /////////// · · · · · · · ·

혼자 읽을 줄 알게 되었다는 말은 이제 겨우 소리 읽기 단계를 밟기 시작했다는 뜻입니다. 소리 읽기가 가능하다고 읽어주기를 멈추면 아이의 문해력 발달은 너무 이른 시기에 멈추게 됩니다. 읽어주기는 지도적 읽기를 독립적 읽기로 연결하는 최고의 가교가 되기도 합니다. 읽어주기는 읽기의 기술적인 측면뿐 아니라 정서적 측면에서도 작용해 아이가 스스로 책을 읽도록 만듭니다.

# 부모가 읽어준 양이
# 문해력의 척도

읽어주기는 문해력 성장의 바로미터입니다. 『다시, 책으로』의 저자 매리언 울프는 생후 5년 동안 부모가 아이에게 읽어준 책의 양이 아이의 문해력을 예측하는 가장 정확한 척도라고 말합니다. 아동의 초기 문해력 발달과 지도 방법에 관해 많은 연구를 진행한 뷰케리히와 크리스티 역시 문해력 시작의 중요한 요인 중 하나로 가정에서 책 읽어주기를 말하였습니다. 시카고대학 교수 리즈 엘리엇도 아이에게 책을 읽어주는 것이 언어 능력을 키우는 가장 효과적인 방법이라고 말합니다.

　부모가 읽어준 책의 양은 아이의 문해력을 예측하는 척도이자 변수입니다. 15만 명의 초등 4학년 학생을 대상으로 한 국제 조사에서 부모가 책을 자주 읽어준 아이들이 그렇지 않은 아이들에 비해 읽기 성적이 월등이 높았습니다. 전문가들은 영유아기 아이들에게 일반적인 문자 교육을 해서는 안 되며, 대신 책을 읽어주어야 한다고 말합니다. 태어나자마자 아기를 품에 안고 천천히 정확한 발음으로 하루에 15분 혹은 그 이상의 시간 동안 책을 읽어주면, 아이들의 문해력 발달에 큰 도움을 줄 수 있습니다.

## 어떻게 읽어줘야 할까

### | 재미있게 읽어주기

무미건조하게 책을 읽어주면 이야기의 재미는 크게 반감됩니다. 과장된 목소리와 연기를 가미한다면 평범한 이야기에도 아이는 자지러지게 웃을 수 있습니다. 『여덟 살, 혼자 떠나는 여행』은 혼자 기차를 탄 여덟 살 아이가 한 노파와 잠깐의 우정을 나누는 이야기입니다. 저는 교실에서 이 이야기를 읽어주다가 어두운 터널 속에서 창문에 비친, 이빨도 없이 구아바를 씹는 할머니의 모습을 흉내 내었습니다. 아이들은 박장대소하며 그 모습을 흉내 내느라 난리 법석이 되었습니다. 나중에는 너무 웃어 배가 아프다고 바닥을 뒹굴기까지 했지요. 이 책은 따뜻하긴 하지만 조금 밋밋할 수도 있는 이야기인데, 많은 아이들이 가장 재미있는 책으로 골랐습니다. 생동감 넘치는 재연이 아이들로 하여금 이 책을 가장 재미있는 책으로 기억하게 만든 것이지요.

## | 그림 충분히 활용하기

글자로만 이루어진 어른의 책과 아이의 그림책은 다릅니다. 그림책에서 그림은 단순히 페이지를 차지하는 요소 그 이상입니다. 그림은 글로 다 표현하지 못하는 디테일을 가지고 있으며 이야기의 중요한 부분입니다. 글자를 읽는 데 익숙한 부모는 글자만 읽고 넘어가기 쉬운데 잠시 멈춰 그림을 감상하고 이에 관해 이야기를 나누어 보세요.

교실에서 아이들과 함께 『신기한 독』을 읽는데 '일그러지고 볼품이 없는 헌 독'이라는 문장이 나왔습니다. '일그러지다'의 의미를 물었지만 아는 아이는 없었습니다. 저는 그림을 자세히 보라고 했고 아이들은 그림에서 '일그러진'의 의미를 금세 찾아냈습니다. 『선인장 호텔』을 읽을 때는 선인장과 선인장 주변의 식물, 그리고 이를 이용하는 다양한 동물들의 생태를 자세히 관찰할 수 있었어요. 글만 읽어주고 넘어가지 않고 멈춰서 그림에 집중하도록 한 후 질문을 던졌습니다. "어떻게 생겼지?", "어떤 동물이 숨어있지?", "무슨 색이지?", "크기는 어떨까?" 아이들은 그림을 보며 글로는 알 수 없는 수많은 숨은 정보들을 찾아낼 수 있었습니다.

## | 중간중간 손으로 짚어가기

그림책을 읽어줄 때 아이들은 대개 그림에만 집중합니다. 중간중간 손으로 짚어가며 읽어주면 그림에 쏠려 있는 관심을 글로 가져올 수 있습니다. 아직 글자라는 개념이 없는 어린아이에게는 까만 선들이 소리가 난다는 사실을 알려줄 수 있지요. 또 문자는 왼쪽에서 오른쪽으로, 끝이 나면 한 줄 내려가서 다시 왼쪽부터 시작한다는 사실을 자연스럽게 알려줄 수도 있습니다. 조금 더 큰 아이는 어휘나 내용으로 시선을 끌어올 수 있고요.

아이에게 『세종대왕』을 읽어주면서 '집현전'이라는 글자를 손으로 짚은 후 집현전이 무엇인지 물었습니다. 바로 앞에 설명이 있지만 아이는 모른다고 대답하더군요. 저는 아무 말 없이 손가락을 앞으로 끌고 가 집현전을 설명한 부분을 짚었습니다. 그러자 아이는 곧 '학자들이 모여 연구하는'이라는 부분을 찾아내었지요. 단지 손가락을 짚어주는 동작만으로 아이 스스로 정보를 찾아내는 훈련이 된 것입니다. 하지만 과유불급, 그림을 감상하는 데 방해가 될 수 있기 때문에 읽는 내내 그렇게 해서는 안 됩니다.

## | 반복해서 여러 번 읽어주기

단순한 내용의 그림책을 두 번 읽으려면 부모는 따분함을 느끼기 쉽습니다. 하지만 아이들은 그렇지 않아요. 아이들은 내용 이해력이 부족해서 한 번 읽어주어서는 내용을 제대로 파악하지 못합니다. 여러 차례 반복해서 읽어주는 과정에서 아이의 이해도는 조금씩 커져갑니다. 같은 책을 여러 번 읽으면 그림을 더 자세히 살펴볼수도 있고요. 처음에는 발견하지 못한 숨겨진 특징을 발견하고 기뻐할 기회도 생기지요. 다음에 『돼지책』을 읽을 때는 그림 속에 숨겨진 돼지들을 찾아보세요. 처음에는 몰랐던 숨은 돼지들을 발견하게 되면 아이들은 너무나 큰 기쁨을 느낍니다.

반복 읽기는 소리 읽기 연습에도 탁월합니다. 익숙한 책을 다시 읽어주면 아직 유창성을 개발하지 못한 아이에게 연습할 기회를 제공할 수 있습니다. 이미 알고 있는 이야기를 통해 좀 더 편안한 마음으로 연습이 가능합니다.

### ▎천천히 분명한 소리로 읽어주기

또박또박 분명한 목소리로 천천히 읽어줄 때 아이들의 음소 인식이 개선됩니다. 『커다란 순무』를 읽어줄 때면 순무를 '순무'라고 분명히 발음해야 합니다. 입안에서 웅얼거리면 아이 귀에는 '숨무' 혹은 '숭무'로 들릴 수 있거든요. 다만 지나치게 천천히 읽어서는 안 됩니다. 부자연스럽게 느껴지지 않을 수준에서 천천히 읽어주어야 합니다.

### ▎소리 내어 읽는 경험을 나누기

아이가 어느 정도 읽는 법을 배웠다면 부모가 처음부터 끝까지 전적으로 읽어줄 필요는 없습니다. 아이와 읽을 부분을 나누어서 읽다 보면 읽기 유창성 개발에 많은 도움이 됩니다. 4장의 '읽기 유창성을 위한 출발, 소리 읽기'에 다양한 읽기 방법과 유창성 개발 프로그램을 담아두었으니 참고하기 바랍니다.

### ▎모르는 어휘는 적극 알려주기

읽어줄 때 어휘를 다루는 방식이 아이의 어휘 습득에 어떤 영향을 미치는지 확인한 연구가 있습니다. 실험은 책을 읽어주면서 모르는 단어를 간단히 설명해준 그룹 A, 읽어주지만 단어 설명을 해주지 않은 그룹 B, 아예 책을 읽어주지 않은 그룹 C로 진행되었습니다. 실험 전과 비교한 3개월 후의 테스트에서 A그룹은 단어의 39.9%를 습득했고, B그룹은 14.8%를 습득했습니다. C그룹의 단어 습득률은 2%에 불과했고요. 단순히 책을 읽어주기만 해도 읽어주지 않았을 때에 비해 7배 더 많은 단어를 습득하는군요. 하지만 단어의 의미를 설명하면서 읽어주면 그냥 읽어주었을 때보다 2.7배 더 많은 단어를 습득하게 됩니다. 읽어주지 않았을 때와 비교하면 20배 더 많은 단어를 습득한 것입니다.

『선인장 호텔』에서 '딱따구리는 이제 더운 낮에는 그늘지고, 추운 밤에는 따스한 훌륭한 보금자리를 갖게 되었습니다.'라는 문장을 읽게 되었다면 "보금자리가 뭘까?"라고 물어보세요. 아이는 그림을 통해 '보금자리'가 집을 의미한다는 사실을 금세 추측할 겁니다. 그러면 이번에는 단어 '보금자리'를 다양한 상황에 사용해 보세요. "돼지의 보금자리는 어딜까?", "캥거루 새끼의 보금자리는 어딜까?"와 같은 질문은 어휘 이해의 다면적 측면을 만족시켜 어휘를 제대로 알게 도와줍니다. 하지만 역시나 과유불급, 너무 많은 단어의 뜻을 찾다 보면 이야기의 흐름이 끊어지고 재미는 반감됩니다. 욕심을 내지 말고 이야기의 흐름을 끊지 않는 선에서 중간중간 어려운 단어를 설명해 주세요. 재미도 있고 어휘 학습에도 도움이 됩니다.

## | 대화하며 읽어주기

읽어주기는 같은 내용을 같은 순간, 같은 공간에서 나눈다는 점이 가장 큰 장점입니다. 두 사람이 한 순간에 같은 내용에 대해 집중하고 있다는 점은 대화에 굉장한 이점을 제공하지요. 대화의 주제는 우선 내용이 되어야 합니다. 내용을 제대로 이해했는지에 대해 물어보고 파악하도록 합니다. 내용을 잘 이해하고 있다면 생각과 견해를 나누어보세요.

『돼지책』을 읽어주고 있다면 가정 일의 분담과 책임에 대해 대화해 보세요. 아이들이 사이먼과 패트릭처럼 행동하지는 않았는지 돌아보게 할 수 있습니다. 『감자 좀 달라고요!』를 읽은 후에는 식탁에서 핸드폰 사용 문제나 가족 간의 관심에 대해 이야기를 나누어보고요. 일상적인 이야기 이외에도 각자의 견해를 나누는 대화도 좋습니다. 『내 꿈은 기적』을 읽은 후 더 살기 좋은 세상은 어떤 세상인지 물어보아도 좋고, 『프레드릭』을 읽고 프레드릭이 사람이라면 어떤 사람인지 물어볼 수도 있겠지요?

읽어주면서 나누는 대화 중에 너무 지식을 가르치려고 하지는 마세요. 즐겁게 대화를 나누는 것이 우선이고 이에 곁들여 조금씩 지도의 기회를 엿보아야 합니다. 그렇지 않으면 곧 짜증 내며 대화를 거부하는 아이를 발견하게 될 거예요.

## │ 그만 읽자고 하면 즉각 멈추기

읽기 효과의 핵심은 자발적 읽기에 있으며, 자발적 읽기는 오직 읽기에 대한 호감에서 나옵니다. 따라서 읽어주기의 핵심 역시 읽기를 기분 좋은 경험으로 만드는 데 있습니다. 그러니 아무리 좋은 책이 있다고 해도 싫다는 아이를 억지로 붙잡아놓고 읽지는 마세요. 읽어주기의 가장 중요한 원칙은 역설적이게도 아이가 그만 읽겠다고 할 때 어떤 강요도 하지 말고 즉각 멈추는 데 있습니다. 그래야 만 다음날에 아이가 다시 기분 좋게 책을 펼칠 수 있거든요.

## | 책의 선택권은 아이에게

어느 날 저는 그림책방에 들러 새로 나온 그림책 3권을 사서 집으로 향했습니다. 재미있게 읽을 아이의 얼굴이 떠올라 발걸음이 가벼웠 지요. 아이의 기뻐하는 표정을 기대하며 책을 내밀었지만 반응은 기대 밖이었습니다. "나 오늘 『발레리나 벨린다』 읽을 거야." "그 책 은 벌써 수없이 봤잖아. 오늘 아빠가 새로운 그림책 사 왔으니 그거 보자." "싫어." 발레에 푹 빠진 딸아이는 발레복을 입고 바닥에 앉아 발끝으로 포인과 플렉스 자세를 취하면서 대답했습니다. 그림책방 까지 가서 새로운 그림책을 사 온 아빠의 정성을 몰라주는 딸아이 에게 서운했지만 어쩌겠습니까? 책을 읽을 사람은 딸아이니 제가 양보해야지요. 아무리 좋은 책이 있다고 하더라도 아이가 원하는 책을 우선으로 하세요. 꼭 읽어주고 싶다면 아이가 원하는 책을 읽 어준 후 권유하는 게 좋습니다.


# 언제까지 읽어줘야 할까

혼자 읽을 줄 알게 되었다는 말은 이제 겨우 소리 읽기 단계를 밟기 시작했다는 뜻입니다. 소리 읽기가 가능하다고 읽어주기를 멈추면 아이의 문해력 발달은 너무 이른 시기에 멈추게 됩니다. 읽어서 이해하는 능력이, 들어서 이해하는 능력과 비슷해지는 시기는 대략 중학교 2학년이라고 합니다. 중 2가 되기 전까지는 읽어서 이해 못하는 내용도 들려주면 이해한다는 말이지요. 따라서 이 시기까지는 부모가 읽어주면 도움이 됩니다.

그런데, 그림책도 아니고 줄글 책을 어떻게 다 읽어주냐고요? 다 읽어줄 필요는 없습니다. 우선 10분 정도만 시간을 내어 책의 앞부분을 읽어주세요. 앞부분만 읽어주면 책의 내용이 궁금해져서 책을 좋아하지 않는 아이도 스스로 책을 읽도록 만드는 힘이 있습니다. 문해력 교육에 뜻이 있는 선생님들이 많이 쓰는 방법이기도 한데요. 쉬는 시간이 되면 선생님이 읽어주었던 그 책을 서로 먼저 읽겠다고 경쟁을 하기도 합니다.

다만 중2 때까지 침대에서 품에 안고 책을 읽어주겠다고 하면 아이가 굴욕적으로 느낄 수 있습니다. 아이가 점점 크면서 읽어주기를 유치하다고 생각한다면 친한 친구나 직장 동료에게 새로운 이야기를 들려주듯이 해보세요. 식탁에 앉아 있는 아이에게 무심하게 "이것 봐. 참 재미있는 내용인데 잠깐 들어볼래?"처럼 말이지요.

## 읽으면서 아이의 문해력을 점검하세요

읽어주는 동안 단지 글자를 읽어 나가는 것에 머물지 말고 읽으면서 아이의 문해력을 점검하고 지도하세요. 유창하게 소리 내어 읽는 모습을 보여주세요. 아이와 한 줄씩 혹은 한 페이지씩 나누어 읽으면서 아이의 읽기 유창성을 체크하세요. 아이가 더듬거리는 부분은 시범을 보이고 따라 하게 해주세요. 내용에 맞는 속도와 억양으로 읽는 모습을 보여주세요. 감정을 실어서 읽도록 도와주세요. 어려워 보이는 어휘가 있으면 뜻을 알려주거나 추론할 수 있는 방법을 알려주고 직접 시도하게 하세요. 내용을 더 잘 이해할 수 있는 이해 전략을 시도하게 하세요. 중요한 디테일을 모아 이야기의 핵심과 주제를 파악하게 도와주세요.

읽어주기는 지도적 읽기를 독립적 읽기로 연결하는 최고의 가교가 되기도 합니다. 읽어주기는 읽기의 기술적인 측면뿐 아니라 정서적 측면에서도 작용해 아이가 스스로 책을 읽도록 만듭니다. 읽어주기를 통해 아이는 문학을 경험하고 정서적 효과를 누리게 됩니다. 정서적 경험은 작품을 통해서 주어지기도 하고, 읽어주는 부모와의 교감을 통해 이루어지기도 합니다. 어린 시절의 이런 경험은 아이의 문해력뿐 아니라 삶 전체를 풍요롭게 하지요. 읽어주기를 통해 느낀 정서적 효과는 책을 좋아하고 사랑하게 되는 직접적인 이유가 됩니다.

읽어주기는 문해력의 뿌리에서 해석 읽기까지 아이가 반드시 거쳐야 할 문해력 발달의 모든 과정을 직접적으로 성장시킵니다. 그리고 아이의 정서적 측면을 자극하여 스스로 읽고 싶도록 만들지요. 그래서 읽어주기의 경험이 별로 없는 아이들은 책 읽기가 매우 힘들어지고, 이들의 문해력은 현저히 낮을 수밖에 없습니다. 어떻게 글을 읽을 수 있는지 흉내를 낼 사례가 없어 잘 읽을 수 없을뿐더러 책을 좋아하게 되는 계기가 없어 읽으려고 하지 않기 때문입니다.

# 읽어주기는
# 어떻게 문해력을 다지는가

제가 2학년 담임을 할 때 일입니다. 반에는 다문화 아이가 여러 명 있었고 지능이 약간 낮은 친구도 있었습니다. 이 아이들은 다른 아이들에 비해 언어 능력이 많이 부족하다는 공통점이 있었습니다. 일상적인 대화에는 별다른 문제가 없었으나 자세한 이야기는 잘 이해하지 못하였습니다. 물론 스스로도 구체적인 이야기는 잘하지 못했고요. 제가 무언가 요청하거나 지시를 내려도 제대로 이해하지 못하여 엉뚱하게 수행하는 일도 빈번했습니다.

이런 문제는 수업에서도 그대로 일어났습니다. 국어책은 잘 읽지 못했고, 수학은 설명을 해주어도 이해하지 못하였습니다. 이런 상황에서는 무엇을 어떻게 해야 하는 걸까요?

## 매일 그림책 읽어주기로 달라진 아이들

저는 이 문제 해결을 위해 1년 동안 매일 1권의 그림책을 읽어주었습니다. 단순히 이야기의 글자를 읽어주는 것에서 그치지 않고 읽어주며 여러 가지 대화를 나눴습니다. 질문하고 아이들의 생각을 듣고 대화하면서 하브루타식 읽어주기를 한 것입니다. 이런 노력의 효과는 서서히 나타났습니다. 아이들은 다른 사람의 말을 더 잘 알아듣기 시작했고 학교 공부도 나아졌습니다.

책을 읽어주면 책을 통해 대화가 풍부해지면서 아이의 구어가 발달합니다. 책의 같은 페이지에 눈을 맞추고 의견을 주고받다 보면 일상에서는 결코 나눌 리 없는 대화도 하게 됩니다. 숲속의 작은 생물에 대해, 고물을 고쳐 우주로 날아간 아이에 대해, 곰을 잡으러 떠나는 가족들의 마음에 대해서 말이죠. 더 많은 시간 동안 더 넓은 주제에 대해 나눈 대화는 아이의 구어를 적접적으로 발달시킵니다.

읽어주기는 아이가 읽기와 긍정적인 만남을 이루도록 돕습니다. 그 해에 맡은 아이들은 읽기의 경험이 너무나 부족하였는데요. 어쩌다 보니 부모의 방임 속에 자란 아이가 여럿 있어 읽기와 공부, 학습과는 거리가 벌어져 있었던 것이죠. 학년 초에 아침 15분 독서를 할 때 책을 진득이 읽을 수 있는 아이는 한 손에 꼽을 만큼 적었습니다.

하지만 매일 읽어주는 그림책을 통해 아이들이 읽기에 재미를 느끼자 상황은 바뀌었습니다. 읽으라고 지시해도 눈을 피해 장난만 치던 아이들이 몇 개월이 지나자 완전히 바뀌었습니다. 아침 15분 독서를 시작하는 시간 이전에 스스로 책을 읽기 시작했습니다. 학교에 도착하자마자 떠들기 바빴던 아이들은 가방만 걸어두고는 부지런히 책을 펼쳤습니다. 둘셋씩 모여 함께 책을 읽는 아이들도 있었고요. 읽어주기가 책을 좋아하게 만든 것입니다.

## 읽어주기는 '소리 읽기'에 어떤 영향을 줄까

읽어주기는 소리 읽기의 과제인 정확한 단어 해독, 단어 인식의 자동성 획득, 운율에 맞는 읽기에도 영향을 미칩니다. 둘째 딸아이가 어린이집에서 문자를 조금씩 배워 나가고 있을 때였습니다. 평소와 마찬가지로 책을 읽어주고 있는데 '수영을'이라는 단어에서 아이가 저를 멈춰 세웠어요. " '수영을'이 어디 있어?" 저는 글자를 가리켰고 아이는 잠시 글자를 보면서 천천히 읽었습니다. "ㅅ~ ㅜ ㅇ~ ㅕ ~ ㅇ 으~ㄹ" 같은 방법으로 한 번 더 읽은 후 만족스러운 표정을 짓더군요. 아이는 아빠가 뱉어내는 음소와 음절을 책에서 발견하고 스스로 연습한 후 흡족해했습니다. 체계적으로 배운 글자와 소리의 관계를 읽어주기라는 상황에서 적용하며 익혀가는 모습입니다. 읽어주기에서 만나는 수많은 글자들은 아이에게 글자와 소리를 조합하고 분해하는 훌륭한 실험실이 되어줍니다. 학교에서는 체계적인 한글 교육을 하니 가정에서는 읽어주기로 보충해준다면, 훌륭한 한글 교육이 되겠지요?

읽어주기는 단어 인식의 자동성도 키웁니다. 아이에게 한동안 전래 동화만 계속 읽어준 적이 있었습니다. 어느 날 새로운 전래 동화를 꺼내자 아이는 "오늘도 '옛날 옛날에'로 시작하겠지?"라고 말했습니다. 아이는 책을 펼쳐서 맨 첫 글자가 자신의 예상대로 '옛날 옛날에'이자 무척 좋아했습니다. 그런데 이때는 아이가 아직 글자를 배우기 전이었습니다. 단지 매일매일 읽으면서 늘 만나는 글자가 눈에 익어 통으로 새겨진 것이었습니다. 글자를 소리로 바꿀 필요 없이 즉각적이고 자동적으로 인식하게 된 것입니다.

읽어주기는 운율법에 맞게 읽는 힘도 길러줍니다. 읽어줄 때 저는 항상 이야기 속 인물의 느낌을 살려 읽으려 노력합니다. 할아버지는 할아버지처럼, 처녀는 처녀처럼, 바보는 바보처럼 말이지요. 아이들은 그런 저의 목소리를 금세 복사했습니다. 단순히 목소리의 느낌뿐 아니라 언제 소리를 높이고 언제 낮추는지, 언제 잠시 쉬었다가 말하고 언제 빨리 말하는지도 모두 말이지요.

그리고 그걸로 끝나지 않았습니다. 아이들은 읽기에 점점 자신만의 개성을 더해 제가 시범 보인 방식과는 다른 더 새로운 방식을 창조하기 시작했습니다. 운율법에 대한 이론적인 설명을 하나도 하지 않았지만 아이들은 읽어주는 이의 시범과 이야기의 맥락을 통해 적절한 운율법을 파악해 훌륭하게 흉내 내고 발전시켜 자신만으로 읽기로 만들었습니다.

## 읽어주기는 '의미 읽기'에 어떤 영향을 줄까

읽어주기는 넓고 깊은 어휘망을 구축하는 데 큰 도움이 됩니다. 아이들은 『치로누푸 섬의 여우』 한 권을 읽고, 격렬해진, 아기 보살, 자작나무, 뱃전, 휘영청, 기슭, 자지러지는, 조릿대라는 새로운 단어를 접하게 되었습니다. 『준치 가시』를 읽고는 '치'자로 끝나는 생선 이름을 찾았고요. 아이들의 입에서는 참치, 멸치, 꽁치, 한치가 나왔습니다. 『똥벼락』을 읽고는 벼락을 이용한 단어들을 찾아보았어요. 돈벼락, 날벼락, 벼락부자 등이 나왔네요. 1년 동안 그림책을 읽어주며 어휘에 집중하자 그거, 저거, 이렇게, 저렇게라며 지시대명사와 동작으로 표현하던 아이들이 조금씩 달라지기 시작했습니다. '더운 나라'라고 표현하던 아이들이 '열대우림'이라는 학문 어휘를 사용하기도 했습니다.

읽어주기는 내용 이해력에도 큰 영향을 끼칩니다. 이야기가 재미있다고는 말해도 어떤 내용인지 정리하지 못하던 아이들이 점점 달라졌습니다. 우선 배경지식이 쌓였어요. 『샌드위치 바꿔 먹기』를 통해서 문화의 차이, 『똥벼락』을 통해서는 농사 문화, 『선인장 호텔』을 통해서는 생태계에 대해 알게 되었습니다. 이해 전략의 사용도 늘었습니다. 『야쿠바와 사자』를 읽으면서 "사자가 어떤 상황에 처했는지 이해했니?", "너는 야쿠바와 같은 상황에 있었던 적이 있니?"와 같은 질문들을 했어요. 이런 질문들은 아이들의 이해도를 평가하고 개인적 지식과 경험을 꺼내게 하는 데 도움을 주었습니다. 평소 지도적 읽기를 통해 이해 전략을 충분히 접한 아이들은 자신들의 읽기에도 이를 적용하는 모습을 보여주었습니다.

## 읽어주기는 '해석 읽기'에 어떤 영향을 줄까

읽어주기는 감정적 능력도 키워줍니다. 저와 아이들은 그림책을 함께 읽으면서 수많은 감정을 느끼고 나누었습니다. 권정생 선생님이 쓴 『엄마 까투리』는 특히 그런 점에서 돋보였던 책인데요. 이야기의 내용은 대략 이렇습니다. 산불이 나서 동물들이 이리저리 뛰어 도망갑니다. 아홉 마리 새끼를 데리고 있던 엄마 까투리도 애타게 새끼들을 부르며 불길을 피해 허둥지둥 쫓겨 다니지요. 불길이 자꾸 자꾸 가까워오자 엄마 까투리는 자기도 모르게 푸드득 날아오릅니다. 하지만 이내 새끼들이 생각나 다시 몸을 돌릴 수밖에 없습니다. 더 이상 달아날 수 없게 되자 엄마 까투리는 두 날개 안에 새끼들을 꼬옥 보듬어 안습니다. 사나운 불길이 엄마 까투리를 휩싸지만 엄마 까투리는 꼼짝도 하지 않아요. 가까스로 산불은 꺼집니다. 엄마와 새끼 까투리는 어떻게 되었을까요? 새까맣게 탄 엄마 품속에서 아홉 마리 꿩 병아리들이 쏟아져 나옵니다. 꿩 병아리들은 각자 먹이를 먹고 다시 엄마 품속으로 돌아와 앉았습니다.

이 이야기를 읽고 교실의 아이들은 어떤 반응을 보였을까요? 아이들은 엄마가 보고 싶다며 눈물을 펑펑 쏟았습니다. 엄마 까투리의 숭고한 사랑이 아이들의 마음에 전해져 엄마가 그리워진 것이죠.

읽어주기는 자신만의 생각을 키우기에도 좋습니다. 『감자 좀 달라고요!』를 읽어준 후 이야기의 주제에 대해 생각해 보았는데요. 책에는 감자를 건네 달라고 가족들에게 요구하지만, 아무도 신경 쓰지 않자 투명인간이 되어버리는 빌이 나옵니다. 이 이야기가 무엇을 말하는지 아이들과 대화를 나누고 싶었습니다. 그러기 위해서는 우선 상징에 대해 알아야 하는데요. 그래서 『아기 돼지 삼형제 이야기』를 이용하여 상징에 대해 먼저 배웠습니다. 늑대는 위험, 집이 날아간 첫째 돼지와 둘째 돼지는 귀찮아서 대충 하는 사람, 집을 튼튼하게 지은 셋째 돼지는 부지런하게 자기 일을 하는 사람이라는 점을 알아보았어요. 그리고 『감자 좀 달라고요!』에서 감자, 가족, 투명인간이 각각 무엇을 뜻하는지 물어보았습니다. 2학년 아이들이었지만 친구들과 하브루타로 대화하며 함께 생각해본 아이들은 감자는 관심, 가족은 무관심한 사람, 투명인간은 외로운 사람이라고 답했습니다. 그래서 이 이야기는 주변 사람들이 관심을 주지 않아 외로워진 사람에 대한 이야기라고 정리했지요. 그림책에 대한 저학년 아이들의 해석이라고 생각하기에는 너무 훌륭하지 않나요? 이런 경험을 하고 나면 아이들은 이야기를 단순한 재미 이상으로 자신의 생각을 형성하고 이해하는 데 사용하기 시작합니다.

# 숨은 문해력을 끌어올리는
# 하브루타식 읽어주기

유대인들은 자녀를 무릎에 앉히고 책을 읽어주면서 아이들과 끊임없이 대화를 합니다. 이야기에 나온 단어를 아는지, 주인공이 왜 화가 났는지, 엄마에게 무슨 일이 일어날 것 같은지, 문제를 해결하기 위해서는 어떻게 해야 할지 등을 말이지요. 그들은 지도적 읽기에 대한 이론을 배운 적이 없었지만 본능적으로 이를 실천하고 있었던 것입니다.

유대인들의 지도적 읽기가 바로 하브루타식 읽어주기입니다. 특히 아이의 주도성과 사고 확장에 초점을 맞춘 특징이 있지요. 이러한 하브루타식 읽어주기는 숨어 있는 아이의 문해력을 최대한 끌어낼 수 있습니다. 이것이 세계 최고 부자가 된 유대인들만의 비법이지요.

# 문해력이 가장 빠르게 성장하는 비결

우리는 보통 읽어줄 때 결과에 더 관심을 가집니다. 몇 권을 읽어주었는지 그리고 아이가 내용은 기억하는지 말입니다. 하지만 읽어주기는 결과보다 과정이 중요합니다. 무엇을 얼마나 읽어주었는지보다 어떻게 읽어주고 무엇을 생각하고 느꼈는지가 더 중요하다는 말입니다. 단순히 많이 읽어주고 내용을 기억하는지 묻지 말고, 읽어주는 과정에서 아이가 이해하도록 그리고 자신의 생각을 갖도록 이끌어주어야 합니다. 이 과정에서 아이의 문해력이 가장 빠르게 성장할 수 있습니다. 그러니 두세 권을 그냥 읽어주기보다 한 권을 읽어주어도 하브루타식으로 읽어주는 게 중요합니다.

하브루타식 읽어주기는 읽기 과정에서 아이의 이해가 일어나는지에 관심을 둡니다. 앞에서 읽기와 문해력 발달의 과정을 설명한 이유가 여기에 있습니다. 다 읽은 후 무슨 생각이 드는지 묻지 말고, 읽기 과정에서 아이와 함께 생각을 만들어 나가세요. 다 읽은 후 독후감을 쓰라고 지시하지 말고, 읽기 과정에서 독후감을 잘 쓸 수 있도록 함께 생각을 만들어 나가세요. 글자만 읽어주지 않고, 어떻게 읽고, 어떻게 이해하고, 어떻게 생각할 수 있는지 그 과정을 실제 장면에서 구체적으로 지도하는 겁니다. 이렇게 하면 문해력이 빠르게 성장하는 게 당연하지 않겠습니까?

하브루타식 읽어주기는 읽기 전, 읽기 중, 읽기 후의 세 단계로 나누어 볼 수 있습니다. 세 단계에 따라 질문하고 대화하며 책을 더 잘 소화할 수 있도록 도와주는 거지요. 하브루타식 읽기의 세 단계는 남녀 간의 연애 과정과도 비슷합니다. 읽기 전은 소개 단계입니다. 누군가를 소개받기 전 상대가 어떤 사람인지 기본적인 정보를 받고 마음의 준비를 하듯이 '읽기 전'에 어떤 책인지 기본적인 정보를 찾고 상상하며 머리와 가슴으로 준비합니다. '읽기 중'은 연애 단계입니다. 서로를 조금씩 알아가고 호감을 키워가듯 책을 만나 내용을 알아가고 조금씩 빠져듭니다. '읽기 후'는 결혼 단계입니다. 결혼한 부부가 더 잘 살기 위해 생활 방식을 맞추고 정리하듯 읽기 후에는 내용을 자신의 것으로 만들기 위해 정리하게 됩니다. 소개, 연애, 결혼이 순조롭게 진행되어야 함께 행복하게 살 수 있듯 읽기 전, 중, 후가 잘 진행될 때 성공적인 읽기가 될 수 있습니다. 그럼 이제부터는 하브루타식 읽어주기의 읽기 전, 중, 후 단계에 각각 할 수 있는 활동을 자세히 살펴보겠습니다.

## 하브루타식 읽어주기 ① 읽기 전

읽기 전 단계에는 크게 두 가지 목적이 있습니다. 첫째, 책으로 아이의 관심을 끌어올 수 있도록 흥미를 유발하고 둘째, 이야기를 더 잘 이해할 수 있도록 배경지식을 준비하게 하는 일입니다. 이 두 목적을 달성하기 위해 읽기 전에 할 수 있는 활동은 다음과 같습니다.

### | 이미지 활동
• 그림으로 대화 나누기 : 표지나 삽화를 이용하여 대화를 나누어보세

요. 인물이 어떻게 보이는지, 무슨 상황인지에 대해 생각해 볼 수 있습니다.

- 그림 산책 : 글을 읽기 전에 한 페이지씩 넘기면서 우선 그림만 살펴보세요. 그림을 통해 어떤 내용인지 생각해 본 후 읽으면 이야기를 더 쉽게 이해할 수 있습니다.

- 삽화 배열하기 : 삽화를 사진으로 찍어 출력해 무작위로 배열한 후 이를 순서대로 놓아보세요. 이야기를 읽기 전이므로 다양한 생각이 나올 수 있습니다. 정답은 없으므로 맞다, 틀리다의 관점이 아닌 아이의 창의적인 생각이 발현될 수 있도록 이끌어 주세요.

### | 텍스트 활동

- 제목으로 이야기 나누기 : 제목을 보고 어떤 내용일지, 무엇이 떠오르는지 대화를 나누어보세요. 제목은 전체 이야기를 상징적으로 표현하기에 이야기를 예측하고 아이의 관심을 끌어오는 데 좋은 수단입니다. 표지 그림과 연결하여 생각하면 더욱 좋습니다.

- 키워드 살펴보기 : 텍스트에 나오는 핵심 키워드를 이용해 대화해 보세요. 핵심 키워드를 보고 무엇이 연상되는지, 어떤 내용일지 상상해 봅니다. 이때 모르는 단어의 뜻을 알아두면 내용 이해에 도움이 됩니다.

- 아는 단어, 모르는 단어 : 이야기를 빠르게 훑어 읽으면서 아는 단어와 모르는 단어를 뽑아보세요. 형광펜으로 표시해도 좋습니다. 찾은 단어들을 이용해 대화를 나눕니다.

## ┃ 경험 나누기 활동

• 주제 관련 활동 : 우정, 사랑, 용기와 같은 이야기의 주제에 관해 대화를 나눠보세요. 우정이 주제라면 가장 친한 친구와의 우정과 다툼에 대해 이야기해 볼 수 있겠지요. 주제에 대해 이야기하고 자기 경험을 나누고 나면 좀 더 공감하며 책을 읽을 수 있게 됩니다.

• 소재 관련 활동 : 바다, 똥, 집안일 등 이야기의 소재와 관련한 경험을 나누어보세요. 소재와 관련한 여러 감각이 자극되어 훨씬 풍성한 읽기 경험을 할 수 있습니다.

• 연상되는 이야기 말하기 : 제목이나 그림 등이 내가 이미 알고 있는 이야기를 연상시킨다면 그 이야기에 대해 대화를 나누어보세요. 어떤 점에서 그 이야기가 연상되었는지, 책과 연상된 이야기가 유사할 것 같은지, 다를 것 같은지를 생각해 보는 겁니다. 비교하고 대조하며 생각하는 힘을 기를 수 있습니다.

## ┃ 추측 활동

• 제목 예측하기 : 표지나 삽화를 보고 이야기의 제목을 지어보세요. 그러기 위해서는 제목을 포스트잇 등으로 살짝 가려야겠지요? 예측하되 정답을 맞히려 하지 말고 자신의 느낌대로 제목을 짓는 편이 더 좋습니다.

• 인물 예측하기 : 표지와 삽화, 인물의 이름을 통해 어떤 인물인지 예측해 보세요. 이야기에서는 인물의 외모, 이름 등이 성격과 중요한 연결 관계에 있기도 합니다.

• 내용 예측하기 : 제목과 그림을 이용하여 내용을 예측해 보세요. 정

확하게 맞히는 데 초점을 두지 않고, 아이들이 자신만의 느낌대로 상상하도록 두어야 합니다. 그러기 위해서는 "어떤 내용인지 맞혀 보렴."보다는 "네가 만약 작가라면 이 표지와 제목으로 어떤 이야 기를 쓰고 싶니?"라고 묻는 편이 낫습니다.

### | 사고 활동

- 브레인스토밍 : 이야기와 관련하여 떠오르는 것이라면 무엇이든 상 관없이 자유롭게 이야기할 시간을 주세요. 그림에 관해, 제목에 관해, 자신의 생각이나 느낌에 관해 제약 없이 이야기하면 됩니 다.
- 질문하기 : 아이에게 질문의 기회를 주세요. 제목과 표지를 보고 떠 오르는 질문을 해보세요. 아이가 잘하지 못한다면 부모가 먼저 시 범을 보여주면 됩니다. 바로는 아니더라도 몇 번 시범을 보여주면 감을 잡거든요.

## 하브루타식 읽어주기 ② 읽기 중

'읽기 중' 단계에서는 지도적 읽기의 장점이 가장 잘 발현될 수 있 습니다. 소리 읽기가 부족한 아이에게는 소리 읽기를, 의미 읽기가 부족한 아이에게는 의미 읽기를, 해석 읽기가 부족한 아이에게는 해 석 읽기를 지도할 수 있거든요. 우리 아이의 필요에 맞는 내용을 4장 '지도적 읽기로 문해력 키우기'에서 찾아 읽고, 실천하면 됩니다. 읽기 중 단계는 가장 중요한 단계이기도 합니다. 시간이 많이 없다면 읽기 전과 읽기 후는 생략하고 읽기 중 단계에만 집중해도 됩니다.

## | 다양하게 읽기

- **이야기 읽어주기** : 스스로 읽지 못하는 아이에게는 이야기를 읽어주어어야 합니다. 귀찮아하지 않고 함께 즐기며 읽어주면 아이는 이야기의 세계로 빠져들 수 있습니다.

- **다양한 방법으로 읽기** : 소리 내어 읽기, 따라 읽기, 함께 읽기, 번갈아 가며 읽기 등 다채로운 읽기 방법을 적용해 보세요. 각각의 효과를 잘 파악하여 적절히 사용하면 훨씬 더 큰 효과를 볼 수 있습니다.

- **유창성 개발 프로그램 활용하기** : 목소리 연극, 시간 측정 반복 읽기, 이 중 인상 읽기, 유창성 추구 읽기 지도, 유창성 개발 레슨 등 다양한 유창성 개발 읽기 프로그램을 적용해 보세요.

- **표현하며 읽기** : 이야기에는 감정도 있고, 움직임도 있습니다. 이를 표현하며 읽어보세요. 인물이 화가 나면 화가 난 목소리로, 인물이 기쁘면 들뜬 목소리로 읽는 겁니다. 인물이 동작을 취할 때는 동작을 흉내 내며 읽으면 좋습니다.

- **대화하며 읽기** : 녹음된 테이프를 틀 듯 글자에만 집중하지 말고, 아이의 반응을 이끌어내세요. 무엇을 생각하고 무엇을 느끼는지 물어 대화를 이끌어내세요. 대화는 아이의 머릿속에서 의미를 구성하는 데 큰 도움이 됩니다.

- **반응하며 읽기** : 무덤덤하게 읽지 말고 반응하며 읽어주세요. "정말?", "이럴 수가!"와 같은 부모의 반응은 아이의 반응을 함께 이

끌어내는 데 도움이 됩니다. "어떻게 생각해?"라고 물어도 좋습니다.

- 질문하며 읽기 : 아이에게 질문할 기회를 주세요. 스스로 질문하지 않는다면 부모가 먼저 질문하면 됩니다. "도대체 왜 그랬을까?", "또 무슨 일이 벌어질까?"와 같은 질문을 수시로 하다 보면 아이도 어느새 부모를 따라 질문하게 됩니다.

## 어휘에 초점 맞추기

- 어휘 알려주기 : 아이가 어려워할 만한 단어가 나오면 알려주세요. 모르는 단어가 나와도 아이들은 대개 그냥 지나갑니다. 이때 부모가 알려주면 아이의 어휘 실력이 빠르게 향상됩니다.
- 어휘 추론하기 : 모르는 단어는 알려주는 것도 좋지만, 추론하는 힘을 길러주는 것도 중요합니다. 한 권에서 한두 번은 꼭 "이 단어는 무슨 뜻일 것 같아?"라고 물어보세요.
- 문맥 활용 어휘 추론 : 모르는 단어는 우선 문맥을 활용해 추론하세요. 이야기의 앞뒤 흐름, 특히 바로 앞과 뒤 문장이나 문단이 중요합니다.
- 형태 분석 어휘 추론 : 어휘 자체에 힌트가 있는 경우도 많습니다. 어휘를 읽어보고 잘라보면서 익숙한 부분을 찾아보세요. 아이가 이미 알고 있는 단어도 자꾸 잘라서 생각하면 어휘력이 길러집니다.
- 국어사전, 한자사전 활용하기 : 국어사전과 한자사전을 적극 활용하세요. 이야기를 읽다가 찾을 수도 있지만 흐름이 끊어진다 싶으면 읽기 후에 찾아봐도 좋습니다.

## | 이해 전략 활용하기

• 요약하기 : 페이지별로 한 문장으로 요약해 보세요. 전체 이야기를 이해하는 데 많은 도움이 됩니다. 아이 혼자 하라고 하면 잘 못하니 꼭 먼저 시범을 보이고 함께하면서 도와주세요.

• 속도 늦추거나 멈추기 : 이해가 어려운 지점인데 계속 읽어 나가지 마세요. 아이들은 빨리 읽는 것이 잘 읽는 거라고 생각합니다. 몰라도 모른다는 말도 잘 하지 않을 수 있고요. 이해하기 위해 멈춰서 생각하는 모습을 보여주세요. 그래도 괜찮다는 것을 알려줘야 합니다.

• 개인적 지식과 경험 꺼내기 : 이야기를 읽다 내 경험이 떠오르면 주저하지 말고 이야기하세요. 비슷한 경험도 좋고 반대되는 경험도 좋습니다. 그 안에서 교훈과 삶의 통찰을 얻을 수 있거든요. 이야기를 읽을 때는 세속 나 자신과 연결하며 읽는 것이 중요합니다.

• 설명하기 : 이해가 안 되는 장면은 오히려 설명하도록 하세요. 다른 말로 풀어서 설명하고 예를 들다 보면 이해가 만들어집니다. 이런 모습을 시범 보이고 따라 하게 알려주세요.

• 핵심 단어 찾기 : 글에는 대개 핵심 단어가 있습니다. 내용은 핵심 단어를 중심으로 펼쳐지지요. 가장 중요한 단어를 찾고 나면 나머지 내용은 이와 연결되어 펼쳐집니다.

# 하브루타식 읽어주기 ③ 읽기 후

'읽기 후' 단계의 목적은 내용에 대해 더 잘 이해하고, 깊게 느끼고 생각하는 데 있습니다. 읽기 중에 확인한 이야기의 의미를 좀 더 명확히 하고 자신의 해석을 확장하도록 도와야 합니다. 읽기 후 활동은 분명 도움이 되지만, 반드시 해야만 하는 것은 아닙니다. 시간적 문제로 어렵다면 생략할 수도 있으니 너무 부담은 갖지 마세요.

## | 읽기 활동

• 다시 읽기 : 내용이 정확히 이해되지 않았다면 다시 읽도록 합니다. 꼭 책 전체를 다시 읽어야 하는 것은 아닙니다. 이해되지 않는 부분만 찾아서 읽는 편이 더 효율적입니다.

• 발췌하여 읽기 : 특별히 마음에 들었던 부분이 있는지 물어보고 그 부분을 뽑아보세요. 다시 읽고 기록해둔다면 아이의 독서 경험이 더 풍부해지게 됩니다.

• 관련 도서 읽기 : 관련 도서를 찾아 읽어보세요. 같거나 비슷한 주제를 다룬 책을 찾아볼 수 있습니다. 같은 작가의 다른 책을 읽어보는 것도 좋고요. 혹은 책에 언급되거나 참고 문헌에 있는 책을 구해 읽을 수도 있습니다.

## | 사고 활동

• 대화 활동 : 찬반 주제를 세워 토론하거나 특정 내용으로 토의할 수도 있습니다. 질문을 던져 심도 깊게 생각을 나누도록 합니다. 아

이는 작가나 인물이 되고, 부모는 인터뷰어가 되어 질문하고 답하는 식의 인터뷰를 진행할 수도 있습니다.

- 쓰기 활동 : 글쓰기는 매우 좋은 독후 활동이지요. 하지만 전통적인 줄거리 정리 식의 독후 활동은 지양하는 편이 낫습니다. 글쓰기는 읽은 이의 의견, 대안 등을 표현하는 시간이 되어야 합니다. 저학년이라면 한 문장 쓰기에서 시작해 점차 늘려보세요. 처음에는 한 문장도 힘들어하던 아이도 꾸준히 지도하면 여러 문장도 가볍게 쓰는 모습을 볼 수 있습니다.

쓰기를 어려워한다면 말머리를 제공하고 이어 쓰도록 해도 좋아요. 예를 들어 『프레드릭』을 읽은 후 '프레드릭의 행동은 (　)하다고 생각합니다. 왜냐하면 (　)"라고 제공합니다. 아이는 이를 채우면 되지요. 최소한의 글 형식을 제공하여 내용에 좀 더 집중할 수 있게 놉습니다. 쓰기는 단독으로만 이루어지면 효과가 적습니다. 쓰기 전에 대화를 통해 생각을 형성하고, 그다음에 이를 쓰도록 하는 게 좋습니다.

## | 체험 활동

- 주제 활동 : 이야기의 주제를 이용하여 다양한 활동을 해보세요. 생명 존중에 관한 책을 읽었다면 생명 존중 관련 포스터를 그리는 캠페인 활동을 할 수 있습니다. 세계 문화에 대한 책을 읽었다면 저녁으로 다른 나라 음식을 먹어볼 수도 있겠네요.
- 소재 활동 : 이야기의 소재를 이용해서 다양한 활동을 하는 것도 좋습니다. 이야기에 말이 나온다면 승마 체험을 떠날 수도 있고, 습

지가 나온다면 습지로 여행을 가는 것도 좋습니다.

• 예술 활동 : 이야기와 연결되는 예술 활동을 해보세요. 그림을 그리고 만들기를 하거나 노래를 부르고 춤을 출 수도 있습니다.


## 읽기 전, 중, 후에 어떤 질문을 던져야 할까

이반 바레네체아의 『전쟁광과 어느 목수 이야기』 책을 바탕으로 어떻게 질문해야 할지 구체적인 예시를 들어보겠습니다.


### | 읽기 전

• 이미지 활동

"표지에는 한 인물이 자신을 겨누고 있는 포신을 향해 총과 칼을 들고 있는 그림이 있어."

"이 그림이 어떻게 느껴지니?"

"무슨 일이 벌어질 것 같아?"

"인물은 어떤 성격일까?"


• 텍스트 활동

"제목이 『전쟁광과 어느 목수 이야기』야. 전쟁광이 무엇일까?"

"광은 미칠 광$^{狂}$으로 무언가에 미친 듯이 집착하거나 좋아하는 사람을 뜻해. 혹시 주변에서 무언가를 굉장히 좋아하는 사람을 본 적이 있어?"

"테니스를 엄청 좋아하는 아빠는 뭐라고 부를 수 있을까? TV를 좋아하는 할머니는? 인형을 무척 좋아하는 혜원이는?"

• 추측 활동

"전쟁광에게는 어떤 일이 생길까?"

"전쟁광과 목수는 어떤 관계일까?"

"목수는 어떤 일을 하게 될까?"

## | 읽기 중

• 다양하게 읽기

"엄마와 함께 소리 내어 읽어볼까?"

"엄마가 읽은 부분을 따라 읽어볼까?"

"엄마랑 한 술 한 줄 번갈아가면서 읽어볼까?"

"봄부스 남작이 된 것처럼 말하듯이 읽어볼래?"

"여기서부터 여기까지 읽어볼래? 시간을 재볼게. 하지만 빨리 읽으려고 하지 말고 자연스럽게 읽어야 해."

"목수의 작업에 만족한 남작은 어떤 목소리로 말할까?"

• 어휘에 초점 맞추기

" '목수'에서 목과 수는 각각 무엇을 뜻할까?"

" '목수'를 사전에서 찾아볼까?"

" '남작'은 귀족 신분 중 하나야. 비슷한 걸로는 공작이 있어."

" '의뢰받은'은 어떤 의미인 것 같아?"

• 이해 전략 활용하기

"이번 페이지는 어떤 내용이었어? 요약해 볼래?"

"어떤 부분이 이해가 안 되니?"

"조금 더 천천히 읽어볼까?"

"이해가 잘 안 되면 앞 페이지를 다시 읽어보자."

"혹시 이 이야기와 비슷한 이야기를 알고 있니?"


• 사고 활동

"남작에 대해 어떻게 생각하니?"

"끔찍해. 어떻게 팔을 잃었는데 계속 전쟁에 나갈 수가 있지?"

"남작이 계속해서 전쟁을 하려는 이유는 무엇일까?"


## ▍읽기 후

• 읽기 활동

"전쟁에 관한 다른 책을 알고 있니?"

"어떤 책을 읽어보고 싶니?"


• 사고 활동

"전쟁을 막기 위해서는 어떻게 해야 한다고 생각하니?"


• 체험 활동

"전쟁 관련 다큐멘터리를 시청해 보자."

"전쟁에 반대하는 반전 포스터를 만들어보자."

6장 ·······························

# 독립적 읽기로
# 문해력 펼치기

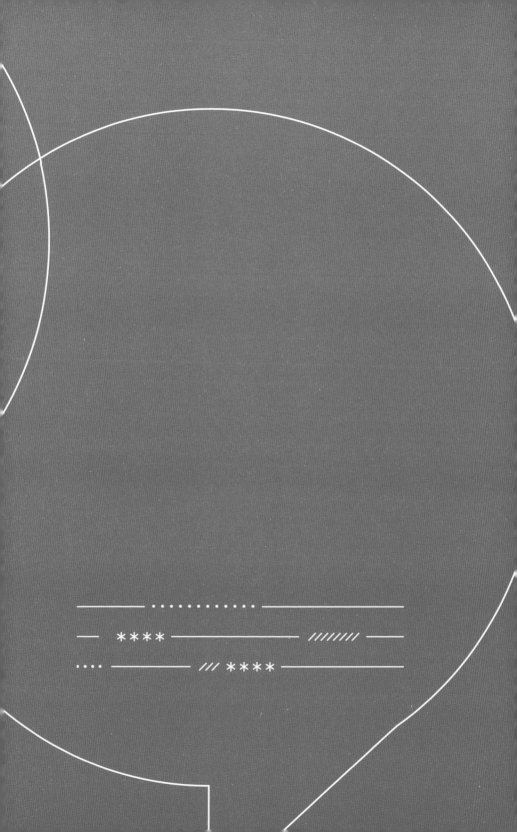

\*\*\*\* —————————————— ///////// · · · · · · · ·

자율과 타율도 구분해야 하지만, 동시에 자율과 방임도 구분해야 합니다. 자율
과 방임의 차이는 부모의 노력 유무에 달려 있습니다. 자율은 아이 스스로 읽기
를 기대하면서 읽고 싶은 마음이 들도록 환경을 구성하는 일입니다. 방임은 어
차피 아이 스스로 읽지 않으면 안 된다며 그냥 수수방관하고 두는 일입니다. 아
이가 밥을 먹지 않아 걱정이라면 일단 밥을 차려주어야 합니다. 밥도 차려주지
않고 배고프면 먹겠지 하고 두는 것은 방임이 될 수 있습니다. 아이가 책이라는
밥을 맛있게 먹을 수 있도록 밥상을 차려주세요. 아이가 맛있게 먹기만 하면 되
도록 말이죠.

# 스스로 읽고 싶은
# 마음 키우기

한 나그네가 길을 걷고 있습니다. 지켜보던 해와 바람은 재미 삼아 누가 먼저 나그네의 외투를 벗기는지 내기를 합니다. 먼저 바람이 나서서 있는 힘껏 바람을 일으킵니다. 하지만 바람이 세게 불면 불수록 나그네는 외투를 더 단단히 싸매지요. 바람이 지쳐 포기하고 해가 나섭니다. 따뜻한 햇살을 내리쬐자 나그네는 땀을 흘리며 그제서야 외투를 벗습니다.

우리에게도 잘 알려진 이 『이솝우화』 이야기는 어떻게 하면 아이로 하여금 책을 읽게 할지 고민하는 우리에게 많은 시사점을 줍니다. 나그네가 외투를 벗는 행동이 읽기이고, 바람과 태양은 아이들로 하여금 책을 읽게 하는 서로 다른 두 가지 방법을 상징하지요. 바람은 읽으라고 지시하고 명령함을, 태양은 아이 스스로 읽고 싶은 마음이 들도록 함을 의미합니다. 바람은 나그네의 외투를 벗기지 못합니다. 오직 태양만이 나그네의 외투를 벗기는 데 성공했습니다. 우리는 태양처럼 따스한 햇살을 내리쬐어 아이 스스로 책을 읽고 싶게끔 해야 합니다. 우리가 만약 바람이 된다면 아이는 마음의 외투를 꽁꽁 싸매고 읽는 척만 하게 될 겁니다.

자율과 타율도 구분해야 하지만, 동시에 자율과 방임도 구분해야 합니다. 자율과 방임의 차이는 부모의 노력 유무에 달려 있습니다. 자율은 아이 스스로 읽기를 기대하면서 읽고 싶은 마음이 들도록 환경을 구성하는 일입니다. 방임은 어차피 아이 스스로 읽지 않으면 안 된다며 그냥 수수방관하고 두는 일입니다. 아이가 밥을 먹지 않아 걱정이라면 일단 밥을 차려주어야 합니다. 밥도 차려주지 않고 배고프면 먹겠지 하고 두는 것은 방임이 될 수 있습니다. 아이가 책이라는 밥을 맛있게 먹을 수 있도록 밥상을 차려주세요. 아이가 맛있게 먹기만 하면 되도록 말이죠.

아이가 접하는 환경을 책을 읽고 싶게끔 구성한다면 아이의 시선을 책으로 가져올 수 있습니다. 지금부터는 아이가 읽기에 더 많은 관심을 가지도록 하는 환경에 대해 알아보겠습니다. 책을 읽게 하는 환경을 심물시소心物時所 즉 마음, 물질, 시간, 공간 측면으로 알아보겠습니다. 자율적으로 책을 읽고 싶게끔 햇살을 보내는 일은 구체적으로 어떤 일일까요?

# 읽기의 핵심 동기 세 가지

아이를 읽기로 이끌기 위해서는 아이의 내적 동기를 자극하는 것이 중요합니다. 내적 동기란 마음 안에서 자기 스스로 주는 보상입니다. 책을 읽음으로써 얻는 어떠한 만족감이 바로 내적 동기입니다. 외적 동기도 있습니다. 책을 읽음으로써 얻게 되는 쿠폰, 간식, 용돈, TV 시청 시간 등이 외적 동기입니다. 장기적인 측면에서 책을 읽게 하려면 내적 동기를 자극해야 합니다. 외적 동기는 지금 당장 움직이게 하지만 내일은 움직이게 할 수 없거든요.

외적 동기는 시간이 갈수록 익숙해져 점점 더 큰 보상을 해주어야 일어납니다. 그러지 않으면 더 이상 읽으려고 하지 않거든요. 게다가 외적 동기에 한번 맛을 들이면 내적 동기는 붕괴되기 쉽습니다. 물질적 보상을 받는 데 익숙해지면, 월급을 받기 위해 억지로 출근하는 직장인의 마음으로 책을 읽게 됩니다. 책 읽기의 즐거움이 생기기 어렵지요. 외적 보상은 막다른 골목입니다. 쉬워 보이고 빨라 보이지만 끝은 막혀 있는 골목 말입니다. 그래서 외적 보상으로 햇살을 내리 쬘 생각은 애초에 버리시기를 권합니다.

그렇다면 읽기의 내적 보상이란 구체적으로 무엇일까요? 읽기 연구에 괄목할 만한 족적을 남긴 학자만 이름을 올릴 수 있는 읽기 명예의 전당Reading Hall of Fame의 멤버이자 메릴랜드대학의 거스리Guthrie 교수는 읽기의 핵심 동기를 세 가지로 설명합니다. 그중 첫 번째는 흥미입니다. 이야기가 재미있어서 읽기도 하고, 인물에 감화되거나 동질감을 느껴 읽게 될 수도 있습니다. 혹은 새로운 지식을 배우는 즐거움을 느낄 수도 있지요.

두 번째는 자신감입니다. 읽기가 어렵지 않고 스스로 잘 읽을 수 있다고 생각하는 아이들이 책에 더 많은 재미와 흥미를 느낍니다. 읽기에서 목적한 바를 세우고 성공적으로 수행해 나가는 과정에서 성취감과 자신감을 느낄 수 있다면 읽기에 더 매진하게 됩니다.

거스리는 읽기의 세 번째 핵심 동기로 헌신을 말합니다. 그가 말하는 헌신은 읽기의 가치를 이해하고, 그 가치를 획득하기 위한 노력을 기울이고자 하는 마음을 뜻합니다. 헌신이 없는 아이에게 읽기란 TV, 유튜브, 게임, 축구와 경쟁해야 하는 하나의 선택 사항일 뿐입니다. 읽기의 가치를 이해하고 읽기의 효과를 얻고자 하는 마음이 분명한 아이만이 읽기를 다른 선택 사항보다 앞에 둘 수 있습니다. 헌신은 어려운 책을 읽어야 할 경우 특히 중요합니다. 어려운 책에서는 재미와 자신감을 발견하기 어렵기 때문입니다. 내용을 이해하여 자신에게 의미가 형성될 때까지 참고 버티며 읽어야 하는데 그때까지 읽기 위해서는 책에 대한 헌신이 필요합니다. 이해하려는 노력이 가치가 되어 돌아온다는 믿음을 가져야만 결실을 얻을 수 있습니다. 책의 가치를 이해하지 못하고 헌신하지 못하는 아이는 쉬운 책에서 어려운 책으로 넘어가지 못합니다.

# 어떻게 하면 읽기를 사랑하게 될까

흥미를 자극하는 가장 효과적인 방법은 사랑을 느끼게 하는 것입니다. 읽기에서 사랑을 느끼면 책에 깊게 사로잡힙니다. 읽기에서 사랑을 느낀 아이는 읽지 못하게 하면 숨어서라도 읽습니다. 어려서부터 읽기를 좋아했던 세종은 너무나 많은 책을 쉬지 않고 읽는 바람에 시력이 크게 나빠졌습니다. 아버지 태종은 세종의 건강을 걱정해 그의 책을 모두 불태워버리기에 이르지요. 하지만 세종은 기어코 병풍 뒤에서 『구소수간』이라는 책 한 권을 발견했고 태종의 눈을 피해 이를 천백 번이나 읽었습니다. 책에 대한 지극한 사랑이 있으면 읽지 못하게 해도 읽게 됩니다.

어떻게 하면 아이가 읽기에서 사랑을 느끼게 할 수 있을까요? 우리 뇌는 동시에 일어난 두 가지 일을 관련지어 생각합니다. 러시아 심리학자 파블로프는 개에게 밥을 줄 때마다 종을 쳤습니다. 이 일을 지속하자 나중에는 종만 치면 개는 침을 흘리게 됩니다. 종과 밥 사이에는 아무 관련성도 없지만 계속해서 동시에 일어나자 두 일 사이에 관련성이 있다고 뇌가 판단했기 때문입니다.

우리 뇌도 똑같습니다. 연애를 하거나 고백을 할 때는 오리배를 타거나 높은 곳의 흔들다리에서 하면 성공률이 높습니다. 불안해서 가슴이 뛰는 건데 이를 상대방에 대한 호감인 걸로 착각하거든요. 착각이지만 그렇게 생각하다 보면 그렇게 됩니다. 두 가지 일이 동시에 일어나면 두 일을 관장하는 뇌 부위에 연결이 생깁니다. 한 번 연결이 생기면 그다음부터는 하나를 떠올리면 자동으로 다른 하나가 떠오르게 됩니다.

그래서 읽기와 사랑을 연결시키기 위해서는 읽을 때 사랑을 느끼는 상황을 지속해서 만들어야 합니다. 같은 일을 반복하면 읽기와 사랑 사이에 단단한 연결이 만들어져 다음부터는 쉽습니다. 아이는 읽으면 사랑을 느끼게 되고, 사랑을 느낄 때면 읽기가 생각납니다.

유대인들은 이미 오래전부터 이런 사실을 잘 알고 있었습니다. 그들은 아이가 읽기를 배우기 시작할 때, 성경 구절이 적힌 석판에 꿀을 떨어뜨린 후 핥아먹게 했습니다. 꿀로 만든 과자에 성경 구절을 적어넣어 큰 소리로 읽은 후 받아먹게 하기도 했지요. 아이의 뇌속에 읽기와 달콤함을 연결시키려는 의도입니다. 그런 노력의 결과일까요? 유대인은 책을 많이 읽기로 유명합니다. 그렇다면 우리도 책에 꿀을 발라야 하는 걸까요? 그럴 필요는 없습니다. 꿀보다 더 달콤한 부모의 사랑이 있으니까요.

책을 읽어줄 때 특별히 더 많은 사랑을 주고 사랑을 느끼게 하면 매우 효과적입니다. 피곤에 지친 표정으로 억지로 읽어주지 마세요. 말을 듣지 않는다고 고래고래 소리를 지른 후 책을 읽어주지도 마세요. 그러면 뇌는 책과 공포를 연결시키게 됩니다. 그럴 때는 그냥 지나가세요. 말을 안 듣는다고 읽기를 벌로 내려서도 안 됩니다. 그러면 읽기를 벌과 연결시키게 되겠지요.

읽기의 세계로 아이를 이끄는 가장 매혹적인 초대장은 바로 '읽어주기'입니다. 부모의 마음이 평안할 때 아이에게 미소를 보내면서 책을 읽어주세요. 영유아라면 무릎에 앉히고, 좀 컸다면 어깨가

닿도록 앉으세요. 무릎 위에 쿠션을 올린 후 그 위에 책을 올리고 한 손으로는 아이를 감싸주세요. 날씨가 춥다면 담요를 덮거나 침대 속으로 들어가세요. 아이가 인형에 너무 정신이 팔리지만 않는다면 애착 인형을 안아도 좋습니다. 한 손으로 아이를 쓰다듬어 주면서 읽어주세요. 부모가 읽어줄 때의 심리적, 정서적, 육체적 포근함은 모두 읽기와 사랑을 연결하게 합니다.

읽기와 사랑의 연결은 반복하면서 점점 강화됩니다. 한 번 할 때보다 열 번 할 때, 열 번 할 때보다 백 번 할 때 더 단단해집니다. 책과 사랑 사이 연결이 단단해진 아이는 사랑을 느끼고 싶으면 책을 펼치게 됩니다. 책을 읽으면 사랑이 느껴져 마음이 포근해집니다. 좀 더 커서 어릴 때 이불 속에서 느꼈던 엄마의 따뜻한 체온이 필요하면, 자기도 모르게 책을 꺼내게 됩니다. 책을 읽으면 뇌는 그 상황을 재연하고 그러면 아이의 몸도 마음도 따뜻해지거든요. 아이는 커가면서 지루하고 따분하고 슬프고 외로울 때면 사랑을 느끼기 위해 책을 들게 됩니다. 읽기는 아이에게 위로를 주고 아이는 읽기와 영원한 사랑에 빠지게 되지요.

## 온전한 재미를 느끼기 위해서는

사랑은 뜨겁고 빠지기 쉽지만, 유지하기 위해서는 노력이 필요합니다. 사랑해서 결혼해도 결혼 생활을 잘 유지하기 위해서는 사랑 이상의 무언가가 필요하듯 말입니다. 읽기에 대한 사랑을 유지하기 위해서도 추가적인 에너지가 필요합니다. 읽기에 대한 사랑을 유지해 줄 그 무엇으로는 재미가 제격입니다. 읽기에서 재미를 느낀 아이는 읽기에 대한 사랑을 확장해 나가게 됩니다. 재미는 어린 시절의 따뜻한 기억의 회상 이상으로 지금 이 순간 즐길 거리를 제공합니다. 재미는 읽기에 대한 사랑이 계속 달릴 수 있게 하는 연료가 되지요.

읽기에서 재미를 느끼기 위해서는 시간은 충분해야 하고, 과제는 없어야 합니다. 다른 일에 신경 쓰지 않아도 될 만큼의 충분한 시간이 있고, 독후감도 퀴즈도 테스트도 없는 상황에서 자유 의지로 읽을 때 읽기의 진정한 재미를 느낄 수 있습니다. 충분한 시간을 주되 과제를 내주지 않아 읽기의 재미를 온전히 느끼게 해주세요. 당장은 만족할 만한 결과가 나오지 않을 수 있습니다. 읽지 않으려 할 수도 있지요. 하지만 이 책에서 소개하는 읽기의 동기를 자극하는 여러 방법을 꾸준히 적용해 본다면, 분명 좋은 결과가 나올 것입니다.

## | 문학을 우선으로

책의 재미를 온전히 느끼기 위해서는 정보책보다는 문학을 읽는 편이 낫습니다. 문학은 읽어서 무엇하나라는 생각을 가진 분들이 적지 않습니다. 정보책을 읽으면 지식을 습득하는데 언뜻 문학은 아무 것도 얻는 게 없는 것 같지요. 하지만 정보책을 통해서 재미를 얻기는 생각보다 어렵습니다. 정보책에서 재미를 느끼려면 정보를 구조화하여 자신의 지식으로 통합시킬 수 있어야 합니다. 그리고 그 정보가 내 삶에서 적용이 되어야 합니다. 그런데 이런 일이 쉽지 않아요. 초등 고학년 이상의 아주 영특한 소수의 아이들만 이런 능력을 가지고 있어요. 그래서 대부분의 아이들은 정보책에서 재미를 느끼지 못합니다. 대개 아이들은 정보책 속의 정보를 파편화된 조각으로 그대로 남겨둡니다. 파편화된 정보는 의미를 형성하지 않아 매우 지루합니다. 초등 고학년 이전의 아이들이 정보책을 별로 좋아하지 않는 이유이지요.

반면 문학은 스토리가 있어서 재미있습니다. 문학은 드라마와 비슷합니다. 엄마들이 아이를 재우고 갖는 육아 퇴근 시간, 일명 '육퇴' 후에 드라마 한 편 보는 것을 낙으로 삼는 이유가 무엇입니까? 인물들이 겪는 갖가지 사건들이 흥미로워서 보지 않습니까? 마찬가지입니다. 문학은 영상이 아니어서 드라마처럼 시각을 자극하지는 않지만 오히려 그 때문에 더욱 상상력을 자극합니다. 읽으면서 머릿속으로 그려내는 드라마는 TV 드라마보다 더 생생하기도 하지요.

아이들은 특히 학년이 낮을수록 그리고 공부를 못할수록 문학부터 읽혀야 합니다. 학년이 높고 공부를 잘해도 문학의 비중은 최소 30% 정도는 가져길 추천합니다. 재미있게 문학을 읽으면서 기본적인 문해력을 갖춘 후 정보를 조직화할 수 있고 실제로 삶에 적용하는 경험이 있어야 정보책을 비로소 재미있게 읽을 수 있습니다. 그렇다고 정보책을 아주 포기하라는 뜻은 아닙니다. 간간이 도전해 보되 비중을 낮추고 경험 삼아 읽어봐야지 본격적으로 정보책만 읽히지 말라는 말입니다. 공부를 못하니 정보책부터 읽히는 일은 언 발의 오줌 누기라는 사실을 꼭 기억하시기 바랍니다.

## | 상상력 활용하기

상상력을 활용하여 읽으면 읽기는 훨씬 재미있어집니다. 상상력이 약한 아이는 글을 글자 그대로 읽어 글맛을 느끼지 못합니다. 『책 먹는 여우』에는 '소금 한 줌 툭툭 후추 조금 톡톡 뿌려' 책을 맛있게 먹는 여우 아저씨가 나오지요. 양념을 뿌려 책을 맛있게 먹는 모습은 상상을 통해 더 재미있게 책을 읽는 것을 의미합니다. 여우 아저씨처럼 책에 상상의 양념을 뿌려 읽도록 도와주세요. 장면을 이미지처럼 그려보고 설명하지 않은 부분을 떠올려봐야 합니다. 모습을 묘사하면 시각을, 소리를 묘사하면 청각을 활용해 떠올려봅니다. 여우 아저씨가 양념을 뿌려 책을 맛있게 먹는 장면을 머릿속으로 그려보고 어떤 소리가 날지 생각해 보세요.

이렇게 상상력을 활용해 읽다 보면 책이 드라마보다 재미있어집니다. TV 드라마는 시청자라는 수동적인 역할에 머무르지만 상상력을 동원해 읽다 보면 내가 연출자가 될 수 있거든요. 물론 각본은 작가가 써주었지만 이를 실제로 어떻게 연출할지는 읽는 이에 달려 있습니다. 손가락을 쪽쪽 빨며 맛있게 책 먹는 여우 아저씨를 머릿속에 상상하고 그리다 보면 책이 한결 재미있어집니다.

## | 책과 책 연결하기

하나의 책이 다른 책으로 연결되면 책은 더 재미있어집니다. 유독 좋아하는 책이 있다면 유사한 종류의 책을 추천해 주세요. 하루는 저희 반 여자아이가 『제인 에어』를 너무 재미있게 읽었다면서 다른 친구들에게 권하는 이야기를 들었습니다. 저는 그 아이에게 여성 작가가 쓴 여자 주인공의 러브스토리라는 점에서 『오만과 편견』을 추천해 주었고 결과는 대만족이었습니다. 아이는 엘리자베스와 다아시의 사랑 이야기에 푹 빠져 그 두꺼운 책을 며칠 만에 다 읽고 또 다른 책을 추천해 달라고 했지요. 결이 조금 다르긴 하지만 『폭풍의 언덕』을 또 추천해 주었고 아이는 그 책도 아주 재미있게 읽었습니다. 이런 추천과 독서가 계속 이어져서 결국에는 『여자의 일생』과 『마담 보바리』까지 쉬지 않고 쭉쭉 읽어 나가더군요.

한 작가의 책을 계속 읽어보는 것도 좋습니다. 헤밍웨이의 『노인과 바다』부터 시작해서 『누구를 위하여 종은 울리나』, 『무기여 잘 있거라』, 『태양은 다시 떠오른다』까지 읽을 수 있겠지요. 백희나 작가의 『구름빵』, 『알사탕』, 『이상한 엄마』, 『장수탕 선녀님』, 『달 샤베트』까지 연결해도 좋구요.

추천해줄 만한 책은 어떻게 찾을 수 있을까요? YES24 혹은 알라딘 같은 인터넷 서점에 접속해 보세요. 인터넷 서점들은 특정 책을 구매한 사람들이 또 다른 어떤 책들을 구매했는지 알려줍니다. 『제인 에어』를 검색해 보니 아니나 다를까 『오만과 편견』, 『폭풍의 언덕』이 나오는군요.

| 읽고 토론하기

토론도 책의 재미를 크게 높여줍니다. 제가 맡는 반에서 열린 독서 토론회 때의 일입니다. 어느 날은 『대지』를 읽은 아이 3명이 모여

토론을 했습니다. 아이들은 '왜 옛날 사람들은 딸의 귀중함을 몰랐을까?'라는 질문을 던진 후 열띤 토론을 벌였지요. 토론은 "농경시대에는 육체 노동이 필요하기 때문"이라는 이야기에서 시작했습니다. 이후 현대 사회에는 육체 노동의 중요성이 줄어들어 개인의 노력에 따라 자신의 처우가 결정된다는 이야기, 그리고 여성은 더 이상 약한 존재가 아니라는 이야기로 진행되었습니다. 남자아이와 여자아이는 각각 군대와 출산 이야기를 꺼내 서로의 성별이 불리하다는 주장을 펼치며 미묘한 신경전을 벌이기도 했습니다. 이 과정에서 얼굴이 붉게 상기될 정도로 아이들은 몰입하였습니다.

읽고 토론을 한 아이들은 그냥 읽기만 한 아이들보다 훨씬 더 큰 재미를 느끼게 됩니다. 토론을 하면 이야기가 단순한 이야기로 끝나지 않고 우리들의 공통 관심사가 되며 삶 속으로 들어와 의미를 만들어내기 때문이지요. 가정에서도 책을 읽은 후 함께 토론해 보세요. 책을 읽어주거나 비슷한 또래의 형제자매가 같은 책을 읽게 한 후 질문을 던져보세요.

누구나 비슷한 대답을 할 만한 "사람의 생명은 소중한가?"와 같은 질문은 재미있는 토론을 이끌어내기 어려울 수 있습니다. 또 쉽게 답하기 어려운 "우주 만물은 어디에서 오는가?"와 같은 질문도 좋지 않습니다. 아이들의 수준에 맞는 질문이 필요해요. 예를 들어 『난중일기』를 읽은 후 "이순신 장군이 죽지 않았다면 어떻게 되었을까?"라고 물어보세요. 다양한 상상을 할 수 있어 좋지요. 또는 『한국사 편지』를 읽은 후 "외세를 끌어들여 삼국을 통일한 신라의 선택은 적절했는가?"처럼 논쟁이 벌어질 수 있는 질문도 좋습니다. 사람마다 가지고 있는 생각의 차이를 적절히 자극할 수만 있다면 열띤 토론에 이기기 위해 다시 책을 펼쳐 드는 아이를 볼 수 있을 겁니다.

## 성취감, 유능함을 느끼기 위해서는

읽기에 능숙한 아이들은 대개 읽기를 좋아합니다. 읽을 때마다 성취감과 자신의 유능함을 느낄 수 있기 때문입니다. 반면 읽기에 미숙한 아이들은 읽을 때마다 패배감과 무능감을 느끼게 되지요. 당연히 읽지 않으려 하게 됩니다. 읽기에 자신감을 가지려면 끊어지지 않고 부드러우며 자연스럽게 읽을 수 있어야 합니다.

### ▎유창성 기르기

유창성을 획득하지 않은 아이는 소리가 어색하게 끊어지고 내용이 이해되지 않아 읽기가 고통스럽습니다. 유창성이 획득되지 않아 읽기를 힘들어하고 싫어하는 아이에게 책을 많이 읽게 하면 독서에 대한 나쁜 기억을 심어줄 수도 있습니다. 그림을 보거나 더듬거리더라도 아이 스스로 좋아한다면 예외이지만요. 유창성이 획득되지 않은 아이는 유창성 획득을 가장 중요한 문제로 인식하시고 4장의 '읽기 유창성을 위한 출발, 소리 읽기' 부분을 참고하시길 바랍니다.

### ▎진심으로 칭찬하기

어느 날 어린이집에서 한참 글자를 배우고 있던 일곱 살 딸아이가 그림책을 들고 와 제 옆에 앉았습니다. 한 문장을 큰 소리로 읽고 저를 쳐다보더군요. 순간 아이가 원하는 것이 무엇인지 알아채고는 매우 놀란 표정을 지었습니다. 그리고 "대단해! 아직 학교도 안 갔는데 벌써 글을 잘 읽네."라고 덧붙였지요. 아이는 미소를 짓더니 다음 문장을 읽고 또 저를 쳐다봤습니다. 저는 또 다시 놀라운 표정을 지으며 "우와, 이것도 알아?"라고 다른 방식으로 칭찬했습니다. 아이는 기쁨이 만연한 표정으로 다음 문장을 읽고 또 기대에 차서 저를 쳐다봤고요. 그런 식으로 한 권을 다 읽을 때까지 아이는 문장마다 저를 쳐다봤고 저는 매번 진심으로 놀라워하며 아이의 기대를 충족시켰습니다. 아이는 '나 엄청 잘 읽지?'라는 우쭐한 표정과 함께 기세등등하게 돌아갔지요. 읽기 자랑은 한동안 매일 저녁 이어졌고 아이의 문해력은 하루가 다르게 성장했습니다.

아이의 읽기를 진심으로 칭찬해 주세요. 아이는 자신이 잘 읽는지 못 읽는지 부모의 반응을 통해 파악합니다. 못 읽고 어려워하는 부분은 도와주되 잘 읽는 부분은 아끼지 말고 칭찬해 주세요. 부모 입장에서는 아직 미진해 보이는 부분 투성이겠지만 분명 잘하는 지점도 있을 거예요. 첫술에 배부를 수 없지요. 첫술에 배부르지 않다고 불평한다면, 그건 밥의 문제가 아니라 먹는 사람의 문제일 수 있답니다.


## | 독서 리스트 작성하기

아이가 능숙하게 읽을 수 있다면 독서 리스트를 작성해 보세요. 존 F. 케네디의 어머니 로즈 케네디 여사는 읽은 책을 기록하는 독서

리스트를 십분 활용했습니다. 이것이 아이들에게 트로피와 같은 역할을 하면서 성취감을 자극한다는 사실을 알고 있었거든요. 그녀는 독서 리스트를 만들어 읽은 책을 기록하게 하였고, 아이들은 한 칸 한 칸 채워 나가는 성취감을 느꼈습니다.

독서 리스트를 작성할 때에는 읽은 책의 순서에 따라 순번을 쓰고 책의 제목을 기록합니다. 순번과 제목 정도만 기록하는 편이 좋은 것은 너무 많이 기록하다 보면 귀찮고 부담스러워 지속하기 힘들기 때문입니다. 기록 그 자체에 의미가 있기보다 리스트를 작성하고 채워 나가며 얼마나 성취를 이루었는지를 확인하는 데 의미가 있습니다.

그러므로 복잡하게 표기하여 포기하게 하지 말고 간단히 작성하여 지속하게 해주세요. 독서 리스트 속 무수히 준비되어 있는 빈 칸들은 채우고 싶은 욕구를 일으키고 실제로 채웠을 때 성취감을 느끼게 합니다. 독서 리스트를 작성하여 잘 보이는 장소에 붙여두고 아래 칸을 채우고 싶은 마음을 불러일으켜 보세요. 이전에 어떤 책을 읽었는지 그 내용을 떠올리게 하는 데도 도움이 됩니다.

## | 읽기 목표 세우기

매일 10분 혹은 매일 20분처럼 시간 목표를 세워 하루도 빠짐없이 읽다 보면 성실한 자신의 모습에서 자부심도 느끼게 됩니다. 기록이 깨어지는 모습을 보고 싶지 않아서라도 책을 더 읽게 됩니다. 잘 읽히지 않을 때는 책을 덮고 쉴 수도 있지만 단기 목표를 세울 수도 있습니다. 5분만 더 혹은 이번 챕터까지 읽겠다는 목표를 세워도 좋습니다.

읽고 싶은 책을 여러 권 한번에 구입해 한쪽에 쌓아두고 읽을 때마다 한 권씩 옆으로 옮기는 방법도 써볼 만합니다. 읽을 책과 읽은 책의 양이 물리적으로 한눈에 들어와 성취감을 자극합니다. 한 권씩 옆으로 옮기다 보면 다 옮기고 싶은 마음이 들거든요.

다만 책의 양으로 성취감을 자극하는 일은 주의를 요합니다. 은근히 그런 환경을 조성하고 심리를 자극할 수 있지만, 노골적으로 자극하거나 강요해서는 안 됩니다. 아이가 반발심이 들 수도 있고 양에 너무 신경을 쓰다 보면 질을 놓칠 수 있기 때문입니다.

## 책 읽기가 탄력 받으려면

금은 희귀하고 아름답고 용도에 맞게 변형하여 사용할 수 있어 내적 가치가 있습니다. 금의 내적 가치는 변하지 않지만 가격은 변합니다. 사람들이 많이 사면 비싸지고 많이 팔면 싸집니다. 사회적 가치가 변하기 때문입니다. 많은 사람이 금을 사면 금의 가치가 올라가듯이 주변 사람이 많이 읽으면 읽기의 가치가 올라갑니다. 반대로 주변 사람들이 읽기에 무관심하고 읽기를 지루해하면 읽기의 가치는 내려갑니다. 혼자 읽을 때보다 가족은 물론이고 그 외 주변의 많은 사람들이 책을 읽으면 책 읽기는 더 탄력을 받을 수 있습니다. 흑인은 랩을 잘하고, 브라질인은 축구를 잘하는 것은 결코 우연이 아닙니다.

## ▎부모가 먼저 책 읽기

읽기에 대한 사회적 가치를 느끼게 하는 데는 부모의 태도가 가장 중요합니다. 집에 읽을 만한 책이 별로 없고, 책 읽는 모습을 거의 보여주지 않는 부모 밑에서 책을 소중히 여기는 아이는 나오기 어렵습니다. 부모의 독서 시간과 아이들의 독서 시간 사이의 연관성은 입증되었습니다. 더 많이 읽는 부모를 보면 아이들은 더 많이 읽게 됩니다.

교사의 읽기 역시 중요합니다. 교사가 더 많이 읽으면 아이들도 더 많이 읽습니다. 아이들이 책을 읽고 있을 때 교사도 행정 업무나 수업 준비를 멈추고 책을 함께 읽으면 좋습니다. 교사가 일을 하지 않고 쉬는 것처럼 보이지만 사실은 가장 중요한 일을 하고 있는 겁니다. 이에 대해 『크라센의 읽기 혁명』을 쓴 언어학자 스티븐 크라센은 이렇게 말합니다.

> "교사가 학생들에게 책을 읽어주거나 조용히 읽기 시간에 교사 자신도 좋은 책을 편안히 읽고 있을 때, 행정가들은 교사가 자신의 할 일을 하고 있다는 것을 알아야 한다."

## ▎읽기를 권하기

부모가 읽기를 권하는 아이들이 권하지 않는 아이들보다 더 많은 양을 읽는다는 연구 결과가 있습니다. 부모가 읽기를 권하면 심심할 때 무엇을 할지 고민하는 아이들의 머릿속에 읽기가 하나의 대안이 됩니다. 물론 여러 선택 사항이 있으니 읽기가 반드시 선택된다는 보장은 없지요. 하지만 후보로 나서지 않으면 당선될 가능성은 아예 없으니 일단 입후보하는 일이 중요합니다. 계속 입후보하다 보면 선택되는 때가 옵니다. 부모는 읽기가 정정당당하게 대안으로 뽑힐 때까지 꾸준히 입후보하면서 기다려야 합니다. 아무리 권해도 읽지 않는다고 해도 섣불리 강요로 넘어가지는 마세요.

권유와 강제는 구분되어야 합니다. 강제는 자발적인 읽기를 훼손해 효과를 반감시킵니다. 부드러운 목소리와 선택의 자유를 보장한 권유는 아이의 동기를 해치지 않으면서도 아이를 읽기의 세계로 이끌 수 있습니다.

시간이나 양을 배정하여 준다고 해서 반드시 강제가 되는 것은 아닙니다. 권유와 강제의 차이는 백지장처럼 얇은데, 아이에게 주는 부담이 이를 결정한다고 보면 됩니다. 무서운 눈초리, 높은 억양, 고함과 함께 긴 시간을 읽게 하면 강제입니다. 반면 부드러운 눈빛과 따뜻한 목소리로 너무 부담되지 않는 정도의 시간을 배정하고 지키게 한다면 권유가 됩니다.

시간은 어느 정도가 적당하냐고요? 부모의 입장이 아닌 아이의 입장에서 부담 여부를 고려해야 합니다. 똑같은 20분 책 읽기를 배정한다고 해도 권유가 될지 강제가 될지는 아이마다 다르니까요. 문해력이 있어 가끔 혼자서 30분, 1시간씩 책을 읽는 아이에게 매일 20분 읽기 배정은 강제가 아니겠지요. 하지만 아직 스스로 책을 읽어본 경험이 적거나 책을 아주 싫어하거나 학원을 너무 많이 다녀 피곤한 아이에게는 20분도 상당한 강제가 될 수 있습니다.

## 읽기의 가치 설명하기

책 읽기를 권유할 때는 읽기의 가치를 반드시 함께 들려주세요. 물건을 팔 때는 "이 물건을 당장 사시오."라고 명령하듯 말해서는 안 됩니다. 그러면 아무도 그 물건을 사지 않을 겁니다. 물건을 팔려면 "당신에게는 이 물건이 꼭 필요할 것입니다. 왜냐하면…"이라고 설명해야 합니다. 상대가 듣기에 정말 그렇다면 물건을 사겠지요.

마찬가지로 책은 좋은 것이니 읽으라고 말하는 것이 아니라 책은 어째서 좋고 왜 읽어야 하는지 구체적으로 이야기해 주어야 합니다. 그 이야기를 듣고 아이가 감화받고 '아, 책 읽는 것이 진짜 중요하긴 하구나.' 하는 생각이 들어야 하는 거죠. 읽었을 때 자기에게 어떤 이익이 있는지 이해한다면 읽기에 대한 권유를 더 잘 받아들일 수 있습니다. 읽기와 문해력이 얼마나 중요하고 어떤 효과가 있는지는 '1부 평생 공부의 기초 체력, 문해력'을 참고하면 되겠지요?

## 주변 사람 활용하기

성적이 꼴찌였던 아인슈타인은 막스 탈무드라는 멘토를 만나 책을 읽기 시작했고, 알베르토 망구엘의 읽기에 대한 사랑은 시력을 잃어가던 작가 호르헤 루이스 보르헤스에게 책을 읽어주면서 시작되었습니다. 그러니 우리 아이의 읽기를 위해서 주변 사람을 활용해 보세요.

우선 형제자매는 대개 좋은 멘토는 아닙니다. 비슷한 나이대의 형제자매는 경쟁 상대로 인식되거든요. 경쟁 상대를 멘토로 삼으라고 하면 굴욕감을 느끼기 쉽습니다. 나이 차가 어느 정도 있어야 해요. 또 한 집에 같이 사는 사람도 그리 추천할 만하지는 않습니다. 같이 사는 사람은 권위를 가지기 힘듭니다. 못나고 부끄러운 모습도 서로 다 보기 때문이지요.

가장 이상적인 사람은 5살 이상 차이 나는 사촌 형제나 엄마·아빠 친구의 아들·딸 정도가 되겠네요. 집안에서 늘 칭찬받고 동생들에게 존경받는 사촌이나 공부 잘하는 모범생인 친구의 아들이 있다면 집으로 초대하여 책에 대한 이야기를 들려달라고 하세요. 똑같은 내용을 이야기해도 아이들은 부모 말은 무시하고 제 3자의 말은 잘 따르는 경향이 있어서 효과가 더 좋습니다.

상대방에게 상황을 충분히 알리고 저녁 식사에 초대해 보세요. 멘토가 아이에게 낯선 사람이라면 멘토에 대한 우호적 정보를 미리 제공해두는 것도 좋습니다. 부담을 주지 않는 선에서 기대감을 높여 두는 서지요. 수변에 그런 사람이 없다면 독서 클럽에 가입해 보면 어떨까요? 책을 좋아하는 아이들 속에서 책의 사회적 가치를 느낄 수 있을 겁니다.

# 좋은 책 고르는 법

## 살까? 빌릴까?

### ▎도서관 장서 수와 읽기

이집트의 옛 수도 알렉산드리아는 그곳을 점령한 마케도니아 알렉산드로스 대왕의 이름을 딴 도시입니다. 클레오파트라가 태어난 도시이기도 하지요. 그곳에는 기원전 280년에 건립된 세계 최대 규모를 자랑하는 알렉산드리아 도서관이 있었습니다. 클레오파트라 치세 때는 보유한 도서의 양이 70만 권에 달할 정도였다니 지금의 기준으로 봐도 어마어마한 규모입니다.

그 옛날에 그 많은 책을 어떻게 구했을까요? 구입은 주로 그리스 도시인 아테네와 로도스에서 했지만 불법적인 방법도 많이 썼다고 합니다. 프톨레미 3세는 그곳에 정박한 모든 배에서 모든 책을 내리도록 한 후 복사본을 만들어 원본은 자신이 가지고 복사본만 돌려주었습니다. 아테네 작가들의 책을 안전하게 보관해 준다며 강제로 뺏기도 하고 다른 도서관의 책을 빌려와 복사본과 함께 돈으로 돌려주었다고 합니다. 가장 지적인 관심을 가장 지적이지 않은 방식으로 해결했다는 생각이 드네요.

70만 권의 책이 어떻게 사라졌는지는 정확히 알 수 없지만, 화재로 인해 모두 소실되었다는 이야기가 정설입니다. 이집트 프톨레마이오스 왕조는 이 책들과 함께 헬레니즘 왕국의 하나로 문화를 꽃피울 수 있었습니다. 그들은 왜 그렇게까지 책의 보유에 열을 쏟았을까요? 그냥 이웃 왕국에서 빌려 읽으면 안 되었을까요?

보유한 책의 양과 사람들이 읽는 책의 양 사이에는 어떤 관련성이 있을까요? 연구 결과 도서관이 보유한 책의 양과 읽는 양 사이의 상관 계수는 0.72로 매우 높습니다. 상관 계수는 두 요소 사이에 얼마나 높은 상관관계가 있는지를 나타내는 수치입니다. +1.00이면 완전한 일대일 대응이고, 0이면 아무런 상관이 없으며, −1.00이면 완전히 음의 일대일 대응 관계임을 뜻합니다. 상관계수가 0.72면 1에 가까워서 매우 높은 관련성이 있다는 뜻입니다. 도서관에 더 많은 책이 있으면 아이들은 더 많이 읽게 됩니다. 보유 도서가 20% 증가하면 도서 대출이 10% 증가한다고 합니다.

도서관의 질은 읽기의 질과 직결됩니다. 많은 책을 보유하고 전문 사서를 보유한 더 좋은 도서관은 사람들로 하여금 더 많이 읽게 합니다. 학생 1인당 학교 도서관 장서의 수는 읽기 성적의 확실한 예측 요인 중 하나입니다. 우리나라 도서관은 어떻게 변하고 있을까요? 2014년과 2018년을 비교한 통계에 따르면, 우리나라 도서관은 양적 측면에서 개선되고 있습니다. 학교 도서관은 1만1,405관에서 1만1,644관으로 늘었으며, 1관당 장서 수도 1만5,920권에서 1만6,103권으로 늘었습니다. 공공도서관 역시 930관에서 1,096관으로 늘었고, 1관당 장서 수도 9만6,361권에서 10만1,606권으로 늘었지요. 도서관 수와 1관당 장서 수가 동시에 늘었기에 전체 보유 장서의 수 역시 대폭 늘었다는 사실을 알 수 있습니다. 정규직 사서 수 역시 경미하지만 늘었으며 도서관 수가 늘어나며 1관당 방문자 수는 줄어들고 있어 도서관은 점점 쾌적해지고 있습니다. 국가적으로는 올바른 방향으로 나아가고 있다고 보이네요.

## ▎ 가정 장서 수와 읽기

가정에서 보유한 책의 양과 읽기 사이의 관련성 역시 있습니다. 먼저 경제협력개발기구$^{OECD}$는 가정에서 보유한 책의 수와 학생의 읽기 참여도 사이에 0.31의 상관관계가 있으며 보유 책의 수와 읽기 성적 사이에도 0.35의 상관이 있다고 보고했습니다. 책을 많이 보유한 아이가 많이 읽고 읽기에서 더 좋은 성적을 거두었다는 의미이지요.

  가정 내 보유한 책의 수와 아이의 인지 능력 사이에 상관관계가 있다는 연구도 있습니다. 호주 국립대와 미국 네바다대 공동 연구진은 최근 16만 명의 25~65세 성인 남녀를 대상으로 한 연구에서 어린 시절 가정에 있던 책의 수가 아이의 교육 성취도에 긍정적인 영향을 미친다고 결론 지었습니다. 아이가 책을 읽지 않아도 책이 많이 있었다는 기억 자체가 인지 능력에 영향을 미친다고 하였습니다. 개인적으로 책의 보유 그 자체가 직접적으로 인지 능력에 영향을 미쳤다는 해석은 순진하다고 생각합니다. 아이의 인지 능력에 영향을 미친 요소는 단순히 집에 보유한 책의 수가 아닌 많은 책을 보유하고 있는 부모의 영향이라고 생각해야 하지 않을까요? 책에 대한 부모의 관심, 더 수준 높은 어휘의 사용, 책을 읽는 모습, 책에 관한 대화 같은 인지적 문화가 결과에 영향을 미쳤으리라 판단합니다. 어쨌든 책의 보유 수와 아이의 인지 수준 사이에 연결은 분명히 존재합니다.

도서관에서 빌려 읽는 것도 분명 좋지만 생각해 볼 만한 사례가 있습니다. 가난한 지역에 의사들이 봉사를 나갔는데 생각보다 치료가 잘 되지 않았습니다. 의아해진 의사들이 알아보니 환자들이 무료로 준 약을 잘 먹지 않고 버리는 경우가 많아서였다고 합니다. 고심 끝에 약을 100원씩 받고 팔기로 했는데 이후로는 치료가 잘 되었다고 합니다. 돈을 받고 팔자 약을 소중히 여겨 꼬박꼬박 챙겨 먹었기 때문이라고 합니다. 사람은 자신이 비용을 지불할 때 더 큰 관심을 가집니다. 공짜로 받은 것은 소중함을 몰라 제대로 사용하지 않을 가능성이 높다는 말이지요.

책에 더 많은 돈을 소비하면 책에 더 많은 관심을 갖게 됩니다. 도서관에서 무료로 빌린 책은 읽어도 그만, 안 읽어도 그만일 수 있습니다. 반면 돈을 들여 책장에 꽂아둔 책은 읽지 않으면 안 될 것 같은 기분이 들게 합니다. 도서관에 가서 책을 여러 권 빌린 후 제대로 읽지 않고 반납한 경험이 있지 않나요? 그래서 빌릴 때보다 사서 꽂아두면 훨씬 더 많이 읽게 됩니다. 본전 생각이 나거든요.

모든 책을 다 살 수는 없지만, 모든 책을 다 빌릴 수도 없습니다. 좋은 책을 충분히 사서 꽂아두고 필요한 만큼 빌려서 읽도록 하세요. 참고로 보유 장서의 수와 아이의 인지 능력 사이의 상관관계를 연구한 연구진은 결과에 영향을 미친 책의 권수는 80~350권 이상이라고 말합니다. 아이의 인지 능력을 위해 지금 바로 온라인 서점에 접속하는 게 어떨까요?

## | 학급 장서 수와 읽기

학급의 장서 수도 아이의 읽기에 영향을 미칩니다. 학급에 양질의 도서가 있으면 아이들은 더 많이 읽습니다. 교실에 좋은 책이 많으면 굳이 다른 층에 있는 도서관을 찾지 않아도, 집에서 책을 가지고 오지 않았어도 금세 손을 뻗어 읽을 수 있거든요. 현재 대한민국 초등학교 교실에는 책이 적지 않지만 좋은 책은 별로 없습니다. 20년 이상 된 책들이 주를 이루지요. 누런 갱지에 옛 폰트로 인쇄된 읽고 싶지 않은 빛바랜 책들이 대다수입니다. 교육 당국에서 학급별 도서 구입 비용을 지원해 주면 어떨까 하고 생각합니다. 일정액의 책을 사서 꽂아두고 그대로 다음 해에도 사용할 수 있다면 좋겠습니다. 전국 모든 교실의 책을 한번에 모두 바꾸기는 힘들 테니 매년 조금씩 계속 보충해 나간다면 머지않아 교실에는 읽고 싶은 책들이 충분해지게 될 것입니다.

코로나19로 인해 학교 도서관의 이용이 어렵게 된 점도 걱정입니다. 최근에는 도서관 책을 작은 카트에 담아 교실에 빌려주는 제도가 시행되고 있는데 많은 학교로 퍼져 나갔으면 좋겠네요.

## 도서 구매의 원칙

세상의 많고 많은 책 중에서 어떤 책을 구매해야 하는 걸까요? 자세한 추천 도서는 바로 뒤에서 알아보도록 하고, 도서 구매의 원칙을 먼저 알아보겠습니다. 도서 구매의 원칙은 두고두고 읽을 수 있는 양질의 도서를 구매하는 데 있습니다.

문학에서 양질의 도서는 주로 고전입니다. 최근 발행되어 핫한 책보다는 시대를 거슬러 오랜 시간 사랑받은 고전 문학을 우선 구입하세요. 옷에 비유하자면 유행하는 옷을 빨리 저렴하게 사서 입고 금방 버리는 패스트 패션이 아닌, 유행을 타지 않고 오랜 기간 품위를 지켜줄 명품을 구매하는 것과 비슷합니다.

정보책은 한 분야를 균형 있고 폭넓게 다루어서 읽고 나면 해당 분야에 대한 큰 그림을 그리고 계통을 잡을 수 있는 입문자용 개론서를 구입하면 좋습니다. 이런 도서는 한번에 끝까지 다 읽어버리기보다 서재에 꽂아두고 필요할 때마다 꺼내 읽으면 아이 머릿속의 지식망 구축에 큰 도움이 됩니다.

반면, 잠깐 유행하거나 가볍게 읽고 넘어갈 책은 대출받아도 무방합니다. 가벼운 내용의 판타지, 로맨스, 추리 소설, 무협지 등은 굳이 구매할 필요가 없습니다. 다만 아이가 특별히 관심과 애정을 갖는 분야의 책은 예외적으로 구매해도 좋겠네요. 추리 소설을 특히 좋아하는 아이라면 셜록 홈즈, 애거서 크리스티, 히가시노 게이고의 책을 구입한다면 추리 소설 마니아라는 자신만의 읽기 정체성을 세우는 데 도움이 될 수도 있고요.


# 연령별 추천 도서

## | 0~3세 추천 도서

아이의 나이대별로 읽어주기 혹은 읽기에 좋은 책을 알아보겠습니다. 먼저 0~3세까지의 영유아에게는 사랑, 소리, 이름이 중요합니다. 태어나서 처음 책을 접하는 영유아에게 읽기와 사랑을 연결해주면 평생 열렬한 독자가 될 수 있습니다. 읽어주면서 사랑을 말하고 안고 쓰다듬어주기에 좋은 그림책에는 『사랑해 사랑해 사랑해』, 『엄마랑 뽀뽀』, 『아빠한테 찰딱』, 『안아 줘!』가 있습니다.

　영유아에게는 여러 소리를 정확하게 구분할 수 있도록 다양한 소리를 들려주는 것도 중요합니다. 『아기 오리들한테 길을 비켜 주세요』에서 엉덩이를 뒤뚱거리며 엄마와 함께 외출한 귀여운 아기 오리의 이름은 잭, 캑, 랙, 맥, 넥, 왝, 팩입니다. 그리고 그들은 모두 꽥이라고 울지요. 오리 이름을 들려주다 보면 다양한 자음의 소리를 듣고 구분할 수 있게 됩니다. 서정적인 그림체를 통해 얻을 수 있는 따뜻한 정서는 덤이구요. 『사과가 쿵!』, 『곰 사냥을 떠나자』, 『낙엽이 속닥속닥』들도 다양한 소리를 들려주기에 좋은 책들입니다.

이제 갓 언어를 배우기 시작하는 영유아에게는 사물의 이름이 강조되는 책도 좋습니다. 색과 여러 사물의 이름을 다룬 『두드려 보아요』나 신체 명칭을 알려주는 『눈·코·입』, 과일의 이름과 맛을 나타내는 형용사를 배울 수 있는 『냠냠냠 쪽쪽쪽』이 있습니다.

이 시기에는 아직 줄거리를 이해하기 어려우므로 단순한 내용과 운율이 반복되는 이야기가 아이의 관심을 끕니다. 반복되는 소리는 아이의 음소 인식에 도움을 주지요. 책을 물고 뜯고 던지는 시기라 쉽게 찢어지지 않는 두꺼운 보드북이 좋습니다.

## | 4~7세 추천 도서

4~7세가 되면 줄거리를 이해하기 시작하는데 복잡한 줄거리보다는 직선적인 흐름이나 반복적인 패턴이 좋습니다. 또한 어린이집이니 유치원 등에서 주변 세계와 관계 맺기를 시작하는 때이므로 관계, 질서, 규칙에 대한 책도 좋습니다. 이런 책으로는 『무지개 물고기』, 『검피 아저씨의 뱃놀이』, 『여우가 오리를 낳았어요』, 『있는 그대로가 좋아』가 있습니다. 집 밖 공간에 대해 생각해 볼 수 있는 『이슬이의 첫 심부름』이나 『곰의 노래』도 좋습니다.

단순한 스토리, 명확한 인과관계, 권선징악적 요소를 담은 전래동화도 아이들에게 크게 사랑받습니다. 『아씨방 일곱 동무』, 『똥벼락』, 『신기한 독』, 『평강공주와 바보온달』과 같은 낱권으로 된 그림책이 있는가 하면 전래동화 전집도 있습니다. 보통 전집 구입은 추천하지 않지만 이 시기는 부모가 책을 읽어주는 시기이고 전래 동화는 스토리가 단순하고 재미있어 전집을 구입해도 괜찮습니다. 비용적인 면에서 부담스럽다면『김용택 선생님이 들려주는 전래동화 50』도 좋은 선택이 될 수 있습니다. 이 시기 추천 그림책들은 초등 1·2학년까지도 읽어주면 좋습니다.

## | 초등 1·2학년 추천 도서

초등 1·2학년 아이들은 어떨까요? 초등 1·2학년 아이들은 우선 글자를 처음 접하는 시기인 만큼 문자에 대한 책을 읽어보세요. 자음과 모음을 살펴보고 생각해 볼 수 있는 책에는『생각하는 ㄱㄴㄷ』,『숨바꼭질 ㄱㄴㄷ』,『동물친구 ㄱㄴㄷ』,『표정으로 배우는 ㄱㄴㄷ』,『손으로 몸으로 ㄱㄴㄷ』이 있습니다.『소리치자 가나다』와『글자동물원』은 통글자를 배우기에 좋습니다.『왜 띄어 써야 돼?』와『왜 맞춤법에 맞게 써야 돼?』는 유머러스한 스토리 속에서 한글 기초문법을 배울 수 있어 흥미롭고 효과적입니다.

초등 1·2학년 아이들은 상상의 이야기를 무척 좋아합니다. 상상하기에 좋은 그림책으로는 이미 명작으로 유명한『괴물들이 사는 나라』,『종이 봉지 공주』,『지각대장 존』이 있습니다. 이외에『책이 꼼지락 꼼지락』,『해치와 괴물 사형제』,『태양으로 날아간 화살』등도 상상력을 기르기에 좋습니다.

정보가 담긴 그림책을 이용하면 3학년부터 시작되는 '읽기로 배우기'를 대비할 수 있습니다.『코끼리와 숲과 감자 칩』,『곤충화가 마리아 메리안』,『배추흰나비 알 100개는 어디로 갔을까?』,『북극곰』,『선인장 호텔』을 읽으면 자연에 대해 쉽게 배워볼 수 있습니다. 아름다운 삽화와 함께 시대와 산업의 변화를 보여주는『작은 집 이야기』와 직업에 관한『어른들은 하루 종일 어떤 일을 할까?』도 추천할만합니다.

2학년 후반부로 갈수록 점점 글이 긴 그림책을 읽으며 곧 접하게 될 문고판 사이즈의 줄글 창작동화를 읽을 준비를 해야 합니다. 글이 긴 그림책에는『이솝이야기』,『낙타와 주인』,『선생님, 바보 의사 선생님』,『전쟁광과 어느 목수 이야기』,『마이크 멀리건과 증기 삽차』,『즐거운 로저와 대머리 해적 압둘』,『고맙습니다, 선생님』,『당나귀 실베스터와 요술 조약돌』,『꼬마 빌리의 친구 민핀』등이 있습니다.

## | 초등 3·4학년 추천 도서

객관적 사고가 발달하는 초등 3·4학년 아이들에게는 조금 더 현실적이고 자신과 관련된 이야기가 좋습니다. 3·4학년 아이들이 좋아한다고 많은 초등 교사들이 추천하는 국내 창작동화에는『만복이네 떡집』,『나쁜 어린이 표』,『한밤중 달빛 식당』,『내 멋대로 친구 뽑기』,『쿵푸 아니고 똥푸』,『늑대왕 핫산』,『초대받은 아이들』,『책이 사라진 날』,『겁보 만보』,『어느 날 구두에게 생긴 일』,『마법사 똥맨』,『콩닥콩닥 짝 바꾸는 날』,『악당이 사는 집』,『수일이와 수일이』,『불량한 자전거 여행』,『시간 가게』,『아빠를 주문했다』,『잘못 뽑은 반장』이 있습니다. 해외 창작동화에는『마법의 설탕 두 조각』,『프린들 주세요』,『화요일의 두꺼비』가 있고 조금 긴 책으로는『찰리와 초콜릿 공장』,『샬롯의 거미줄』,『마틸다』가 있지요.

초등 3·4학년이 되면 우리에게도 잘 알려진 상대적으로 짧아 읽기 쉬운 고전을 시작할 수 있습니다. 이 시기에 어렵지 않게 접할 수 있는 고전에는 『소나기』, 『홍길동전』, 『탈무드』, 『갈매기의 꿈』, 『어린 왕자』, 『내 이름은 삐삐 롱스타킹』, 『나의 라임오렌지나무』 등이 있습니다. 물론 『어린 왕자』나 『갈매기의 꿈』에 담긴 심오한 의미를 다 파악하지는 못한다고 해도 이런 유명한 고전을 읽고 나면 고전을 읽었다는 자부심과 함께 5·6학년부터 본격적으로 접하게 될 더 길어지는 고전에 대한 두려움을 줄일 수 있는 효과도 있지요.

문학뿐 아니라 정보책도 조금씩 도전하고 시작하면 좋습니다. 『초등 필수 백과』, 『읽으면서 바로 써먹는 어린이 속담』, 『한국을 빛낸 100명의 위인들』, 『경제의 핏줄 화폐』, 『어린이를 위한 종의 기원』 등이 추천할 만합니다.


## | 초등 5·6학년 추천 도서

초등 5·6학년 아이들이 읽으면 좋은 창작동화에는 『마당을 나온 암탉』, 『난 빨강』, 『기호 3번 안석뽕』, 『마지막 이벤트』, 『모모』, 『갈매기에게 나는 법을 가르쳐준 고양이』가 있습니다. 5학년부터 시작되는 역사 공부에 맞추어 『초정리 편지』, 『책과 노니는 집』, 『서찰을 전하는 아이』, 『몽실 언니』도 좋습니다.

5·6학년이 되면 본격적으로 고전을 읽어보길 권합니다. 고전을 시작하기에 용이한 단편선에는 『100년 후에도 읽고 싶은 한국명작단편』, 『100년 후에도 읽고 싶은 세계명작단편』, 『톨스토이 단편선』, 『오 헨리 단편집』, 『알퐁스 도데 단편선』이 있습니다. 아이들이 가볍게 접할 만한 모험을 주제로 한 고전에는 마크 트웨인의 『톰 소

여의 모험』, 『허클베리 핀의 모험』과 쥘 베른의 『80일간의 세계 일주』, 『해저 2만 리』, 『15소년 표류기』가 있고요. 이외에도 『로빈슨 크루소』, 『걸리버 여행기』도 좋습니다. 좀 더 무게감 있는 고전을 원한다면 『셰익스피어 4대 비극』 혹은 여성 작가의 섬세한 감성으로 여학생들이 특히 좋아하는 『제인 에어』나 『오만과 편견』을 읽을 수 있지요. 이 외에 『레 미제라블』, 『동물농장』, 『대지』, 『노인과 바다』도 추천합니다.

5·6학년이 되면 정보책에 대한 독서량도 서서히 늘려 나가야 합니다. 문학은 고전을 원전 그대로 읽는 것이 가장 좋지만 정보책은 그렇지 않습니다. 그 이유는 우선 정보책의 고전은 원전으로 접하기에는 너무 어렵습니다. 어른을 대상으로 한 데다 전문적인 어휘를 많이 사용하기 때문입니다. 힘들게 읽는다고 해도 독서의 가치가 그리 높지 않기도 하고요. 문학 속 이야기는 변하지 않는 인간사에 관한 일상적 서술이기에 어느 시대에 누가 읽어도 좋은 책이지만 정보는 시대에 따라 변하고 발전하기 때문입니다. 정보책은 하나의 지식을 다른 지식과 잘 비교하여 제시하고 현재 사회에서 받아들여지는 최신 지식을 담은 책이 좋습니다.

철학은 인간의 사고와 관점을 다룬다는 점에서 매우 중요합니다. 『동양 철학자 18명의 이야기』, 『14살에 처음 만나는 서양 철학자들』이 두 권을 읽으면 동서양 철학에 대한 기본적인 개념을 잡을 수 있습니다. 인간이 만든 문화에 대한 이해를 위해 『재미있는 지구촌 종교 이야기』나 『어린이 인문학 여행』과 같은 인문 서적도 좋습니다. 인간과 세계에 대한 시간적 측면을 다루는 역사서로는 『한국사 편지』와『초등학생이 알아야 할 세계사 100가지』가, 공간적 측면을 다룬 지리서로는『초등학생을 위한 개념 한국지리 150』,『세계사를 한눈에 꿰뚫는 대단한 지리』가 있습니다. 인간이 만든 사회 시스템인 정치와 경제를 이해하기 위해『초등학생이 알아야 할 참 쉬운 정치』,『거꾸로 경제학자들의 바로 경제학』을 읽어보세요. 과학적 시각을 갖추기 위해『초등학생이 알아야 할 과학 100가지』를 읽는 것도 좋습니다.

이처럼 한 분야의 A부터 Z까지 폭넓게 다룬 백과사전식 책은 구입해서 아이의 책꽂이에 구비해두면 좋습니다. 한번에 처음부터 끝까지 읽지 않아도 되고 꽂아두고 초등 고학년은 물론 중고등학교에 가서도 계속 참고할 수 있습니다. 각각의 분야에 대해 폭넓은 차원의 배경지식을 갖춘 아이는 이후의 수업과 독서를 통해 더 쉽게 새로운 내용을 배울 수 있습니다. 개론서 성격의 정보책을 통해 지식의 큰 체계를 세움과 동시에 특정 분야에 대해 더 깊이 다루는 세부적인 정보책을 읽어 나가며 구체적인 내용을 채워 나가면 좋습니다. 예를 들어『생각 깨우기』,『맥루한이 들려주는 미디어 이야기』,『청년 노동자 전태일』,『열두 살에 부자가 된 키라』,『둥글둥글 지구촌 인권 이야기』같은 책들을 읽으면서 말입니다.

## | 중고등학생 추천 도서

앞에서 언급한 책들을 소화하고 읽는 힘을 갖춘 중고등학생이라면 성인들이 읽는 책으로 넘어갈 수 있습니다. 우선 청소년들에게 널리 알려진 고전을 넘어 상대적으로 덜 알려진 고전을 읽어보세요.

예를 들어 카프카의 『변신』, 알베르 까뮈의 『이방인』 그리고 『파리 대왕』, 『호밀밭의 파수꾼』, 『멋진 신세계』, 『시계태엽 오렌지』 등이 있습니다. 국내 고전으로 이상의 『날개』와 김승옥의 『무진기행』도 읽어볼 만합니다. 매우 긴 고전에도 도전해 봅니다. 역사문학 『삼국지』, 『로마인 이야기』 대하장편소설 『토지』, 『태백산맥』이 여기에 해당합니다. 한 작가의 다양한 작품을 읽을 수도 있지요. 톨스토이, 도스토예프스키, 헤밍웨이, 헤르만 헤세, 조지 오웰, 마크 트웨인, 존 스타인벡, 찰스 디킨스 등은 널리 읽히는 작가입니다.

정보책은 여전히 큰 흐름을 조망할 수 있는 책을 중심으로 둡니다. 다만 초등 고학년 때 읽던 책과 달리 훨씬 내용이 깊고 자세한 일반 성인을 대상으로 하는 책을 읽어야 합니다. 가장 추천하는 책은 『지적 대화를 위한 넓고 얕은 지식』 시리즈입니다. 『지대넓얕』 시리즈는 역사, 경제, 정치, 사회, 윤리, 진리, 철학, 과학, 예술, 종교, 신비, 우주, 인류 등의 방대한 주제를 다루면서도 각 주제의 핵심적 흐름을 이해하기 쉽게 풀어쓴 역작입니다. 이 책을 통해 아이들은 각 주제의 영역을 더 구조적이고 넓은 시각에서 바라볼 수 있게 됩니다.

이야기를 통해 철학의 역사적 흐름을 파악할 수 있는 『소피의 세계』도 좋습니다. 한국사는 『한국사 편지』를 이미 읽었다면 『조선왕조실록』으로 좀 더 깊게 파고 들어가 보세요. 세계사의 흐름을 잡는 데는 『세계사를 보다』나 『곰브리치 세계사』를 추천합니다. 『곰브리치 세계사』를 쓴 미술사학자인 언스트 곰브리치의 『서양미술사』도 읽어볼 만합니다. 『서양미술사』는 미술 지식 이외에도 철학과 세계사의 흐름을 파악하는 데 도움이 됩니다.『사피엔스』와『총, 균, 쇠』는 인류사를 이해하기 위한 필독서입니다. 문학의 가치를 이해하고 더 넓은 시각으로 문학을 바라보기 위해서『책은 도끼다』,『문학으로 역사 읽기, 역사로 문학 읽기』,『철학카페에서 문학 읽기』도 읽어보세요. 과학 분야에서는『코스모스』,『이기적 유전자』,『정재승의 과학 콘서트』가 읽는 이의 시야를 크게 넓혀줍니다.

입시를 준비하기 위한 전략적인 독서도 필요합니다. 우선 수시 학생부종합전형에 지원하기 위해서는 진학하고자 하는 과에 맞는 독서 이력이 필요합니다. 2025년부터 고교학점제가 시행되기에 이런 흐름은 더 강화될 것으로 보입니다. 그래서 미리 진학하고자 하는 과에 맞는 독서를 할 필요가 있습니다. 예를 들어 경제학과에 진학하고자 한다면『국부론』,『맨큐의 경제학』,『보도 섀퍼의 돈』,『경제학 콘서트』,『현명한 투자자』같은 경제 관련 도서들을 읽고 잘 정리해둘 필요가 있습니다.

# 수상작들

## | 칼데콧상

칼데콧상은 19세기 영국 일러스트레이터 중 가장 영향력 있는 삼인방 중 한 명인 레이터 랜돌프 칼데콧을 기리는 상입니다. 매년 미국 도서관 협회에서 그 해 가장 뛰어난 그림책을 선정해 수여하지요. 19세기 영국 일러스트 중 가장 영향력 있는 삼인방의 다른 두 사람은 케이트 그린어웨이와 월터 크레인인데, 케이트 그린어웨이 상도 있습니다. 칼데콧상은 뉴베리상과 더불어 가장 중요한 아동문학상인데요. 뉴베리상이 문학상이라면 칼데콧상은 그림상이라고 보면 됩니다. 칼데콧 수상작 중 우리에게 잘 알려진 책으로는 『소피가 화나면, 정말 정말 화나면』, 『요셉의 작고 낡은 오버코트가…?』, 『안 돼, 데이비드!』, 『그래도 엄마는 너를 사랑한단다』가 있습니다. 비교적 최근에 상을 받고 우리나라에 출간한 책으로는 『곰이 강을 따라갔을 때』, 『망가진 정원』, 『안녕, 나의 등대』, 『콩고 광장의 자유』, 『홀라홀라 추추추』 등이 있습니다.

## | 뉴베리상

뉴베리상은 18세기 영국 서적상인 존 뉴베리를 기리는 상으로 역시 미국 도서관 협회에서 매년 선정, 수여합니다. 안데르센상과 함께 최고의 아동 문학상으로 꼽히며, 아동 도서계의 노벨상으로 불리웁니다. 칼데콧상과 마찬가지로 메달Medal과 아너Honor가 있는데, 메달이 금메달이고 아너가 은메달입니다. 뉴베리 수상작 중 국내에 잘 알려진 책으로는 『기억 전달자』, 『구덩이』, 『엘 데포』, 『어린 여우를 위한 무서운 이야기』와 『안녕, 우주』가 있습니다.

## | 국내 청소년 문학상

국내 청소년 문학상에는 창비 청소년문학상과 문학동네 청소년문학상이 대표적입니다. 창비 청소년문학상 수상작에는 『유원』, 『페인트』, 『아몬드』, 『푸른 늑대의 파수꾼』이, 문학동네 청소년문학상 수상작에는 『독고솜에게 반하면』, 『체리새우: 비밀글입니다』, 『세계를 건너 너에게 갈게』, 『나의 슈퍼히어로 뽑기맨』이 있습니다.

## | 노벨문학상

노벨문학상은 다이너마이트를 개발한 알프레드 노벨의 유산으로 주어집니다. 노벨문학상은 특이하게 작품이 아닌 작가에게 주어집니다. 따라서 '노벨문학상을 받은 작품'이란 말은 정확한 표현이 아닙니다. '노벨문학상을 받은 작가의 대표작'이라는 말이 정확합니다. 몇몇 수상 작가와 그의 대표작으로는 귄터 그라스의 『양철북』, 오에 겐자부로의 『개인적인 체험』, 하인리히 뵐의 『카타리나 블룸의 잃어버린 명예』, 알베르 카뮈의 『이방인』, 어니스트 헤밍웨이의 『무기여 잘 있거라』, 헤르만 헤세의 『데미안』, 펄 벅의 『대지』, 알렉산드르 솔제니친의 『이반 데니소비치 수용소의 하루』가 있습니다.

## | 기관 추천 도서

우리로 치자면 수학능력시험에 해당하는 SAT를 주관하는 미국대학위원회의 추천 도서 101권도 읽을 만합니다. 『닥터 지바고』, 『마담 보바리』, 『주홍 글자』, 『모든 것은 무너진다』, 『모비 딕』이 있습니다. 영국의 BBC 방송에서 선정한 영국인들의 애독서 100권도 좋습니다. 『폭풍의 언덕』, 『호밀밭의 파수꾼』, 『안나 까레리나』, 『두 도시 이야기』, 『마틸다』가 있지요. 두 목록에 공통으로 이름을 올린 작품에는 『분노의 포도』, 『동물농장』, 『멋진 신세계』, 『앵무새 죽이기』, 『오만과 편견』, 『위대한 개츠비』, 『전쟁과 평화』, 『죄와 벌』이 있습니다. 노벨문학상, 미국대학위원회의 추천도서 101권, 영국인들의 애독서 100권의 전체 목록은 제가 운영하는 네이버 블로그(blog. naver.com/truebk1981)에서 보실 수 있습니다.

## 추천 도서 활용하기

추천 도서 목록을 참고할 때 주의할 점이 있습니다. 첫째, 가장 좋은 책은 아이가 원하는 책이라는 사실을 잊지 마세요. 추천 도서 목록에 있는 책들을 차례대로 읽히고 싶은 욕구를 느낄지도 모릅니다. 하지만 추천 도서 목록을 참고하여 아이에게 권하되 최종 결정은 아이에게 맡기는 편이 낫습니다. 추천 도서 목록에 없다고 덜 좋은 책이 아니며, 설령 객관적으로 조금 덜 좋은 책이라고 해도 결국은 아이가 좋아하는 책이 더 좋은 책입니다. 목록에 있는 좋은 책만 쏙 쏙 뽑아 최단 기간에 최대의 효율을 뽑고 싶은 마음은 이해할 수 있으나 읽기에서는 효율을 너무 강조하면 안 됩니다. 효율을 강조하기 시작하는 순간 읽기의 진정한 효과가 사라집니다.

둘째, 아이의 문해력 수준에 따라 연령별 추천 도서를 읽는 시기는 늦추거나 당겨야 합니다. 학년이 아닌 아이의 문해력을 기준으로 책을 선택해야 하는데 현재의 수준보다 너무 어려운 책을 읽으면 좌절하게 됩니다. 앞에서 이야기한 읽기 수준을 기억하시지요? 문해력이 낮은 아이에게는 자기 학년의 책이 지도 수준이거나 좌절 수준일 수 있습니다. 예를 들어 문해력이 약한 5학년 아이에게 고전을 쥐어주고 억지로 읽게 하면 안 됩니다. 이럴 때는 300페이지 이상의 5·6학년 추천 도서보다는 100~200페이지 내외의 3·4학년 추천 도서부터 시작해야 부담감이 적습니다. 문해력이 낮은 아이는 쉬운 책으로 시작하여 문해력을 기르고 자신감을 가지는 게 더 중요합니다. 다른 아이들은 다 두꺼운 고전을 읽는데 우리 아이만 3·4학년용 얇은 책을 읽으면 되겠냐고요? 10kg 역기를 못 드는 아이에게 20kg 역기를 들게 하는 게 맞을까요? 반대로 너무 쉬운 책을 읽어도 흥미를 잃게 됩니다. 책을 아주 좋아하고 오랜 읽기 경험으로 문해력이 강하다면 자기 학년 추천 도서에 매이지 말고 더 어려운 책으로 넘어가도 됩니다.

셋째, 추천 도서를 참고하여 읽어 나가되 점점 스스로의 취향을 파악해 나가도록 하세요. 독서 역사가 짧은 아이는 자신의 취향을 모르고 어떤 책이 좋은지 모르므로 추천 도서를 참고하면 좋습니다. 하지만 계속해서 추천 도서에서만 책을 고르다 보면 자신만의 독서 취향과 독서가로서의 자아상을 형성하는 데 방해가 됩니다. 읽어 나가면서 점점 자신이 흥미를 느끼고 관심이 가는 분야를 찾아 나가야 하지요. 본인만의 흥미와 관심 분야를 찾지 못하는 독서는 오랜 기간 지속될 수 없으니까요. 이 시기에는 시행착오를 각오해야 합니다. 실패도 경험이 된다는 생각으로 책값을 아까워하지 말고 다양한 책을 사서 보세요. 안 맞아서 안 읽게 되어도 그것 자체로 의미가 있습니다. 억지로 읽으라고 하지 않아야 합니다. 비용적 부담이 크다면 도서관을 이용하면 되고요.

# 한 분야만 읽는 것 괜찮을까

"아이에게 책을 고르게 했더니 너무 특정한 영역만 좋아한다면 어떻게 해야 하나요?" 실제로 제가 여러 차례 받은 질문입니다. 한 분야의 책만 보는 아이가 생각보다 많고, 그런 아이에 대한 걱정도 생각보다 많더군요. 공룡 책만 보는 아이, 자동차 책만 보는 아이, 문학 책만 보는 아이, 정보책만 보는 아이. 이런 아이들 어떻게 하냐고요? 그냥 두시면 됩니다. 사실 그냥 두는 게 아니라 아이가 원한다면 적극 권장하세요.

특정 장르나 특정 작가의 책만 보는 좁은 독서는 부모의 걱정을 사기 쉽지만 여러 연구 결과는 이를 잠재웁니다. 다양한 분야와 다양한 작가의 수많은 책을 넓게 접하길 원하는 부모의 마음은 다양한 지식을 쌓기 원해서일 겁니다. 그 기대와 걱정에도 일리가 있지만 좁은 독서는 문해력을 향상시키는 데 분명 도움이 됩니다. 읽는 분야에 대한 지식이 쌓이면 그 분야의 책은 점점 더 읽기 쉬워지거든요. 그러면 아이는 인지 자원을 배경지식이 아닌 읽기 기술과 전략에 더 쏟을 수 있게 됩니다. 이때 문해력이 빠르게 상승하지요.

그리고 평생 좁은 독서를 하는 아이는 없습니다. 특정 영역에 관심이 집중되는 시기가 있습니다. 이때 아이의 머릿속에 다른 관심이 없어요. 오직 그 생각밖에 없지요. 그때는 그 분야의 책을 읽어야 합니다. 시간이 지나 어느 정도 지적 호기심이 해결되고 나면 더 읽으라고 해도 됐다고 합니다. 호기심이 해결되었거나 사그라들었기 때문이지요. 호기심은 없어서 문제이지 있어서 문제가 아닙니다.

아이가 좁은 독서를 한다면 걱정하지 말고 적극 지원하세요. 호기심이 앞장서 지식과 문해력이 동반 성장하는 좋은 기회입니다.

## 학습만화 괜찮을까

'아무리 그래도 학습만화만 보는 건 안 되겠지'라는 생각을 하지 않으셨나요? 결론부터 말하자면 학습만화만 보는 것도 괜찮습니다. 학습만화가 아이의 문해력을 저해한다고 알려지면서 학습만화만 읽는 아이들 부모님의 걱정이 커졌는데요. 그렇지 않습니다.

학습만화가 아닌 심지어 그냥 만화책을 읽어도 문해력이 성장합니다. 일반 책과 만화책을 15주간 읽은 두 그룹 모두 같은 수준으로 독해력이 향상되었다는 연구가 있거든요. 학습만화를 읽는 것 역시 독서입니다. 학습만화를 읽는 아이들 중에 문해력이 낮은 아이가 있을 뿐이지 학습만화 때문에 문해력이 낮은 게 아닙니다. 그건 줄글 책도 마찬가지에요. 줄글 책을 읽는 아이 중에 문해력이 낮은 아이가 있다고 줄글 책이 문해력을 낮춘다고 말할 순 없잖아요?

물론 학년이 올라가도 계속 학습만화만 읽어도 충분하다고 말하기는 어렵습니다. 긴 줄글 책을 읽을 수 있는 고급 문해력을 키워야 하니까요. 하지만 학습만화를 한창 좋아할 초등 2·3·4학년 시기에는 걱정하지 말고 학습만화를 실컷 읽게 해주세요. 이유는 크게 두 가지입니다. 먼저 초등 2학년에서 3학년으로 넘어가는 시기는 그림책에서 줄글 책으로 넘어가야 하는 때인데 그게 쉽지가 않습니다. 그림은 줄고 글밥과 전체 분량이 엄청나게 늘어나거든요. 책을 그리 좋아하지 않는 아이 입장에서는 매우 부담스러워요. 이 시기에 학습만화는 일반 책으로 넘어가는 좋은 징검다리가 되어줍니다.

학습만화를 통해 엄청난 양의 배경지식을 습득할 수 있다는 점도 큰 장점입니다. 초등 3·4학년은 사회와 과학 같은 교과 공부가 시작됩니다. 수업을 이해하고 관련된 정보책을 읽고 이해하려면 배경지식이 있어야 합니다. 하지만 이 나이 때 배경지식이 많은 아이가 사실 드물지요. 그래서 다들 공부가 힘듭니다. 학습만화는 배경지식의 간극을 메워줍니다. 학습만화를 읽음으로써 수업을 듣고 문학과 정보책을 읽고 이해할 수 있는 힘이 생기는 거죠.

학습만화를 읽고 호기심이 늘어나는 아이도 많습니다. 호기심은 어느 정도 상식이 있어야 생깁니다. 무에서 유를 창조할 수는 없어요. 아는 게 없으면 호기심도 없지요. 학습만화를 읽고 단편적이나마 상식을 많이 습득하면 생활 속에서 보이는 게 많아져요. 저희 딸 아이는 『Why? 와이』 시리즈를 읽고 나면 질문이 많아집니다. 『Why? 와이 물』을 보고 나서 건조한 사막에도 비가 오는 걸 처음 알았다며 왜 사막은 비가 오는데도 물이 없는지 질문하더군요. 『Why? 와이 카메라』를 읽고 나서는 핸드폰 카메라와 안경 렌즈를 유심히 관찰하기도 하였고요.

긴 글이 부담스러운 아이들에게 학습만화는 부담 없는 시작점이 되어줍니다. 다만 도무지 줄글 책으로 넘어갈 기미가 안 보인다면 줄글 책을 조금씩 배정하는 건 가능합니다. 갑자기 학습만화를 못 읽게는 하지 말고 학습만화와 줄글 책의 비율을 정해 번갈아 가며 읽게 해보세요. 예를 들어 전적으로 만화책만 보는 아이에게는 3:1, 즉 만화책 3권당 줄글 책 1권 정도를 배정할 수 있지요. 이후 점점 비율을 높여 1:1까지 배정해 보고요. 물론 1:1 이상으로 높이고 싶겠지만 그 이상은 아이의 자율에 맡겨두면 어떨까 합니다. 문제를 일으키는 것은 주로 학습만화가 아니라 부모의 근시안적 조바심이니까요.

## 전자책은 괜찮을까

전자책은 어떨까요? 좁은 독서와 만화책을 두려워하는 부모는 많지만 전자책을 걱정하는 부모는 많지 않아 보입니다. 시력을 걱정하는 부모는 있어도 전자책, 그 자체가 해로우리라고는 상상도 하지 못합니다. 하지만 전자책은 읽기에 해롭습니다. 단순히 전자파로 건강에 나쁘다는 이야기가 아닙니다. 전자책은 문해력 발달에 부정적 영향을 끼칩니다. 똑같은 책을 똑같은 시간 동안 읽어도 전자책으로 읽으면 이해도가 한층 떨어집니다. 두 페이지 정도 짧은 글에서는 이해도가 비슷하지만, 두 페이지가 넘어가면 전자책을 읽은 사람의 이해도가 훨씬 뒤처집니다. 읽는 속도는 떨어지고 읽고 나서도 내용의 앞뒤를 연결하지 못하고요.

  똑같은 내용이 똑같이 적혀 있는데 왜 전자책은 종이책보다 못할까요? 첫 번째 이유는 뇌파입니다. 전자책을 읽을 때는 아이의 뇌에서 극도의 긴장에서 볼 수 있는 하이베타파가 나옵니다. 전자책을 읽느라 긴장한 아이의 뇌는 내용을 제대로 파악하지 못하지요. 반대로 종이책은 긴장을 늦추게 합니다. 종이책을 읽으면 각성 수준이 낮아져 몸과 마음이 편안해집니다. 너무 편안해져서 졸음이 오는 경우도 있긴 하지만 편안한 마음은 내용을 더 잘 이해하게 합니다.

두 번째 이유는 습관입니다. 컴퓨터나 스마트패드는 주로 인터넷 서핑이나 게임을 할 때 씁니다. 여기에 습관이 든 우리 뇌는 전자책을 읽으려고 스마트패드를 켜도 게임을 떠올리기 쉽습니다. 그러면 뇌는 전자책도 인터넷 사이트처럼 대충 읽고 넘기고 게임처럼 흥분하여 즉각적으로 반응하려고 하기 쉽습니다.

세 번째 이유는 유혹입니다. 스마트기기로 책을 읽으면 아이는 계속해서 유혹과 싸워야 합니다. 터치 두세 번이면 즉시 게임을 켤 수 있으니까요. 아이는 읽는 내내 게임과 유튜브를 켜고 싶은 욕구를 참아야 합니다. 욕구를 참는 데 자제력을 사용하면 내용에 집중할 힘이 빨리 떨어집니다. 사람이 하루에 쓸 수 있는 자제력은 한정되어 있어서 게임을 참느라 자제력을 쓰면 책을 읽는 데 집중하지 못합니다.

네 번째 이유는 오감입니다. 인간의 기억은 항상 오감과 함께 구성됩니다. 할아버지 하면 할아버지의 얼굴과 함께 막걸리 냄새, 거칠거칠한 손의 느낌이 함께 떠오르듯이요. 종이책 역시 읽을 때 물리적 감각을 제공합니다. 종이의 느낌과 냄새, 읽어나갈수록 점점 줄어드는 책의 두께감, 넘길 때 나는 소리 등은 우리를 현실 공간에 있게 합니다. 반면 전자책은 물리적 감각을 빼앗습니다. 전자책으로는 어떤 책을 어떻게 읽어도 감각이 항상 똑같지요. 네모난 플라스틱 화면과 손의 감각은 아무리 읽어도 변하지 않아서 현실 감각을 떨어뜨립니다. 우리의 기억은 행위를 할 때 당시의 맥락에 상당 부분 의존하는데 전자책을 읽을 때는 맥락이 항상 똑같아서 기억이 제대로 저장되지 않습니다.

다섯 번째 이유는 위치입니다. 인간의 기억은 항상 위치와 연결되어 저장됩니다. 우리 뇌에는 기억의 관문인 해마가 있고 그 안에는 위치를 감지하는 장소 세포place cell가 있습니다. 장소 세포는 해마가 기억을 저장할 때 당시 맥락을 함께 저장합니다. 정보는 위치 정보가 함께 있으면 더 잘 기억되고 위치 정보가 불분명하면 잘 기억되지 않습니다. 종이책의 글자는 위치 정보가 명확하며 고정되어 있습니다. 왼쪽 페이지 중상단부의 글자는 절대 다른 위치로 이동하지 않습니다. 반면 전자책의 글자는 줌이나 스크롤을 따라 커졌다 작아지고 나타났다 사라지면서 계속해서 위치가 변합니다. 전자책 속에서 계속 이동하는 정보들은 장소 세포의 도움을 받지 못해 기억으로 잘 남지 못합니다.

아이들은 21세기의 주역으로 점점 더 많은 정보를 온라인에서 찾아야만 합니다. 요즘 들어 디지털 리터러시, 디지털 문해력이라는 말이 많이 들리는 이유기도 하고요. 전자책의 문제와 인터넷 정보 활용 사이의 간극을 어떻게 해결해야 할까요? 해결 방법은 종이책을 통해 먼저 충분한 문해력을 기른 후 디지털 문해력으로 넘어가는 데 있습니다. 기본 문해력을 갖추지 못한 상태에서 디지털 문해력을 이야기하는 것은 어불성설입니다. 걷지 못하는 아이에게 뛰라고 할 수는 없잖아요? 빨리 읽고 원하는 정보를 선별해서 정보의 진위를 분별하는 능력은 천천히 읽고 깊게 생각하는 능력 이후에 길러야 합니다. 그러면 두 능력 모두 기를 수 있습니다. 순서가 반대가 되면 깊이 읽는 능력은 길러지지 못합니다. 디지털 문해력은 일반 문해력을 갖춘 이후에 생각해야 합니다.

# 읽을 시간 확보하기

## 미디어 사용 제한하기

읽을 시간이 충분히 나지 않는다면 어떻게 해야 할까요? 고정된 총 량에서 하나의 비중을 늘리기 위해서는 우선 다른 하나의 비중을 줄여야 합니다. 우선 미디어 사용 시간을 엄격히 제한하세요. 어린 시절 과도한 디지털 경험은 문해력 성장을 저해할 수 있습니다. 스 마트폰과 앱을 통해 엄청난 부를 쌓는 실리콘밸리의 부자들은 정작 자기 자녀에게는 디지털 기기를 철저히 금지시킨다고 합니다. 왜 그럴까요? 그들이 만든 것이 어떤 문제를 일으키는지 누구보다 잘 알고 있기 때문입니다. 디지털 기기와 앱으로 돈을 벌지도 않는데 우리도 당연히 그래야 하지 않을까요?

영상 시청은 하루 30분 정도가 적당합니다. 1시간을 넘지 않도록 해야 하며 절대 2시간을 넘겨서는 안 됩니다. 하루 평균 2시간 이상 영상을 매일 보는 아이의 지능은 그렇지 않은 아이들보다 분명히 낮은 것이 밝혀졌거든요. 특히 만 3세 이하의 영유아에게는 영상을 전혀 보여주지 않아야 합니다. 이 시기의 아이들은 영상 시청이 1시간 늘 때마다 ADHD 발생 확률이 10% 높아진다고 합니다. 당연히 학업 성취도도 낮고 비만할 가능성도 높고요. 첫 돌 이전부터 TV를 많이 본 아이에게서는 자폐 성향과 언어 발달 지연까지 관찰되었습니다. 과도한 영상 자극은 뇌를 손상시켜 정신질환을 일으킨다고 전문가들은 경고합니다.

물론 스마트폰과 TV가 절대 악은 아닙니다. 스마트폰, TV와 아무 무리 없이 공존하는 이들도 많으며 앞으로 전자기기 없이 살아가기도 쉽지 않습니다. 무조건 숨겨두고 금지함으로써 문제를 해결할 수는 없지요. 기준을 가지고 적절히 사용하는 법을 가르쳐 주세요. TV 시청은 정확한 시간을 정해 주도록 합니다. 한 개의 프로그램을 볼 수 있는 30분에서 1시간 정도가 적당합니다. 매일같이 보지 말고 일주일에 2~3회만 보도록 하고요. 아이가 규칙을 지키지 않고 정해진 시간을 넘어서도 계속 보려고 하면 페널티를 주세요. 타이머를 맞춰두고 초과한 시간의 3배를 다음 TV 시청 시간에서 뺄 수 있습니다. 예를 들어 30분 보기로 했는데 35분을 보았다면 초과한 5분의 3배인 15분을 다음 시청 시간에서 뺍니다. 처음에는 당장 보고 싶은 마음을 이기지 못하던 아이도 시간 초과는 결국 자기 손해라는 사실을 느끼기 시작하면 시간을 지키려 노력하게 됩니다.

스마트폰의 경우 구글에서 제공하는 Family Link라는 앱을 사용해 보세요. 이 앱을 이용하면 아이 스마트폰 사용을 매우 구체적으로 다룰 수 있습니다. 핸드폰의 총 사용 시간은 물론 접속 사이트와 앱 사용을 제한, 확인, 허락할 수 있거든요. 앱 별로 하루 최대 사용 시간을 정할 수도 있습니다. 소파에 누워 스마트폰과 TV 속에 무언가 재미있는 것이 없는지 계속 뒤적거리는 습관을 물려주어서는 안 됩니다. 그런 습관을 물려주면 문해력과 함께 인생의 소중한 측면이 함께 사라지게 됩니다. 매 순간 인지적 문화가 유전되고 있음을 잊지 마시기 바랍니다.

## 사교육 줄이기

미디어와 함께 줄여야 할 두 번째 대상은 바로 사교육입니다. 아무리 좋은 것을 위해서라도 사교육을 줄이라고 하면 당장 망설여지는 게 대다수 부모의 마음일 겁니다. 하지만 인생은 늘 욕구가 넘치고 자원은 부족하지요. 자원을 잘 사용하기 위해서는 선택이 필수입니다. 24시간이라는 한정된 자원도 잘 쓰기 위해서는 우선순위를 정해야 합니다. 문해력과 사교육, 무엇이 더 중요합니까? 사교육이라는 생각이 든다면 1부를 다시 읽어보세요.

문해력은 아이 발달의 뿌리입니다. 특히 성적에 미치는 영향은 사교육보다 문해력이 비교할 수 없을 만큼 큽니다. 문해력을 교육에서 최우선으로 두세요. 문해력이 약한 아이가 읽기를 도외시하고 사교육에 집중하면 학년이 올라갈수록 제대로 배우지 못합니다. 읽기를 배우지 못해서 읽기로 배우지 못하는 겁니다. 물론 시험 일주일 전이나 혹은 고3이라면 읽기를 잠시 멈추어도 좋습니다. 짧은 기간에 많은 에너지를 쏟아야 하는 상황이라면 일시적으로 읽기를 후순위로 내릴 수는 있지요. 하지만 일반적인 상황에서 문해력과 읽기를 아래 순위로 내리는 일은 아랫돌 빼서 윗돌 괴는 격입니다. 사교육은 아이의 문해력이 커지고 매일 규칙적으로 읽는 습관이 든 후에 남는 시간에 꼭 필요한 것만 조금씩 하는 게 맞습니다.

## 매일 읽는 시간 정하기

불필요한 시간과 후순위 시간을 비우면 시간적 공간이 생깁니다. 빈 공간에 또 다른 나쁜 습관이 들어오기 전에 얼른 좋은 습관을 채워 넣으세요. 미디어 사용 제한으로 지루한 시간이 생겼을 때 정기적으로 읽기를 시작하면 읽기의 재미를 느끼기 쉽습니다. 매일 일정한 시간에 책을 읽을 수 있도록 시간을 정해 보세요. 변하지 않는 규칙으로 정해두면 아이는 처음에는 귀찮아하고 힘들어해도 결국 익숙해집니다. 읽고 싶은 날 읽으라고 하면 읽고 싶은 날은 좀처럼 오지 않습니다. 아이는 매번 읽을까 말까 생각하고 고민해야 합니다. 읽자니 귀찮고 안 읽자니 딱히 할 것은 없고 이도 저도 싫고 그냥 스마트폰만 하고 싶은 상황이 자꾸 찾아오게 됩니다. 차라리 매일 일정 시간을 읽는다고 정해두고 계속해서 지키면 익숙해지고 편안해집니다.

　매일 읽기 시간은 아주 짧게 10분부터 시작해 보세요. 전혀 독서하지 않거나 불규칙적으로 하는 아이의 첫 번째 목표는 매일 10분 독서하기가 좋습니다. 물론 이미 어느 정도 독서를 하는 아이라면 20분이나 30분으로 시작해도 좋습니다. 독서를 좋아하지 않는 아이에게 갑자기 매일 1시간씩 책을 읽으라고 하면 날벼락에 가깝습니다. 10분은 부담 없으면서도 어느 정도 책에 빠져들 수 있는 최소한의 시간입니다. 10분을 읽다 보면 책의 내용에 빠져들어 자발적으로 더 읽는 경우도 생깁니다. 10분 읽기가 익숙해지면 10분을 더해 20분 읽고요. 익숙해질 때마다 10분씩 더해 하루 1시간까지 매일 읽기 시간이 늘어난다면 아이의 문해력은 크게 커질 겁니다. 읽기 시간은 최대 1시간까지 늘려 나가고 그 이상은 아이의 자율에 맡겨 두시길 권합니다.

　시간을 더해 나갈 때는 매우 느리게 진행하세요. 며칠 잘 읽는다고 10분을 더하고 또 며칠 지나지 않아 또 10분을 추가하면 아이 입장에서는 죽을 맛입니다. 아예 읽기를 거부할 수도 있지요. 하나의 습관이 완전히 자리 잡는 데는 최소 66일이 걸린다는 연구가 있습니다. 그러므로 최소 2달이 지난 후 10분을 늘려주세요. 그렇게 해도 1년만 지나면 1시간을 읽을 수 있으니 조급해하지 마시기 바랍니다.

# 하루 1권 책 읽어주기

읽어주기의 고난 중 하나는 규칙적으로 시간을 내기 어렵다는 데 있습니다. 읽어주기가 중요하다는 사실을 알아도 바쁜 일상 속에서 놓치기 쉽지요. '많이 읽어줘야지'라고 결심해도 오늘은 바빠서라고 하다 보면 어느새 한 달이 지나가 있습니다. 규칙적으로 읽어주기 어려운 이유 중 하나는 규칙이 없어서입니다. 규칙적으로 읽어주려면 규칙이 있어야 합니다. 규칙이 없으면 이랬다가 저랬다가 하게 되는데 대개 몸이 편한 쪽으로 하게 됩니다. 어떻게 하면 몸이 편한지 우리 몸은 정확히 알고 있지요.

아이에게 책을 읽어주겠다고 결심을 했다면 정확한 규칙을 정해 보세요. 매일 혹은 일주일에 5번 이상 혹은 이틀에 한 번처럼 말입니다. 읽어주기의 주기를 정확하게 정하고 달력에 기록을 해보세요. 그리고 아이들에게 선언하세요. 다른 사람 앞에서 무언가를 선언하고 약속하면 이를 지키고자 하는 의욕이 더 일어납니다. 마음속으로 혼자 약속을 정할 때보다 규칙을 지키기가 쉽습니다. 아이와 나눈 분명한 약속은 '오늘은 힘든데 하루 쉴까?'라는 내면의 속삭임을 이겨내는 데 도움이 될 겁니다.

주변 사람들에게도 아이에게 책을 자주 읽어주는 엄마, 아빠로 자신을 포장하면 좋습니다. 아직 잘 읽어주지 않고 있다고 해도 상관없습니다. 잘 읽어주겠다는 의지를 담아서 말해 보세요. 부자처럼 행동해야 부자가 된다고 하듯이 책을 많이 읽어주는 부모처럼 행동하다 보면 좀 더 많은 책을 읽어주는 부모가 될 수 있거든요.

자주 읽어주기로 결정했다면 너무 많은 양의 책을 매일 읽어주 겠다고 정하지는 않는 편이 좋습니다. 매일 5권 읽어주기는 지키기 힘든 일입니다. 일단 하루도 빠짐없이 1권만 읽어주어도 성공이라 할 만합니다. 매일 3권이라고 정한 후 힘들어서 빼먹는 날이 있기보 다는 매일 1권으로 정한 후 여력이 남는 날 1~2권을 더 읽어주는 편이 낫습니다.

## 읽기로 공부하기

사교육 시간을 많이 줄여 공부가 걱정된다면 교과 연계 도서를 읽 어서 읽기가 바로 공부가 되게 하세요. 국어 교과서 맨 뒤를 보면 교과서에 실린 작품이 실려 있습니다. 2학년 2학기 국어 교과서에 는 『거인의 정원』, 『쇠붙이를 먹는 불가사리』, 『종이 봉지 공주』, 『피 노키오』 등이 실려 있네요. 국어 교과서 수록 도서는 해당 수업 전 에 읽어도 좋고 수업이 끝난 후 읽어도 좋습니다. 수업 전에 읽어보 면 아는 책이 교과서에 나와 반갑습니다. 이해력이 낮은 아이의 경 우 수업을 이해하는 데 도움이 됩니다. 수업 후에 읽어도 좋습니다. 책의 내용을 예상하고 뒷부분을 짓는 등 아이의 상상력을 활용하는 수업에서 좀 더 자유롭지요

수학, 사회, 과학처럼 다른 교과의 경우 수록 도서가 실려 있지 는 않습니다. 그래서 직접 관련 도서를 찾아보아야 합니다. 포털 사 이트에서 '3학년 사회 교과 연계 도서'라는 식으로 학년과 교과명을

넣고 검색하면 관련 도서를 어렵지 않게 찾을 수 있습니다. 3학년 사회에서 교통과 통신에 대해 배울 때는 『달구지랑 횃불이랑 옛날의 교통 통신』을, 과학에서 동물을 배울 때는 『딩동~ 동물원 도감』을 읽어보세요. 4학년 사회에서 경제를 배울 때는 『광고의 비밀』을, 과학에서 식물에 대해 배운다면 『신통방통 플러스 식물 이야기』를 읽을 수 있으며, 5학년 사회에서 인권에 대해 배울 때는 『세상을 앞으로 바꾼 인권』을, 과학에서 온도와 열을 배울 때는 『오르락내리락 온도를 바꾸는 열』을 읽으면 좋습니다. 6학년에서 역사를 배울 때는 『한국사를 보다』를, 과학에서 우리 몸에 대해 배울 때는 『똑똑한 우리 몸 설명서』를 읽으면 좋겠지요?

# 읽을 공간 만들기

## 독서 스폿 만들기

읽기에 영향을 미치는 마지막 요소는 공간입니다. 공간이 바뀌면 사람의 마음도 바뀝니다. 그래서 요즘 도서관은 더 쾌적하고 유쾌한 공간을 만들기 위해 노력 중입니다. 어린이 도서관에는 온돌을 설치한 마루를 깔기도 하고, 편안하게 기댈 수 있는 소파에 곰돌이 인형을 가져다 놓기도 합니다. 책을 읽는 공간이 좋으면 더 오래 머무르고 더 많이 읽게 되기 때문입니다.

집 안에도 작고 소박하지만 편안하고 안락한 독서 스폿을 만들면 어떨까요? 가장 잘 알려진 방법은 거실을 서재로 꾸미는 것이지요. 소파에 앉았을 때 TV가 보이면 리모컨을 잡고, 책장이 보이면 책을 들기 쉽습니다. TV는 안방으로 보내고 거실의 한쪽 벽면을 책장으로 꾸며보세요. 안락한 소파와 카우치를 배치하면 우리집만의 근사한 도서관이 완성됩니다. 거실에서 TV를 없애기 어렵다면 TV를 넣고 가릴 수 있는 책장도 좋은 대안이 될 겁니다.

주거 공간이 점점 넓어지는 추세에 따라 드레스룸이나 멀티미디어실을 마련한 집들이 점점 늘고 있습니다. 옷이나 영화보다는 책이 더 중요하니 서재를 마련하면 어떨까요? 사방을 장롱이 아닌 책장으로 두르고 좋은 책들을 구입해 채워보세요. 어릴 때 책이 많은 환경에서 자란 아이의 인지 능력이 더 뛰어나다는 연구 결과를 기억하시지요? 차분한 색의 카페트 위에 편안한 리클라이너 하나를 놓으면 읽기에 완벽한 서재가 될 수 있습니다.

별도의 공간을 마련하기 힘들다면 햇볕이 드는 창가나 벽 한쪽 구석 작은 모퉁이 정도라도 좋습니다. 책 읽는 의자를 하나 놓아도 좋고, 포근한 방석과 쿠션 몇 개로 편안하게 앉을 수 있도록 하는 것도 좋겠네요. 아이들은 자신만의 공간을 좋아합니다. 인디언 텐트를 사달라고 조르기도 하고 식탁을 이불로 덮은 후 그 밑에 들어가기도 하지요. 독서 스폿이 자신의 공간이라는 생각이 들면 애착을 가지고 더 자주 사용하게 됩니다.


## 독서 공간을 넓히는 효과, 3B

『하루 15분 책 읽어주기의 힘』의 저자 짐 트렐리즈는 아이의 읽기를 위해 3B를 갖추라고 권유합니다. 3B는 책Book, 책 바구니Book bas-ket, 침대 램프Bed lamp로 집 곳곳에 책을 넣어둔 바구니를 놓고 침대 머리맡에 램프를 준비하라는 뜻입니다. 3B는 읽을 수 있는 공간을 넓히는 효과가 있습니다. 책꽂이에 꽂혀 있는 책을 읽으려면 책을 읽어야겠다는 마음을 먹어야 책을 읽게 됩니다. 반면 거실, 식탁, 화장실처럼 우리가 자주 앉아 있는 장소에 책 바구니를 놓으면 책이 눈에 띄어 그냥 집어들 수 있습니다. 퇴근하는 길에 생선 가게가 보이면 오는 길에 사 오는 것과 같은 이치입니다.

램프 역시 읽기 가능성을 높여줍니다. 침대맡에 램프가 있으면 자기 전에 잠시 책을 읽을 기회를 가질 수 있거든요. 침대에 누웠다가 책을 읽고 싶으면 일어나서 전등 스위치를 켜고 읽은 후 다시 일어나서 꺼야 합니다. 귀찮기도 하고 잠이 깰까 걱정도 되는군요. 누워서 손만 뻗으면 닿는 곳에 램프가 있으면 이 귀찮음을 줄여줍니다. 노력이 필요하면 할까 말까 고민하게 되지만 거의 노력이 들지 않으면 그냥 한 번 해보기 쉽습니다. 그렇게 한 번이 두 번이 되고, 두 번이 세 번이 되면서 읽기 시간은 늘어날 수 있습니다.

## 도서관 방문하기

정기적으로 도서관을 방문해 보세요. 도서관에 더 많이 가는 아이가 더 많이 읽습니다. 더 재미있는 책을 더 많이 발견하고 읽기에 더 많은 흥미를 갖게 됩니다. 도서 반납 주기에 맞추어 2주일에 한 번

정기적으로 도서관에 들린다면 아이들의 읽기 시간은 늘어납니다.

도서관이 가까우면 더 자주 가고 더 많은 시간 책을 읽습니다. 도서관을 집 옆에 새로 지을 수는 없을 테니 가장 가까운 도서관을 파악하는 게 중요합니다. 시청광장 앞에 위치한 서울도서관은 크고 멋지지만 주거지에서 멀어 대다수의 사람에게는 그림의 떡입니다. 우리에게는 작고 아담해도 가까운 도서관이 더 좋은 도서관입니다. 방과 후에 학교 도서관이나 지역의 작은 도서관을 방문해 책을 읽거나 빌려 오도록 해보세요.

아이 혼자서도 도서관을 이용할 수 있도록 도와주세요. 작은 도서관의 위치를 파악하고 안전한 길도 찾아보세요. 함께 방문해 도서 대출증을 만들고 책을 빌리고 반납하는 방법을 연습해 보세요. 혼자 도서관을 이용할 줄 알면 더 자주 도서관을 이용하게 됩니다. 서점도 중요한 선택 항목이 될 수 있습니다. 이제는 동네에 작은 서점이 드물지만 큰 규모의 서점에서는 자유롭게 신간을 읽을 수 있어 읽기에 좋은 공간을 제공해 주니까요.

## 책 가지고 다니기

기원후 약 1,000년 경 페르시아 왕국의 압둘카셈 이스마엘 수상은 엄청난 독서광이었습니다. 그는 어디를 가든 11만7,000권의 책을 항상 가지고 다녔다고 합니다. 그는 400마리의 낙타의 등에 책을 싣고 책의 제목 순서에 따라 걷는 훈련까지 시켰다고 합니다. 읽기에 대한 그의 사랑이 얼마나 지극했는지 알 수 있는 대목입니다. 11만 7,000권의 책을 가지고 다닐 수는 없지만 한 권쯤은 가지고 다닐 수 있지 않을까요?

책이 가방에 있으면 더 많은 시간을 읽게 됩니다. 잠깐 시간이 날 때 핸드폰보다 책을 들게 될 수 있지요. 1만 권의 장서를 보유한 독서광이자 영화평론가인 이동진 씨는 엘리베이터를 타는 등 짧은 순간에도 읽기 위해서 손에 책을 들고 다닌다고 합니다. 이 정도까지는 아니더라도 가방에 책을 넣어 다니면 읽는 양을 늘릴 수 있습니다.

여행을 갈 때 삼겹살과 맥주만 챙기지 말고 책을 챙겨보세요. 온 가족이 각자 읽을 책을 1권씩 넣어 가서 읽다 보면 여행지에서도 책 읽는 사람이라는 자부심도 생기고 더욱 운치 있는 여행이 될 수 있습니다. 긴 시간 읽지 않아도 좋아요. 30분만이라도 짬을 내어 읽어보세요. 더 기억에 남는 여행이 될 겁니다.

오디오북도 좋은 선택사항입니다. 시간적, 공간적 제약을 넘어설 수 있거든요. 빨래를 개거나 물건을 정리하는 등 생각이 많이 필요하지 않은 집안일을 오디오북과 함께해 보세요. 일은 덜 지루하고 읽기는 덤입니다. 아이의 학교, 학원 등하교 시간과 엄마, 아빠의 출퇴근 시간을 이용해 차에서 매일 조금씩 듣는 것도 좋습니다. 책의 일부분을 읽어주는 무료 서비스보다는 책 전체를 읽어주는 유료 서비스를 추천합니다. 설마 유튜브, 넷플릭스는 유료로 가입하고 오디오북은 돈이 아깝다고 생각하시는 건 아니겠지요?

# 모든 변화의 시작은 문해력입니다

제가 초등학교 3학년 어쩌면 4학년이었던 어느 무더운 여름날이었습니다. 할일도 없고 심심해서 집안을 들쑤시며 살펴보다 책장에 꽂혀 있는 투박한 갈색 양장의 책들에 시선이 갔습니다. 저는 잠깐의 고민 끝에 그 책들 중 한 권을 골랐습니다. 그렇게 『왕자와 거지』는 제가 원해서 스스로 읽은 최초의 책이 되었습니다. 거지로 분장하여 세상 밖으로 나온 왕자의 이야기에 매료된 저는 책의 세계로 점점 더 빠져들어 갔습니다. 그 여름 내내 『소공자』, 『이상한 나라의 앨리스』, 『해저 2만 리』 같은 세계 문학 고전을 읽으면서 저는 한 걸음씩 성장해 나갔습니다.

· · ·

중고등학생이 되어서도 조금씩 꾸준히 읽어 나갔습니다.『삼국지』를 읽고『슬램덩크』를 읽고『셜록 홈즈』시리즈를 읽었습니다. 고등학교 시절 내내 다음 해에 나올『로마인 이야기』를 기다리며 살았고요. 밤 11시까지 야간 자율 학습을 할 때도 하루 1시간 정도는 선생님의 눈을 피해 책을 읽곤 했습니다. 덕분일까요? 저는 수학능력시험의 언어 영역과 외국어 영역에서 모두 높은 성적을 얻었습니다.

대학 시절에는 도서관에 앉아 강준만 교수가 발간한 잡지「인물과 사상」시리즈를 탐독하였습니다. 우연히 집어 든 그 잡지를 통해 저는 우리나라 현대사를 이해한 것은 물론이고 극도로 질서정연한 논리의 세계를 맛보았습니다. 그 논리정연함은 지금껏 한 번도 경험하지 못해 충격적일 정도였습니다. 거기에 영향을 받아 저는 학교 홈페이지에 불합리한 문제를 제기하기도 하고, 학보에 실린 교수의 칼럼을 논박하는 독자 투고를 쓰기도 했습니다. 이후로도「인물과 사상」은 제 인생에 큰 영향을 끼쳤습니다.

• • •

논리적이고 실용적인 책을 중심으로 독서하던 제가 변화한 것은 광고인 박웅현 씨의『책은 도끼다』를 읽은 후였습니다. 책을 통해 얼어붙은 감수성을 깨웠다는 그의 글에 매료된 저는 100권이 넘는 민음사의 세계문학전집을 비롯해 여러 출판사의 세계 문학을 사서 꽂아두고 지금도 조금씩 읽어 나가고 있습니다. 세계 문학 고전은 어릴 때 읽었던 아동용 세계 문학이나 논리적이고 실용적인 도서와 달리 또 다른 방식으로 제 안에 충격을 주었습니다. 그 안에는 지금껏 제가 몰랐던 다양한 인간 군상과 삶의 조각들이 녹아 있었습니다. 『위대한 개츠비』, 『참을 수 없는 존재의 가벼움』, 『무진기행』, 『좀머 씨 이야기』, 『파리대왕』을 읽으면서 세상을 보는 저의 시선이 조금씩 넓어졌습니다.

제가 평생 읽은 책은 제가 되었습니다. 책을 읽지 않았다면 제가 교사, 작가, 강사, 자녀교육 전문 유튜브 채널을 운영하는 크리에이터로 설 수 없었을 겁니다. 절대로요. 제가 느끼고 생각하고 말하고 행동하는 것의 상당 부분은 책에서 왔다고 확신합니다.

· · ·

제가 이렇게 느끼고 생각한 것들을 아이들도 경험하기를 기대했습니다. 하지만 문제가 있었습니다. 국어 교과서 2페이지 남짓의 짧은 글을 읽고도 내용을 파악하지 못하는 아이들이 상당히 많았습니다. 이렇게 쉬운 글도 제대로 이해하지 못하는데 어떻게 일반 책을 이해할 수 있을까요? 그때 처음 알았습니다. 읽는다고 이해되는 것이 아니라는 사실을 말이지요. 그리고 계속된 관찰로 알게 된 사실들이 있었습니다. 글을 잘 이해하지 못하는 아이는 수업도 잘 이해하지 못하고, 공부도 잘하지 못한다는 사실을요. 그 이후로 문해력은 저에게 매우 중요한 관심사가 되었습니다. 학교에서 가르치고 대학원에서 연구하며 깨닫게 된 것들을 이 책에 실었습니다. 주요 내용은 다음과 같습니다.

첫째, 전통적인 읽기 수업으로는 문해력이 제대로 성장하지 않는다.
둘째, 실제적 텍스트를 해독, 독해, 해석해 나가는 '과정'에 집중하여 지도할 때 문해력이 가장 빨리 성장한다.
셋째, 국어뿐 아니라 모든 과목에서 책과 함께 '지도적 읽기'를 하면 문해력과 교과 성적이 함께 오른다.
넷째, '독립적 읽기'를 병행해야 문해력이 안정적으로 성장할 수 있다.
다섯째, 하지만 문해력이 많이 부족한 아이들은 스스로 읽으려 하지 않는다.
여섯째, 읽기 환경을 조성하고 재미있게 읽어줄 때 아이들은 '독립적 읽기'를 시작한다.

이 원리에 따라 가르친 아이들의 문해력과 교과 성적은 크게 성장하였습니다. 책을 이해하고 수업을 이해하고 스스로 읽기 시작하였습니다. 그러다 보니 공부 태도도 덩달아 좋아졌습니다. 강요에 의해 어쩔 수 없이 억지로 공부하던 아이가 해볼 만하다며 열심히 공부하기 시작한 것입니다.

선생님을 만나 자녀가 변했다며 편지를 주신 부모님이 꽤 많이 계셨습니다. 감사 인사를 전하기 위해 아들의 등에 업혀 손자의 담임 교사가 있는 4층 교실에까지 오른 할머니도 계셨습니다. 교원 평가에서 "선생님의 문해력 수업으로 대한민국 교육 과정을 바꾸어달라."고 요청하신 분도 계셨습니다.

• • •

이는 모두 읽기와 문해력 발달 과정에 대한 이해 그리고 지도적 읽기, 읽어주기, 독립적 읽기라는 방법이 있었기에 가능했습니다. 그 노하우들을 이 책에 아낌없이 실었습니다. 학교든 가정이든 장소는 중요하지 않습니다. 어디서든 적용할 수 있는 방법이니 이 책을 통해 여러분의 자녀와 학생의 문해력 성장에 도움을 받으시길 바랍니다. 더불어 우리나라가 문해력 강국이 되길 간절히 기원해 봅니다.

# /// ── 참고 문헌 ── **

- 구스타브 플로베르 지음, 김화영 옮김, 『마담 보바리』, 민음사(2000)
- 권정생 지음, 김세현 그림, 『엄마 까투리』, 낮은산(2008)
- 김용철 지음, 『꿈꾸는 징검돌 : 화가 박수근 이야기』, 사계절(2012)
- 대니얼 카너먼 지음, 이창신 옮김, 『생각에 관한 생각』, 김영사(2018)
- 러셀 에릭슨 지음, 김종도 그림, 햇살과나무꾼 옮김, 『화요일의 두꺼비』, 사계절(2014)
- 레프 세묘노비치 비고츠키 지음, 『사고와 언어』, 교육과학사(2011)
- 리처드 니스벳 지음, 설선혜 옮김, 『무엇이 지능을 깨우는가』, 김영사(2015)
- 마이클 로젠 지음, 헬린 옥슨버리 그림, 공경희 옮김, 『곰 사냥을 떠나자』, 시공주니어(2017)
- 매리언 울프 지음, 이희수 옮김, 『책 읽는 뇌』, 살림(2009)
- 매리언 울프 지음, 전병근 옮김, 『다시, 책으로』, 어크로스(2019)
- 모린 퍼거스 지음, 듀산 페트릭 그림, 김선희 옮김, 『감자 좀 달라고요!』, 책과콩나무 (2015)
- 모티머 J. 애들러 지음, 민병덕 옮김, 『독서의 기술』, 범우사(2010)
- 바두르 오스카르손 지음, 권루시안 옮김, 『납작한 토끼』, 진선아이(2019)
- 박완서 지음, 『자전거 도둑』, 다림(1999)

- 박웅현 지음, 『책은 도끼다』, 북하우스(2011)
- 버지니아 리 버튼 지음, 홍연미 옮김, 『작은 집 이야기』, 시공주니어(2018)
- 브렌다 기버슨 지음, 메건 로이드 그림, 이명희 옮김, 『선인장 호텔』, 마루벌(1995)
- 석혜원 지음, 유남영 그림, 『둥글둥글 지구촌 경제 이야기』, 풀빛(2019)
- 스티븐 크라센 지음, 조경숙 옮김, 『크라센의 읽기 혁명』, 르네상스(2013)
- 승현준 지음, 신상규 옮김, 『커넥톰, 뇌의 지도』, 김영사(2014)
- 신성욱 외 1명 지음, 『뇌가 좋은 아이』, 마더북스(2010)
- 알베르토 망구엘 지음, 정명진 옮김, 『독서의 역사』, 세종(2016)
- 알퐁스 도데 지음, 김사행 옮김, 『알퐁스 도데 단편선』, 문예출판사(2006)
- 앤드루 클레먼츠 지음, 햇살과나무꾼 옮김, 『프린들 주세요』, 사계절(2001)
- 앤서니 브라운 지음, 홍연미 옮김, 『기분을 말해 봐!』, 웅진주니어(2011)
- 엄훈 지음, 『학교 속의 문맹자들』, 우리교육(2012)
- 엠마누엘레 베르토시 지음, 이순원 옮김, 『눈 오는 날 : 장서리 내린 날』, 북극곰(2011)
- 윌리엄 밀러 지음, 존 워드 그림, 박찬석 옮김, 『사라, 버스를 타다』, 사계절(2004)
- 이경화 외 4인 지음, 『한글 교육 길라잡이』, 미래엔(2018)
- 이옥순 지음, 김천일 그림, 『위대한 영혼, 간디』, 창비(2000)
- 이지성 지음, 『리딩으로 리딩하라』, 차이정원(2016)
- 임권일 지음, 『관찰은 나의 힘』, 지성사(2019)
- 장필리프 라쇼 지음, 이세진 옮김, 『아이가 집중하기 시작했다』, 북하우스(2020)
- 정영미 지음, 『EBS 다큐프라임 슬로리딩, 생각을 키우는 힘』, 경향미디어(2015)
- 제레드 쿠니 호바스 지음, 김나연 옮김, 『사람은 어떻게 생각하고 배우고 기억하는가』, 토네이도(2020)
- 짐 트렐리즈 지음, 눈사람 옮김, 『하루 15분 책읽어주기의 힘』, 북라인(2018)
- 최승필 지음, 『공부머리 독서법』, 책구루(2018)
- 최효찬 지음, 『세계 명문가의 독서교육』, 위즈덤하우스(2015)
- 콜린 맥노튼 지음, 김미경 옮김, 『즐거운 로저와 대머리 해적 압둘』, 시공주니어(2001)

- 프란치스카 비어만 지음, 김경연 옮김, 『책 먹는 여우』, 주니어김영사(2001)

- 하시모토 다케시 지음, 장민주 옮김, 『슬로 리딩』, 조선북스(2012)

- 헤르만 헤세 지음, 박병덕 옮김, 『싯다르타』, 민음사(2002)

- 홍영우 지음, 『신기한 독』, 보리(2010)

- Frank Smith 지음, 『Understanding Reading : A Psycholinguistic Analysis of Reading and Learning to Read』, Routledge(2011)

- Jennifer Serravallo 지음, 『The Reading Strategies Book : Your Everything Guide to Developing Skilled Readers』, Heinemann(2015)

- Lesley Mandel Morrow & Linda B. Gambrell 지음, 『Best Practices in Literacy Instruction』, The Guilford Press(2018)

- Ula C. Manzo 외 2인, 『Content Area Literacy : A Framework for Reading-Based Instruction』, Wiley(2009)

- Nancy Frey & Douglas Fisher 지음, 『Reading for Information in Elementary School』, Pearson(2006)

- Jo Anne Vacca 외 5인 지음, 『Reading and Learning to Read』, Pearson (2008)

참고 문헌

〖 문해력 수업 〗

**1판 1쇄 발행** 2021년 7월 23일
**1판 8쇄 발행** 2024년 2월 1일

**지은이** 전병규(콩나물쌤)

**발행인** 양원석 **편집장** 차선화
**디자인** 신자용, 김미선 **영업마케팅** 윤우성, 박소정, 정다은, 백승원

**펴낸 곳** ㈜알에이치코리아
**주소** 서울시 금천구 가산디지털2로 53, 20층 (가산동, 한라시그마밸리)
**편집문의** 02-6443-8861 **도서문의** 02-6443-8800
**홈페이지** http://rhk.co.kr
**등록** 2004년 1월 15일 제2-3726호

ISBN 978-89-255-7987-0 (03370)